国家发展战略研究丛书
"十二五"国家重点出版项目
中国（海南）改革发展研究院组织编著

南海开发与安全战略

South China Sea Development and National Security

刘锋◎著

学习出版社
海南出版社

图书在版编目（CIP）数据

南海开发与安全战略 / 刘锋著.
– 北京：学习出版社，海南出版社，2013.8
(国家发展战略研究丛书)
ISBN 978-7-5147-0084-8

Ⅰ.①南…　Ⅱ.①刘…　Ⅲ.①南海–问题–研究
Ⅳ.①D815.3

中国版本图书馆 CIP 数据核字（2013）第 053592 号

南海开发与安全战略
NANHAI KAIFA YU ANQUAN ZHANLUE
刘　锋 著

责任编辑：张　奇
技术编辑：张　俊

出版发行：学习出版社
海南出版社
海口市金盘开发区建设三横路 2 号
010-84966015
网　　址：http://www.xuexiph.cn
经　　销：新华书店
印　　刷：三河市祥达印装厂

开　　本：710 毫米 × 1000 毫米　1/16
印　　张：16
字　　数：223 千字
版次印次：2013 年 8 月第 1 版　2013 年 8 月第 1 次印刷

书　　号：ISBN 978-7-5147-0084-8
定　　价：38.00 元

总序
站在新的历史起点献策国家发展

清人陈澹然在其《寤言二迁都建藩议》中说，“不谋万世者，不足谋一时；不谋全局者，不足谋一域”。国家发展战略是在空间上统筹世情国情两个大局，在时间上立足于历史的客观总结、现实的准确评判、潮流的深刻洞察、趋势的准确研判，科学预测未来国家发展的内外环境、主要矛盾、机遇挑战和优势劣势，明了世势国势于胸，顶层谋划未来国家发展的方向、目标、路线、方针和政策，以顺应历史潮流，抓住历史机遇，赢得主动、赢得优势、赢得未来。

历史告诉我们：战略问题是一个国家发展的核心问题，缺乏战略谋划的国家，很难成为真正的强国；重大战略决策的成功是最重要的成功。谋划战略，就是要把握现实，选择未来。实践证明，在当代中国的发展进程中，改革开放是重大并成功的战略决策。面向未来，需要在坚持改革开放这个大战略下，探索和谋划大国发展的未来之路。

我国的发展已站在一个新的起点上。经过30多年的改革开放和跨越式发展，我国已告别以满足温饱为目标的生存型发展阶段，跨入以人的自身发展为重要目标的发展型新阶段。但是，30多年经济快速增长中积累起来的不协调、不平衡、不可持续的深层次矛盾和问题，与世界经济的复杂变化错综复杂地交织在一起，使我国走向公平可持续发展面临前所未有的严峻挑战。

2008年国际金融危机爆发以来，世界经济已经发生而且仍在发生复杂而深刻的变化。既有的世界经济版图正在被失衡的世界经济架构和愈演愈烈的国际金融危机无情地撕裂重拼，世界经济的再平衡步履艰难，国际政治经济秩序的重构在国家利益的冲突和博弈中蹒跚蹉跎。我国能否跨越"中等收入陷阱"，走向公平公正可持续发展，再次成为全球瞩目的焦点。

纵观世情国情，未来的5~10年是我国发展进程中一个非常关键的时期。这个时期国家发展战略的选择，对后20年、30年国家的发展将产生具有决定性意义的重大影响。基于此，我们组织编写这套20本的《国家发展战略研究丛书》。这套丛书，以国家发展面临的全局性、长期性、趋势性的问题为研究重点，从专家学者的视角探讨我国未来经济、社会、政治、文化、外交、国防、改革、开放等20个领域的战略性问题，并试图提出相关的战略思考和行动建议。这套丛书的出版，力求能够为国家发展战略决策提供研究参考的同时，兼顾学术性和可读性，满足广大读者的需求。

这套丛书的作者大多是所在领域的知名专家学者，有的长期从事相关领域的领导工作。对各位作者在繁忙工作之余参加这套丛书的研究撰写，我表示衷心感谢！

这套丛书由中国（海南）改革发展研究院与学习出版社、海南出版社合作编辑出版。学习出版社、海南出版社为此承担了大量的组织和编辑工作，在此一并表示感谢！

作为丛书的编委会主任，我多次邀集编委深入讨论丛书的框架、每本书的内容、结构和风格，但在统稿中并不追求观点的一致，每本书代表的都是作者自己的研究结论和学术观点。由于时间紧，丛书又跨多个领域，不足之处在所难免，欢迎读者批评指正。

迟福林

2012年10月3日

目　录

前言 ………………………………………………………… 1

第一章　从南沙争端说起 ……………………………… 5

第一节　南沙争端的诱因 / 5

第二节　南海地缘之争 / 18

第三节　《联合国海洋法公约》的影响 / 24

第四节　南沙·南沙 / 33

第二章　海洋的力量 ………………………………… 41

第一节　国家的光彩 / 41

第二节　北冰洋的亮光 / 45

第三节　从北冰洋到南海 / 49

第四节　南海的重要地位 / 55

第三章　南海·波斯湾 ……………………………… 63

第一节　中东的发现 / 63

第二节　南海，第二波斯湾？/ 70

第三节　南海的油气开发 / 77

第四节　石油福兮，石油祸兮 / 87

第四章　南海诸岛的主权归属 …………………………………… 97

第一节　历史视野下的南海诸岛主权依据 / 97

第二节　南沙岛礁主权的法理声索 / 103

第三节　南海断续线的法理定位 / 110

第四节　南沙争端：从 DOC 到 COC / 119

第五章　南海问题的发展趋势 …………………………………… 129

第一节　南海问题的升温 / 129

第二节　美国南海政策的变迁 / 137

第三节　中美南海博弈 / 143

第四节　南海是加勒比海吗？/ 152

第五节　南海问题的未来走向 / 158

第六章　南海问题的宏观思考 …………………………………… 163

第一节　南海问题：远虑与近忧 / 163

第二节　南海问题的解决模式 / 173

第三节　南海问题的宏观视野 / 184

第七章　南海大开发 …………………………………………… 197

第一节　南海开发需要大战略 / 197

第二节　南海开发与海南作为 / 203

第三节　两岸携手开发南海 / 209

第四节　南海开发要从全局谋篇 / 213

第八章　经略海洋 ……………………………………………… 219

第一节　向海而兴，背海而衰 / 219

第二节　经略海洋要陆海统筹 / 226

第三节　经略海洋与中国的未来 / 230

后记 ………………………………………………………… 237

参考文献 ………………………………………………………… 239

前　言

地球这颗蓝色的星球，孕育了辉煌灿烂的人类文明，不断见证和决定了几多民族和国家的兴衰与更替。海洋是人类共同的摇篮，它不仅是国际交往的天然通道，也是人类可持续发展的资源宝库。在海洋世纪业已到来的今天，开发和利用海洋已经成为许多国家发展战略的重要内容。

中国是最早开发海洋、利用海洋的国家之一。早在先秦时代，我们的祖先就开始“兴渔盐之利、行舟楫之便”；唐宋时期在贸易方面开辟了声名远播的“海上丝绸之路”，把通商范围扩大到中国南海和印度洋周边；明代郑和率领庞大的船队七下西洋，最远到达非洲东海岸，成为了中国古代航海史上的壮举，对推动中国与世界各国的政治、经济和文化友好交流做出了巨大的贡献。从自然地理特点来看，中国是一个幅员辽阔、海陆兼备的大国，不仅拥有 960 万平方公里的陆地国土，还有着约 300 多万平方公里的主张管辖海域。其中，中国有着数万公里的大陆和岛屿海岸线，沿海岛屿星罗棋布，面积超过 500 平方米的岛礁约有 6500 多个，既是世界上海岸线最长的国家之一，也是周边海域形势最为复杂的国家之一。有鉴于此，中国的兴衰存亡必然与海洋密切联系起来。近代以来，由于封建统治者实行闭关锁国的海禁政策，不仅使国力日渐衰微，也使海防逐渐废弛，以至于最终给国家和民族带来了深重的灾难。因此，无论是从维护国家安全、推进国家发展来考虑，还是从保障地区和平等多方面来考量，中国在海洋上都拥有巨大的战略利益。21 世纪以来，随着中国参与经济全球化和区域经济一体化的程度不断加深，海洋越来越多地成为中国对外经贸往来的载体，维系着中国的经济命脉，影响着中国的国家安全和社会稳定。因此，中华民族要实现伟大复兴，必须重视海洋、开发海洋、经略海洋。

南海是中国最大的外海，位于中国大陆南部。它既是沟通太平洋和印度洋的海上枢纽，也是连接亚洲、欧洲、美洲、澳洲和非洲的多条海上航线的咽喉，具有十分重要的战略地位。南海总面积约 350 多万平方公里，其中约 200 万平方公里位于我南海断续线内，占中国主张海洋管辖面积约2/3。南海不仅是中国国家安全的天然屏障，也是中国的海上战略通道和后续资源开发基地，从上述意义上来说，南海在中国未来的发展上将占据极为重要的位置。

南海问题由来已久、复杂敏感，主要是指南沙群岛的主权争议和部分海域的管辖权争议。南海问题既事关中国主权和发展利益，也事关中国周边和平稳定的大局。近年来，尽管南海形势总体稳定，但受传统安全和非传统安全因素的影响，在区域内外力量的交织作用下，南海形势出现了新动向，呈现出新特点。尤其是美、日、印等域外大国介入南海问题的力度不断加大，导致南海地缘政治竞争加剧，也使中国在南海的维权形势日趋严峻，面临的战略压力日益增大。由于国际战略格局的变化、域外大国的介入以及南海地区的军备竞赛加剧，南海问题也日益受到国际社会的关注。

中国政府一贯主张以和平谈判的方式解决国际争端。中国愿在尊重历史事实的基础上，同有关国家根据公认的国际法和现代海洋法，包括 1982 年《联合国海洋法公约》所确立的基本原则和法律制度，通过和平谈判来妥善解决南沙争议。中国政府有责任、有义务，也有能力和争端国一起，以和平的手段，通过双边谈判的方式来解决南海问题，把南海建成友谊之海、和平之海，合作之海。这不仅符合有关各方的根本利益，也符合南海地区各国人民的长远福祉。

遥想600年前，大明王朝的船队在南海游弋，气势磅礴、浩浩荡荡。中国正是借助南海认识了世界，极大地促进了与东南亚及西方国家的交往与通商；现如今，中国庞大的远洋船队每天穿梭于南海，往来于世界上100多个国家和地区的上千个港口之间，受到各国欢迎的商品不仅有传统的丝绸、茶叶、瓷器等，还有大量的现代工业用品。与“世界工厂”的地位相匹配，中国也正在成为世界性的“采购中心”，成为亚太地区经济增长的新引擎，为全球经济发展带来了活力，这一切繁荣与福祉都与海洋休戚相关。追古思今，当看到中国远洋船队满载各类商品驶往世界各国、经贸往来互惠互利时；当看到人民海军日益壮大、各类舰船沿着郑和下西洋的航线到世界各国进行友好访问时，我们更加能够感受到海洋的广阔，进而深刻认识到改革开放是中华民族复兴的光明大道，经略海洋是大国崛起的必由之路。

本书从历史和现实、政治和经济等多个层面系统地阐述了南海的战略地位，探讨了南海问题的未来走向和可能的解决途径，着重论述了南海大开发的具体构想，最终揭示了经略南海的重要性和海洋强国的必然性。本书供关心中国海洋问题，特别是关心南海问题的读者参阅。

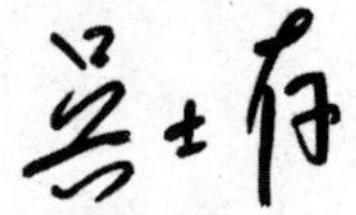

中国南海研究院院长

2012 年 12 月　海口

第一章　从南沙争端说起

【提要】21世纪以来，南海局势总体上风平浪静。但是自2009年开始，南海问题逐步升温，2011年以来南海问题从地区热点演变成全球性热点。国际场合也似乎形成了“谈亚太必扯中国，论安全必涉南海”的定势。事实上，南海问题的升温是以越南和美国分别为代表的域内外国家刻意渲染和推动的结果，南海局部摩擦或冲突事件的显著增加，预示着南海问题进入了多事之秋。

第一节　南沙争端的诱因

南海问题是历史遗留问题，由来已久，起源于20世纪60年代末70年代初，主要是岛礁主权和海域划界两方面的争议问题[①]。南海问题的实质是南沙争端，争端方分别为中国、中国台湾、越南、菲律宾、马来西亚、文莱，一般称之为“五国六方”。之所以将南海问题严格定义为南沙争端，主要有两层含义：首先，南海问题仅存于南海

① 吴士存．纵论南沙争端［M］．海口：海南出版社，2005.

部分海域，也就是南沙海域。越南把其单方面挑起的所谓“西沙争议”引入南海问题，是蓄意将南海问题扩大化和复杂化，故而，“南沙争端”这种说法更直抵南海问题的本质；其次，谈“争端”往往特指当事方而言，一般与非当事方无关，而谈“问题”则有可能会扩大涉及面，导致域外国家趁机插手进来，从而干扰了地区事态，可能使其偏离正常的发展轨道。因此，从严格意义上来说，南海没有问题，只有南海部分海域，也就是南沙地区存在争端问题。任何曲意将南海问题扩大化、复杂化的做法都有违对这一问题的客观认识。从全球范围来看，当今世界上存在海洋领土争议的海域大体上有十几处，而且绝大多数都是双边争议。全世界唯一存在岛礁主权、海域管辖权、专属经济区及外大陆架划界争端于一体的海域就是南沙海域。在传统安全和非传统安全因素的交织影响下，在区域内外力量的相互作用下，南沙争端逐步演变成为冷战后东亚地区领土主权与海洋权益争端中，涉及面最广、分歧最明显、问题最复杂的一个突出案例。

近年以来，南海局势尽管总体上保持稳定，但存在一些加剧争议的杂音和事件，消极因素和不稳定因素增多，呈现出“稳中趋紧”的发展态势。特别是 2011 年以来，南海局势出现一些波澜，甚至一度颇为紧张，引发了国际社会的关注。2011 年 6 月前后，围绕南海争议海域的资源勘探开发，中越之间发生了海上“摩擦”事件，导致南海问题因此有所升温。之后在中方的积极斡旋下，事态基本上得以平息。2011 年 10 月，中方着眼于南海和平稳定大局，推动中越高层会晤并签署《关于指导解决海上问题基本原则协议》[1]，为增进两国在南海问题上的协商对话和互信做出了积极努力。2012 年是南海的多事之秋，4 月份菲律宾非法抓扣我国渔民，挑起了“黄岩岛冲突”；6 月份越南国会通过所谓的“越南海洋法”，侵犯了我国南海权益。针对一些国家的挑衅举动和非法行径，中方一方面有理有利有节地进行了坚决的斗争，另一方面在策略上又保持了相应的灵活性，积极通过对

① 中越签署解决海上问题协议有助缓和矛盾［N］. 环球时报，2011－10－13.

话和磋商解决矛盾与纠纷，总体上维持了南海局势稳定可控的态势。对于南海局势的未来走向，目前可谓是众说纷纭、见仁见智。认为南海局势波澜不惊、无关宏旨的有之；评说南海局势波诡云谲、事态难料同样有之。对于许多关心南海问题的普通民众而言，南海局势波折起伏，有时或许有一种“乱花渐欲迷人眼”的纷杂之感。加上美国、日本、印度等域外大国出于实际利益和战略利益的考量，加大对南海问题的介入力度，使得南海争议日益面临复杂化、扩大化和国际化的态势。

一、南海地缘格局的复杂性导致争端易发

南海为什么纷争不断呢？单就客观因素而言，应该说南海有矛盾孕生的基本条件。概括来说，世界上大凡存在争端的地方，一般有几个特点：要么是“地缘碎片带”，比如巴尔干地区，第一次世界大战和第二次世界大战这里都是战火纷纷之地，小国林立导致巴尔干半岛地缘格局的冲突源大为增加；要么是资源富集区，如中东地区、中亚的里海地区，石油资源得天独厚，自然很容易被各方势力所觊觎，继而染指成为火药桶；再要么就是航运要冲，如苏伊士运河、霍尔木兹海峡等，西亚、北非的动荡地区恰好覆盖了这两条航运枢纽，地缘竞争的微妙之处自不必言。对比来看，南海上述三个条件都具备了。

从地理条件来看，东亚大陆外缘地形复杂，呈明显的碎片化分布，使得中国在外海方向深受“牵绊”，天然地处于一种不利的位置。不妨设想一下，假如中国大陆的东向和南向没有阻隔，而是直接面对西太平洋。那么，中国的海洋强国之路就不会像现在这样障碍重重，中国海军舰艇也不会一通过宫古海峡进入太平洋，就首先要受到他国的重重监视。假设总归是假设，现实情况是，由于地质板块构造运动的复杂作用，中国大陆外海所向的西太平洋海域前缘自北向南形成了日本列岛、琉球群岛、菲律宾群岛、大巽他群岛等一系列岛链，从而使得中国在海洋方向上面临的地缘环境十分复杂。中国周边海域国家众多，隔海相望的国家分别有韩国、日本、菲律宾、文莱、马来西亚、印尼六个国家，加上陆海相连的朝鲜和越南，共有八个国家分布

于中国周边海域。因此，中国无法像美国、澳大利亚、印度等海洋大国那样直面大洋。濒海不濒洋，这是中国在东亚所处地理位置上一个与生俱来的短板。古时候，这些岛链尚且可以成为沟通外域的海上“中转站”，到了近现代，往往却成为外敌从海上入侵中国大陆的跳板，成为其从海洋方向扼住中国咽喉的枷锁。“二战”后美苏冷战，美国为在远东方向遏制“红色中国”，时任美国国务院顾问的杜勒斯提出通过“岛链”战略来封堵中国，后来的美国总统艾森豪威尔、尼克松、国家安全顾问布热津斯基等这些外交决策人物，都对这一战略推崇有加，因此，中国长期受到封锁，应该说这一战略的提出是充分考量西太平洋海域独特的地缘格局的结果①。

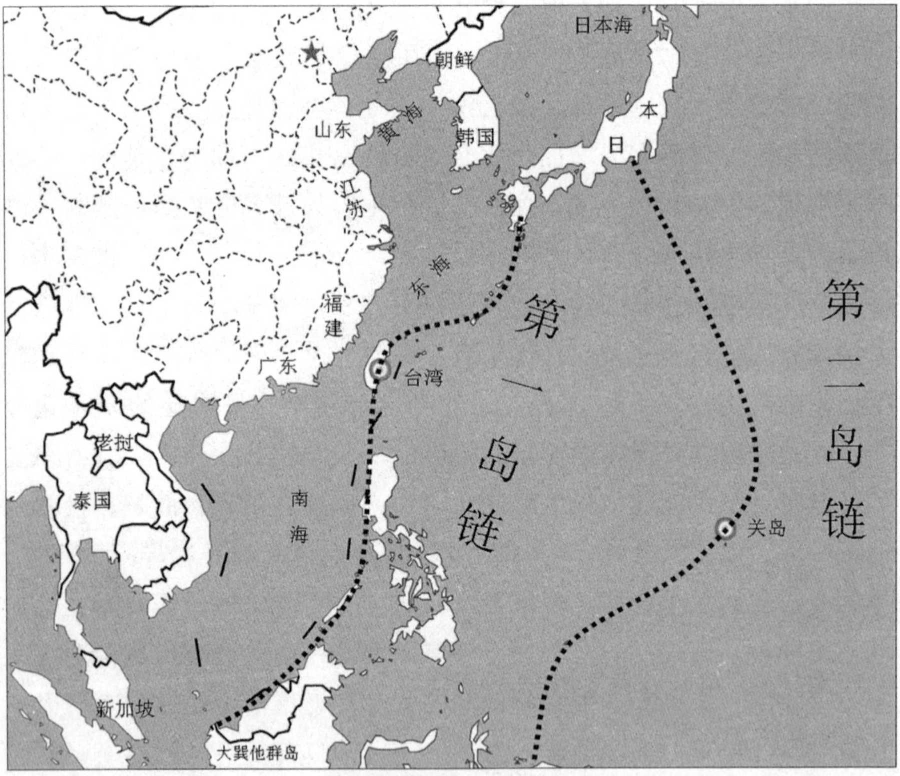

图1-1 第一岛链和第二岛链示意图

① 张福将，张慧．中国海军百科全书［M］．北京：海潮出版社，1998.

从东亚地理版图来看，东亚地理上的碎片化，很容易形成地缘格局上的碎片化。中国外海方向零零碎碎的海域版图，使得海洋主张管辖区域很容易产生重叠，围绕岛礁主权的争夺也自然成为矛盾的焦点之一。历史问题的积累、领土主权的纷争，加上国际时局的演变，使得中国目前与周边海域多个国家不同程度地存在岛礁主权或海洋管辖权争端。人们在处理人际关系时，时常会抱怨人多是非多，国际关系同样如此，很多时候有过之而无不及。而且，这种局面很容易被域外一些大国所利用，它们通过挑唆地区事端，进而左右逢源，搞地缘均势战略，让中国疲于应付周边海域事务，耗散中国的精力，延缓中国和平发展的进度。细究 2010 年以来中国周边海域所谓的“局势紧张”，又有多少不是人为渲染出来的呢？对于秉承“以和为贵”的东方智慧，践行“与邻为善、以邻为伴”的周边外交政策的中国而言，这种“以人为壑”的做法显然是上不得台面的。但是对那些精于施展均势战略的国家而言，国家间政治的精髓却恰恰在于此。

国际政治中有一条不成文的规律，叫做地缘版图碎片化[①]。考究起来不无曲折，简言之则并不复杂，直意就是国家越来越多。从 20 世纪初到 21 世纪的 100 多年间，全球国家数量增加了 100 多个，基本上平均是以一年增加一个的频率出现。2011 年 7 月，非洲面积最大的国家——苏丹一分为二，正式分裂成苏丹和南苏丹两个国家，成为这种地缘碎片化之路上的新注脚。对比经济全球化、区域一体化的大潮流，人们自然会反思这种现象，即为什么世界上的国家越来越多？套用生物学上细胞生长理论，这显然不是“增生”所来，而是“分裂”的结果。进一步探究，人们难免会深思，为什么在全球经济讲求整合化，区域讲求一体化的今天，地缘政治版图却像碎片一样越来越零散呢？当然，原因是复杂多样的，如果从某种意义上说，一个独立、完整、统一的国家寓意着人民幸福之基础的话，那么“幸福”的国家都是相同的，“不幸”的国家各有各的不幸。在藤缠蔓绕的政治纠葛的

① 田文林．地缘政治·中东破碎地带·利比亚战争［J］．阿拉伯世界研究，2011（4）．

背后，一个不容忽视的重要原因就是，国家越分越多，或多或少与西方强国的故意分裂或者说纵容分裂有着关联。那些熟谙“丛林法则”的决策者们之所以热衷搞这种战略，并且花样翻新、乐此不疲，逻辑上并不复杂。国际著名的政治学家摩根索在其经典著作《国家间政治》中一针见血地指出：“试图削弱竞争者的绝佳手段之一，就是分裂竞争者，达到分而治之的目的。”① 说得直白一些，就是国家分得越小，越容易被掌控。道理再简单不过，非洲草原上的狮子王，最中意的是环顾身边更多的羚羊和麋鹿，而不是狼群和鬣狗。那些试图控制他国和统治世界的西方大国，一直在“与时俱进”地沿用这种策略。甚至可以说是花样翻新，因为很多时候相关策略的真实意图往往掩盖在表象之下，伪善的言行比言行的虚伪更具欺骗性。20 世纪以来，民族解放运动的兴起以及民族自主意识的觉醒，使得西方强国先前推崇的攻城略地的旧殖民主义在一些地区行不通了，于是，新殖民主义就应运而生。它的精髓就是：“我不谋求占领你，但你要依附于我。”基本上还是换汤不换药。其中，“民族自决”就是西方大国向各国贩卖的一剂甜美的毒药，它表面上看似讲求民主，尊重本国多数民众的意愿，但在实际操作层面，往往成为国家分裂的先声。这种例子不胜枚举。越是资源要地或者交通要塞，就表现得越为明显。

中东地区自然要作为典型。很多人以为，存在于中东的冲突和纷争持续了数百年。其实，这只是想象而不是事实。美国前国务卿基辛格博士曾说过一句公道话：“中东的冲突并不像外界宣称的那样持续了上千年。在很大程度上，它是我们 20 世纪的产物。”其言可谓一语中的。从地缘版图来看，中东作为欧亚“世界岛”的核心区域，历来为兵家必争之地。但中东地区之所以成为动荡不安的火药桶，阿拉伯国家之所以屡遭西方国家的“欺凌”，则与中东地缘版图的“破碎化”直接相关。按理说，阿拉伯世界有 3 亿多人口，领土面积超过

---

① ［美］摩根索．国家间政治：寻求权利与和平的斗争［M］．北京：中国人民公安大学出版社，1990.

1400 万平方公里，如果抱团合作，扭成一股绳，完全有可能成为世界的一极。但问题是，这片土地容纳着 22 个国家，而且这些国家实力相当、各以为是，谁也难以有效发挥支配权，最终形成了“谁也吃不掉谁，谁也不服从谁”的复杂均势。两伊战争持续八年，西方世界坐山观虎斗、乐见其成。作为本地区屈指可数的两个大国，伊朗和伊拉克因为长年恶斗而两败俱伤，阿拉伯世界也因为形不成合力而常常被各个击破。欧洲国家间曾争斗了几百年上千年，谁也没能消灭谁。在“二战”后的一片废墟上，欧洲人终于大彻大悟：争斗终究不是办法，以和为贵才是大智慧。因此，才有了“欧共体”的脱胎而出，也最终有了欧盟的横空出世。需要肯定的是，阿拉伯世界并不缺少智慧，欧盟所呈现的实例或多或少对中东国家有所触动，甚至启迪良多。但是，阿盟整合区域力量所面临的困难之巨显而易见。美国、欧盟在反对本地区地缘碎片化，竭力维持自身一体化的同时，却对区域外的碎片化态势视而不见或者有意纵容，甚至美其名曰为“民主化进程的基石”。就像萨达姆之死没有换来伊拉克的稳定、安全一样，卡扎菲之死也无法终结利比亚的矛盾纷扰。同样，伊拉克国内局势再混乱，再需要所谓的“世界宪兵”的维持，也挡不住美军离去的脚步。即使美国引以为傲的“外科手术式”的精确打击再奏效，民主化改革的宣传口号再炫丽，美国也无法摘掉业已落下的“只管开刀，不管治病”的名声。一方面，美欧试图用“手术刀”制造西方模式的“大同世界”，所以频频制造事端；而另一方面，这些国家的人民受到启发和怂恿，确实有要求变革和维护自身利益的意愿和诉求，两者一拍即合，中东才显得如此动乱难平，伊朗、叙利亚或许只是一个接一个的骨牌罢了。而反过来说，阿拉伯国家显然不够团结，不仅步调上难以协调，而且在某些国家看来，这些国家的“抱团”显然是一种挑衅甚至是威胁，由此注定了阿盟的一体化进程始终步履艰难。综上不难得出结论，地区巴尔干化导致小国林立，最终的结果就是小国在政治、经济、军事方面全面依附西方大国。现在回头来看中东地区的乱象，或许奥斯曼帝国一百多年前被肢解时就已经埋下了祸根[①]。

当然，华夏大地从来不会被遗忘或者另眼相待，几个世纪以来，中国也一直是妄图被肢解的对象，甚至一度到了要亡族灭种的境地。即使是在几十年前，“和平演变”、“中国七分论”等诸多论调在一段时间内也是甚嚣尘上，这无外乎是颠覆中国共产党的领导、“碎片化中国”的思潮在作祟。21 世纪以来，某些域外大国或明或暗支持藏独、疆独，唆使周边国家挑起海域争端和岛礁主权争端，择机或制造机会在中国周边地区迂回穿插，在中国海内外四处“放火”，实际上也是谋求搞乱中国，“碎片化中国”的一贯手段。因此，只有中国保持稳定，对有关问题妥善地加以处理，保持政策的连贯性和足够的定力，才能真正抵御一波波的风浪。我们应该倍感欣慰的是，幸亏中国现在稳定而强盛，中国共产党的领导坚强而有力，否则，中国一旦内乱，后果将不堪设想。一直以来，国际社会有关“剪羊毛”的故事每隔数年就不期上演，问题的核心还不止这些，关键是要有警觉性、警惕心。我们不提倡用“冷战思维”看待国际政治关系与变局，但未雨绸缪的前瞻性思维总是要具备的。忧患意识是中华民族的宝贵精神财富，正所谓“安而不忘危，存而不忘亡，治而不忘乱”，在新的时代背景下，我们同样需要这种忧患意识。

人们常说中国的地理版图像一只矫健的雄鸡，也有说不只是雄鸡，加上约 300 万平方公里的“主张管辖海域”，中国的地理版图更像是一把熊熊燃烧的火炬。无论是雄鸡还是火炬，都预示着中国欣欣向荣的国家面貌。与此同时，我们更应看到中国周边海域一些不安定、不和谐的因素在发酵。南海地区“巴尔干化”的结果是什么呢？如果处理不当，南海很可能就成为大国的角力场，南沙群岛将成为悬置于中国南疆腹地的一个“火药桶”，有可能被人为引爆。

---

① 彭树智．中东国家和中东问题［M］．开封：河南大学出版社，1991.

二、南海丰富的石油资源引发经济利益之争

正如石油往往成为中东地区诸多冲突事件的导火索一样，引发南沙争端的诱因之一也与石油有关。南沙海域发现了丰富的石油资源，这无异于火上浇油，令海上行动有了更多的利益考量。“二战”后从50年代到70年代，西方资本主义经济普遍进入黄金时代，美国、欧洲的海洋石油开发进行得如火如荼。尤其是北美墨西哥湾、欧洲北海地区，海洋石油生产规模不断扩大，该地区迅速成为当时全球海洋油气开发的主战场。但是东亚海域，尤其是中国周边的广阔海域，依然是处女地，由此也吸引了西方石油公司和科研工作者探索的目光。早在1959年，苏联地质学家司拉尔斯基就推断，南海海域可以划出第三个世界油气聚集中心，其边界是中国南海沿海、印度支那、马来半岛、苏门答腊、爪哇、菲律宾群岛以及中国台湾，它们均围绕着南海①。20世纪60年代末70年代初，美欧石油地质专家更是描绘了中国周边海域诱人的油气资源的远景。其中最具代表性的是来自美国伍兹霍尔海洋研究所的学者埃默里，他凭借“二战”期间从美国军方舰艇得到的数据资料，率先对中国周边海域的地质构造情况进行了研究。后来，埃默里和日本东海大学教授新野弘合作，研究中国东海区域的油气资源，但反响一直不大②。1968年10月，埃默里申请到了联合国亚洲及远东经济委员会的资助，他本人作为发起人，会同新野弘等来自美、日、韩等国的12名专家，组成亚洲外岛海域矿产资源联合勘探协调委员会，联合对黄海、东海及南海局部海域进行了为期六周的实地考察。1969年4月，考察团向联合国亚洲暨远东经济委员会

---

① ［俄］A. H. 司拉尔斯基．中国广东沿海地带的含油问题［J］．油气地质，1959，7(13)：53.

② ［日］新野弘，［美］埃默里．朝鲜海峡和东海的地层与石油前景，亚洲近海地区矿产资源勘探协调委员会技术报告，1963年第一卷．

图1－2　美国学者埃默里的工作照

提交了一份书面勘查报告[①]，由于埃默里是考察团的发起人及报告的起草人，国际上通常称其为“埃默里报告”。

该报告指出，黄海、东海及南海的大陆架很可能是世界上最富庶的石油储藏地之一，越南沿岸及邻近海域、南沙群岛东部及南部海域蕴藏着丰富的油气资源。这份报告可谓石破天惊，学术界本来就流传着中国周边海域油气资源富集的种种断言，南海周边各国也早已觊觎着该海域丰富的矿产资源。“埃默里报告”的出炉无疑证实了之前的种种猜测，有关南海是“另一个波斯湾”的说法也不胫而走，由此引

---

① K. O. Emery et al.,“Geological Structure and Some Water Characteristics of East China Sea and Yellow Sea”, UNECAFE/CCOP Technical Bulletin, Vol. 2, 1969.

发了国际社会的广泛关注。南海周边更是闻风而动，纷纷开始抢占南沙岛礁，谋求进一步攫取南沙海域的油气资源。加之不久后“第一次石油危机”爆发，愈发提升了油气资源所具有的经济利益和战略价值。以攫取海洋潜在的油气资源为导火索，中国周边海域的岛礁和主权争端就此发轫。

值得一提的是，正是日本东海大学的这个新野弘教授，成为了日本抢占中国钓鱼岛的始作俑者之一。在其不断的游说并伙同有关人士持续的推动下，日本在 20 世纪 60 年代末开始了觊觎并控制钓鱼岛的一系列举动。有关南沙岛礁的强占和争夺也开始进入“白热化”阶段。而中国此时正值“文化大革命”期间，无暇外顾，由此也成为新中国特定时代背景下的“海殇”事件。若非 1974 年西沙海战一役定乾坤，中国的海洋权益受损恐怕就更为严重。从开发利用海洋的角度来说，“埃默里报告”的出炉，完全是顺应了当时那股全球性海洋资源勘探开发的热潮。但是，埃默里本人恐怕绝不会想到，这份报告会被赋予诸多含义而且被如此广泛地解读，成为一个后来对东亚政治格局产生重要影响的研究报告。

基于埃默里的成果，1977 年，美国卡内基基金会研究学者塞利格·哈里森出版了《中国近海石油资源将引起国际冲突吗?》一书[①]。尽管书名充满疑问的语调，但书中的推论很大一部分都是肯定语气。哈里森在书中提到一个颇有价值的观点，即：勘探开发海洋油气资源与维护国家主权权益密切相关。哈里森认为，中国解决同邻国海洋争端的一个重要目的，就是维护这些海域的油气资源权益，而提升海洋油气开发能力，也正是维护本国海洋权益的重要途径，两者互为因果、相辅相成。哈里森确信，那种动辄以武力解决领土争端和海洋纠纷的做法已经不合时宜，而且中国当局也不愿再与邻国剑拔弩张，乃至大动干戈。因为自 1972 年中日邦交正常化以后，中国对亚洲政策

① ［美］塞利格·哈里森. 中国近海石油资源将引起国际冲突吗［M］. 北京：石油化学工业出版社，1978.

已经有了明显的调整，任何诉诸武力解决纷争的做法与中国对外政策的总趋势并不相符。

三十多年后回顾哈里森的诸多预测，尽管个别之处略有闪失，但大体上是比较准确的。目前南海局部海域因石油勘探与开发所引发的诸多冲突和争端，并没有脱离哈里森当年思想上的藩篱，有不少正是作者在这本多年前的著作中想表达的或者已经表达的。不得不承认，对海洋石油资源的攫取和争夺，往往成为了海上冲突的导火索。美国著名的海洋问题专家马克·沃伦西亚表示："南海发现的石油搅乱了整个地区的地缘政治格局，南沙争端将会影响未来二三十年亚洲政治的走向。"

三、南海作为全球海上航运要道而备受关注

如果说地缘位置和资源因素是争端的重要诱因的话，那么南海的航道价值同样十分突出。南海是连接亚太地区与世界的主要海上运输通道之一，每年有 6000 亿美元货物经此海域，其运输量占世界总量的 1/3。全球有一半以上的世界超级油轮通过南海航道航行至中国、日本和韩国，东亚各国一些主要的原材料和能源，如原油、液化天然气、煤和铁矿石等，都是经南海运输。中国、日本、韩国等国家 85% 以上的石油进口要经过南海运输；美国从亚太地区进口的各种重要原料 90% 要经南海航道运回北美。通过南海的海上航线基本上都要通过南沙群岛，每天约有数百艘货轮穿梭其间。通过南海的四通八达的海上航运线，成为了东亚各国等众多经济体的海上航运生命线。南海作为东北朝西南走向的半封闭海，起着沟通太平洋与印度洋的重要作用，周边与六个海峡相通①。南海地区经过印度尼西亚、马来西亚、

① 这六个海峡由北向南按顺时针方向依次是：台湾海峡——南北，连接东海；巴士海峡——西东，连接东海、菲律宾海；吕宋海峡——西东，连接菲律宾海；巴拉巴克海峡——南北，连接苏禄海；巽他海峡——北南，连接爪哇海；马六甲海峡——东西，连接安达曼海、印度洋。

新加坡之间的航道及其他海上航道，海上船只无论是东亚地区通往印度洋和非洲、欧洲、大洋洲，还是东南亚地区通往太平洋，都必须通过南海。目前经过南海的主要航线有：1. 远东—东南亚航线（即远东—东南亚—东非航线和远东—东南亚—好望角—西非）。该航线是中、韩、日货船去东南亚各港，以及经马六甲海峡去印度洋、大西洋沿岸各港的主要航线。东海、台湾海峡、巴士海峡以及南海是该航线船只的必经之路；2. 远东—澳大利亚、新西兰航线，远东至澳大利亚东南海岸分两条航线；3. 波斯湾—东南亚—日本航线，该航线东经马六甲海峡（载重量 20 万吨以下船舶可通行）或龙目、望加锡海峡（载重量 20 万吨以上超级油轮可通行）至日本。这三条航道构成了东亚地区重要的海上航线。

南海作为世界上运量第二大的海上航道，仅次于欧洲的地中海。世界上一半以上的超级油轮及商船队（以载重吨位计）航经南海，每年通过南海水域的各类船只在 5 万艘左右。南海国际航道连接的马六甲海峡，是继英吉利海峡之后世界上第二繁忙的海峡。每年经过马六甲海峡进入南海的油轮为经过苏伊士运河的 3 倍、巴拿马运河的 5 倍。经由南海运输的液化天然气占世界液化天然气贸易总量的 2/3。繁忙的海洋运输业带动了东亚地区海洋相关产业的兴旺发达。南海航道无论是对该海域沿岸国家，或者是对亚洲大多数国家的经济发展与繁荣都起到了至关重要的作用。如果这条海上航运要道受到控制，南海周边国家乃至全世界许多国家都会受到显著的影响。正因为牵一发而动全身的特点使然，南海航行自由与安全问题才备受国际社会的关注，成为了美国等域外大国介入南海问题的借口之一。

事实上，中美两国在维护南海航行自由与安全这一目标上并无分歧，分歧之处只是在某些问题上存在不同的解读。美国虽然强调南海航行自由，但本质上并不是指商船的活动，而是着眼于军事船只的活动自由。一直以来，南海航运通道畅通的证据确凿无疑，有时候就连美方都不得不承认，南海地区商船的航行自由和安全是有保障的。美国更加关注的是军事船只的活动自由，其实质是美国海军在南海地区进行具有“自由意愿”的行动，无论是在公海还是在他国的专属经济区内，美国认为其都有这种航行自由，他国无权过问和干涉。而中美之间分歧的焦点，恰恰在于专属经济区内的军事活动方面。正是美国在中国近海的专属经济区内进行军事活动，让中国切切实实感到了威胁。因为自第一次鸦片战争以来，中华民族的苦难深重几乎都与仓惶的海防有关，威胁基本上都来自海上。这种创痛已经凝聚成了一种民族记忆，一个半世纪以来挥之不去。美军的航母和军舰在中国近海耀武扬威、横冲直撞，很容易勾起中国的民族记忆，让中国强化了那种不安全感。因此，中国自然要从国土安全的角度出发，明确反对美方在南海进行“抵近侦查”的活动。中美双方的分歧集中表现在这一方面。至于其他所谓的商船航行问题，其实并非争论的核心。而美国的讨巧之处在于，它抓住南海作为全球航运要道这一问题大做文章，在高度宣扬具有普遍的利益和原则的同时，对美军舰船在南海地区中国专属经济区内的军事活动闭口不提，或者以美军在“国际水域”活动的说辞来模糊或搪塞，而且尽其所能地回避了美国对东南亚地区的地缘政治利益和战略意图。美方既力图彰显所谓的道义优势，又当仁不让地将自己置于“争端仲裁者”的地位，可谓是施展“巧实力”的典型体现。毋庸置疑，南沙争端因为美国的介入而更加“国际化”了，当然，也因为美国“重返”东南亚而更加扑朔迷离了。

第二节　南海地缘之争

南海丰富的资源无疑是诱发争议的导火索。然而对于沿岸国和航道使用国而言，南海所拥有的资源利益固然很重要，但南海诸岛的地缘位置和战略空间才是其重要性的本原，也是争端萌发的根源。南海作为沟通印度洋和太平洋的海上枢纽，既是亚太地区的地理交汇地带，也是“边缘地带理论”学家眼中的地缘要地①。诸多世界大国在南海地区一直或明或暗地发挥着影响力。早在20世纪二三十年代，南海油气资源尚未勘探开发，对南海资源价值的认识仍停留在渔盐之利的时候，南海诸岛就已经成为了兵家必争之地。可见南海诸岛的价值发现过程不仅仅局限于经济利益，还有更重要的地缘战略价值。特别是在1933年南沙“九小岛”被法国窃占之后，西方列强对南沙岛礁的觊觎和掠夺行动如此深刻而又直观地展现在国人的面前，由此也引发了包括中国、日本在内的许多国家对南海诸岛地缘价值的认识和重估。

一、南沙群岛的地缘价值

南沙群岛对于中国的地缘战略价值不言而喻。如果中国在这一地区取得了主导权，那么中国的战略前沿则可以南移1000多公里，大大提升海南岛作为华南大陆海上门户的防卫能力。同样，南沙群岛对日本在“二战”中进攻东南亚国家也起到了重要的跳板作用。在1941年发动太平洋战争之前，日本在1937年11月和1938年4月分别侵占了中国西沙群岛和南沙群岛，并在两大群岛建立了海军基地，从而实现了对印支半岛、新加坡和印度尼西亚等地发起大规模进攻的准备工作。日本的侵占行动进一步凸显了西沙群岛和南沙群岛的战略价值，上述的军事基地对维护日本本土、中国华南大陆、台湾岛以及东南亚的航线安全起到了至关重要的作用，以至于美国在“二战”与日本交战期间为打击日本，在南海频频袭击日船，破坏日军的海上交通命脉，再一次强化了对南海诸岛军事价值的认识。“二战”期间，由于南沙群岛部分岛礁被日本作为其进军菲律宾群岛时的跳板，日本

① Lin Sien Chia, Colin MacAndrews, eds., Southeast Asian Seas: Frontiers for Development, McGraw2Hill International, 1981, p. 226

此举事实上提醒了距南沙群岛并不远的菲律宾，并为其日后对南沙海域部分岛礁提出权利要求和进行实际占领埋下了伏笔。“二战”结束后不久，菲律宾就表现出侵占南沙海域部分岛礁的意图。菲律宾一再强调南沙群岛对菲律宾安全的重要性，由此为炮制所谓的“卡拉延群岛”寻找“合理性”。

冷战期间，美苏在东南亚排兵布阵，展开了东西方阵营的大较量。南沙群岛地处越南金兰湾与菲律宾苏比克湾两大海军基地之间，美、苏分别在苏比克湾和金兰湾驻有大批海军部队，南沙群岛及周边海域因而被双方严密监控，南海地区一度成为冷战的前沿阵地。越战期间，美国的前国务卿、著名的鹰派人物拉斯克在面对众议院外交委员会的质询时，曾大声疾呼，为什么要打越南战争？源自于东南亚对美国的重要性，越南战争就是为了满足这种巨大的战略需要，而南海则是美军向东南亚和两大洋投送军力的海上枢纽。从整个南海地缘格局来看，南沙群岛无疑是南海诸岛的重中之重，控制着南海的航道要冲。通过南海的空中和海上航线，基本上都要通过南沙群岛。从军事战略角度来看，占领了这些岛礁就等于直接或间接控制了从马六甲海峡到日本，从新加坡到香港，从广东到马尼拉，甚至从东亚到西亚、非洲和欧洲的多数海上航道。在美国看来，如果能在这一地区确立霸权地位，往东北方向可穿过台湾海峡到达日本海，稳固其亚太防线；向南可覆盖南太平洋地区，强化美澳、美新南太平洋同盟体系；向西可穿越马六甲海峡，经印度洋，势力直达波斯湾；向北更是可以直接逼近中国沿海的黄金经济带，呼应台湾海峡与日本海防线，从而完成对中国的封堵。因此，美国冷战期间在远东地区的战略包围圈中，从朝鲜半岛经台湾到南海的沿海新月带是最为关键的地缘战略区域，而南海在这条地缘战略线中又处于核心地位。因为南海既是亚太地区的核心地带之一，又是联结太平洋与印度洋的战略通道，同时它还是联结美国在亚洲、印度洋和波斯湾地区的海、空军基地的枢纽。谁控制了这里，谁就控制了本地区海上运输的生命线，从而在争夺东南亚和亚太地区乃至世界事务主导权的斗争中取得主动①。

美国海军战争学院曾有报告指出，由于南海海底地形极其复杂且海水极深，若在南沙群岛深水中潜伏一艘核潜艇，就能抵消在菲律宾苏比克湾基地的美国第七舰队部署的大部分兵力，并且能够控制半径为几千公里的周边地区。而且，由于该地区水深条件好，潜艇很难被侦测到，因而也就无法采取反击行动。因此，南沙群岛的战略位置仍然是周边各国考虑问题的基本出发点之一。尤其是对于越南和菲律宾而言，南沙群岛的战略地位十分重要。菲律宾曾有人把南沙群岛比作“直抵菲律宾腰间的一把尖刀”，认为菲律宾如果失去对南沙群岛的有效监控，战略上将如鲠在喉。而越南由于陆地版图是一个南北走向的狭长窄条，东西方向基本没有大的战略纵深，越南只有侵占了南沙群岛，才能拓展越南的国防空间和战略纵深。因此，换位思考来看，菲律宾和越南极力抢占南沙岛礁似乎也就有章可循了。

从全球的大视野来俯瞰海洋，地球上有哪片海域留下过几乎所有大国纵横捭阖、争霸交锋的印记呢？除了南海以外，几乎找不出第二个这样的例证。非洲几内亚湾是英法等欧洲列强的传统殖民地，难觅美国的身影；中亚里海是美俄争斗的角力场，法国的影响力几乎式微；中东波斯湾、阿拉伯海是英美两国的“领地”，中国并无太多施展的空间。唯独南海，曾经飘荡过几乎所有重要大国的旗帜，而且迄今这些国家在该地区依然或明或暗地发挥着影响力。20 世纪以来，作为后来的联合国安理会五大常任理事国的英、美、法、俄以及中国，在南海以及周边地区都有过实实在在的力量存在。在 21 世纪的今天，作为南海域外国家的上述四国依然力图强化本国在南海地区的影响力。加上一心想“入常”的日本和印度，以及在南太平洋具有主导地位的澳大利亚争相介入南海事务，这一片海域似乎成为了大国的角力场。就南海沿岸地区而言，马来亚、文莱、新加坡以及中国香港等地

① Colin Mac Andrews and Chia Lin Sien. Southeast Asian seas: Frontiers for Development [M]. McGraw - Hill International Book Company, 1981.

曾被英国侵占；越南、柬埔寨等则被法国殖民统治；菲律宾曾经是美国的殖民地，独立后又作为美国的军事基地和盟国；前苏联曾在越南金兰湾驻军，长期是越南最大的武器供给国；日本曾侵略过南海周边多国，天然地希望将东南亚纳入到自己的影响势力范围；印度定位于做有声有色的大国，在20世纪90年代以后实施“东进战略”，力图将触角深入到南海乃至整个东亚海域。可以说，地球上那些数一数二、有着地区影响力并有望成为多极世界中重要一极的大国，都在南海地区“聚齐”了。大国势力和利益纷争错综纠葛，使得这一地区的国际政治生态显得如此微妙，往往牵一发而动全身，域内外多方势力和利益在此汇聚，这才是南海问题之所以复杂难解的关键所在。

二、南沙争端的认识分歧

对于南沙争端，目前国际场合存在两种截然不同的看法。一种认为这是一个复杂的地区问题，最好由本地区的国家自行协商解决，地区以外的势力不宜介入，以免局势复杂化；另一种看法则认为，这是一个国际性的问题，需要域内外国家的共同参与来解决，而南沙争端的结果，对于本地区之外的国家而言，同样至关重要。中国反对域外国家以各种借口介入南沙争端。中国主张域内有关争端方通过和平方式解决争端，开展务实合作，尽量消除域外大国直接插手本地区事务的口实。但反过来，域外大国却千方百计寻求各种方式介入南海争议。西方媒体时常渲染中国“南海威胁论”，炒作“南海核心利益说”或者夸大其词说中国要把南海作为“中国湖”，以此来离间中国与南海沿岸国家的关系。与此同时，西方国家对中国的海洋发展战略经常做不必要的过度揣测，将中国的海上执法力量原本正常的维权行动视为中国扩张的信号。美国不少学者也猜疑中国有可能在南海地区推行新版的“门罗主义”，践行“南海是南海周边国家的南海”这一政治主张，目的在于排除域外国家的影响力或存在。印度媒体也随声附和，声称印度洋固然不是印度的洋，但南海也并非中国的海，以此为印度介入南海地区事务编织借口。当然，尽管许多大国试图在南海地区构建并强化自身的影响力，但大多仍是配角。

明眼人都能看出，南海地区真正的主角只有两个：中国和美国。尤其是美国以亚太事务的主宰者自居，对于中国将其划入为“南海域外势力”颇不以为然。美国不少学者也强调华盛顿的影响力在东南亚从来没有消失过，因此也就不存在“重返”东南亚一说。美国时任国务卿希拉里公开宣称，美国在南海存在国家利益，美国有必要捍卫这一利益。在美国看来，海洋的整体性这一基本事实，体现出现代世界上最重要的海权价值观。海洋是合为一体的，尤其是在全球化的现实格局中，安全也是共享的、不可分割的，从这个意义上来说，南沙争端尽管是一个非常复杂的地区问题，但因为海洋的“一体化”观念而被赋予了全球化意义。因此，南沙争端事关所有国家，是一个牵涉广泛的国际性问题，美国不可能也不会置身事外。而且，美国本身也觉得介入南海问题有着承担所谓的“道义责任”的考量。美国认为是受到了东南亚有关国家的“邀请”，就像“二战”后美国“受邀”实施欧洲战后复兴计划一样。因此，美国认为有责任和义务介入南海事务，应该“义不容辞”地为有关国家包括传统的盟国提供道义上乃至实质的协助与保护。美国对南海问题的介入程度加深，无形中增加了中方的疑虑，也使得中美两国在南海的博弈被附加了更多的意涵。美国在这种“被需要”和“制衡中国”的双重政治考量中，已经开始明晰地表达了自身的战略诉求。

21 世纪以来，美国加强了在南海地区的军事勘测活动。特别是发生在海南岛周边海域的“中美撞机事件”以及后来的“无瑕号事件”①，尽管只是美国针对中国实施的一系列“抵近侦查”活动中的个别插曲而已，但正是这类不可预料的突发事件，险些将中美双方推向冲突的边缘，同时也将中美在南海的地缘之争推向了国际前台。近

① 无瑕号事件指 2009 年 3 月 8 日，美国海军监测船“无瑕号”未经中方许可，在中国海南省以约 120 公里处的南海海域（中国专属经济区）进行非法测量活动，与 5 艘中国船舶发生对峙和摩擦事件，中方就此向美方提出严正交涉。

年来，伴随着美国全球战略重心由大西洋转向太平洋，并且逐步从宣示层面进入到实际操作层面，西太平洋海域地缘竞争格局已经明显加剧。美军不仅强化了美菲、美澳军事同盟，而且加紧在南海周边地区前沿部署，视中国为“假想敌”的意味十分明显。继台海问题之后，南海问题又成为了美国“遏制”中国的另一个抓手。显而易见，美国直接插手的结果就是，有关争议问题不被炒热几乎是不可能的事，只要其符合美国的利益需要，南沙争端所表现出来的“树欲静而风不止”的态势恐怕就是未来的常态。

过去十几年，以中国为代表的东亚经济体在全球经济格局的地位逐步提升，并且开始变得举足轻重。在这一突出的大背景下，南海作为沟通东亚国家与世界各国的海上战略通道，其重要性愈发凸显，自然而然要成为域内外各方关注的地缘焦点区域。20 世纪以来，南海曾经是大国纵横捭阖的疆场，21 世纪乃至更长的时期呢？情况不言而喻。

第三节　《联合国海洋法公约》的影响

1982 年《联合国海洋法公约》的诞生是人类海洋史上的一件大事，也是有史以来最全面的规范人类海洋活动和解决海洋问题的根本大法，因而也被称之为“海洋宪法”。《联合国海洋法公约》共有 17 个部分，连同 9 个附件共 446 条款。内容几乎涵益了海洋有关事务的方方面面[①]。这部海洋宪法的签署生效，标志着新的国际海洋秩序的确立，也预示着人类开启了和平利用海洋和全面管理海洋的新时期，对维护世界海上安全与稳定起到了重要作用。

① 联合国海洋法公约（汉英）［M］．北京：海洋出版社，1996.

一、围绕《联合国海洋法公约》的利益纷争

《联合国海洋法公约》既关系着全人类的共同利益，又牵扯到世界上几乎每个国家的现实利益和发展利益，因此其谈判和签署过程备受世人瞩目，同时也注定其必然是一个马拉松式的漫长过程。从1973年到1982年，第三次联合国海洋法会议就有关内容和具体条款的起草、讨论及谈判过程持续了十年之久。可以说，《联合国海洋法公约》的诞生既是发达国家与发展中国家之间相互妥协的结果，也是广大发展中国家海权意识觉醒的必然趋势，是反对海洋大国霸权的产物，在很大程度上代表了广大发展中国家争取海洋权益的胜利[①]。单就中国而言，《联合国海洋法公约》是中华人民共和国恢复联合国合法席位后，参加联合国海洋会议所起草和缔结的第一个重大国际公约，因而，具有特殊而重要的意义。

如果说1945年，美国时任总统杜鲁门发布的《杜鲁门公告》（又称《大陆架公告》）引发了世界上第一波“蓝色圈地运动”的话，那么第三次联合国海洋法会议的谈判和后来的《联合国海洋法公约》的签署则引发了第二波“蓝色圈地运动”的热潮。1945年，美国德克萨斯州近海区域勘探发现了海洋石油资源，同年9月，美国发布公告，主张对邻接其海岸公海下大陆架地底和海床的天然资源拥有管辖权和控制权。许多沿海国家，特别是受美国影响颇深的拉美国家纷纷提出对本国沿海大陆架的主张，后来由此促成了1958年第一次联合国海洋法会议和《大陆架公约》的诞生。

回顾《联合国海洋法公约》的签署生效，尽管其对国际海洋新秩序的建立发挥了积极作用，但与此同时，《联合国海洋法公约》的产生也带来一系列新的问题。依照《联合国海洋法公约》中“陆地统治海洋”的原则和新的海洋法律制度，岛屿在划分领海、毗邻区、专属

---

① 吴士存．纵论南沙争断［M］．海口：海南出版社，2005.

经济区和大陆架等方面具有重要作用，拥有一座自然小岛便可拥有12海里的领海，外加12海里毗邻区的管辖权。如果这个小岛能够供人居住并且可以维持其自身的经济生活，那么还可以以该岛为中心，向外主张200海里的专属经济区（海域面积约合43万平方公里），甚至可以主张拥有350海里的外大陆架的权利。这实际上助推了各沿海国对海域管辖范围的声索与争夺[①]。因此，在1973年到1982年第三次联合国海洋会议期间召开的10年间，沿海各国纷纷宣布自己的200海里的专属经济区，而且都在处心积虑、积极寻找自家门口的“无主”岛，以便最大限度地将本国的专属经济区推向深远海。正是在这一时期，南海周边国家对南沙岛礁的抢夺进入了“先下手为强”的博取阶段。而且，上述国家相继颁布了一系列国内海洋立法，对外纷纷发表外交声明，以此证明其对侵占的南沙岛礁拥有所谓“正当性”与“合法性”。就全球范围而言，第二波“蓝色圈地运动”显然比第一波更猛烈，也更持久。对比那些趁机攫取本国最大利益的邻国，中国的反应相对比较迟缓，基本上没有多少大动作。当然，其间的原因是多方面，也是深层次的，既与中国当时的政策导向有关，也有着对《联合国海洋法公约》的潜在影响预判不足的问题，而且中国在涉海洋领域法理研究人才的储备上更是存在着严重短板，缺乏深入系统的基础研究工作。

最突出的一个例子，就是关于200海里专属经济区的争论和较量。这一概念最先源自于海洋渔业权益争端，在1945年之后因海洋石油的开采而逐渐受到关注。1947年，智利和阿根廷等拉美国家效仿美国1945年公布的《大陆架公告》，也希望拓展本国的海洋权益。但是，智利和阿根廷的近海地质构造比较特殊，大陆架延伸很短，距离海岸线100多米的地方就是深海峡谷，直接进入了3000米的深水区。为了保护其沿海的自然资源，同时也出于维护自身安全的考虑，1947年，智利拓宽领海范围，率先宣布本国的领海宽度为200海里，这一

① 吴士存．南沙争端的由来与发展［M］．北京：海洋出版社．1999.

声明当时在西方世界引起了轩然大波[①]。事实上，海洋法首先诞生于西方海上强权争霸时代，南海周边各国历史上很晚才逐步形成“领海”的概念。从16世纪以来，关于领海的范围不断在拓宽，起初是3海里，源自于荷兰海军舰炮的射程，从陆地起算3海里之外便是“公海”，因此，带给海上强权国家的自由度十分大，基本上可以在别国的家门口自由活动。但20世纪中叶以后，各国为保护海上矿藏、渔场并控制污染，迫切要求划分责任归属，传统公海概念已不敷使用。1930年，国际联盟召开会议专门讨论该问题，但无果而终。1945年，美国总统杜鲁门的《大陆架公告》宣布美国对其近海的管辖延伸至其大陆架，由此打破了传统公海的认定原则，智利等众多国家纷纷延伸本国领海到12海里或200海里不等。这使得海上强权国家的自由活动范围被大大压缩，其普遍感觉到利益受损。加之冰岛和英国之间围绕领海捕鱼权而展开的长达三十年之久的“鳕鱼战争”最终以英国退让而告终，关于200海里海洋权益的较量日趋成为发达国家和诸多拉美国家权利斗争的焦点，并且广泛扩展到整个亚非拉第三世界国家[②]。例如，1973年召开的第十届非洲国家政府首脑会议，通过了《关于海洋法问题的宣言》，宣布沿海国家有权划定200海里的专属经济区，以此声援拉美国家为本国海洋权益而斗争的行动，推动了第三世界国家彼此相互协调的立场。

在第三次联合国海洋法会议召开期间，围绕200海里海洋权益等方面的争论一直很激烈，有的国家积极参与规则讨论与制定，力图使自身利益最大化，印尼就是一个典型的例子。由于印尼是群岛国家，整个国家由17000座岛屿组成。因此，印尼在参与《联合国海洋法公约》的起草和制定过程中，积极游说各国代表，充分表达了自身的利益诉求，进而对《联合国海洋法公约》中群岛水域制度等的形成做出了很大贡献，相应地也体现了印尼作为群岛国家的特殊权利要求，最

① 赵理海．海洋法问题研究［M］．北京：北京大学出版社，1996.
② 陈德恭．现代国际海洋法［M］．北京：中国社会科学出版社，1988.

大程度上维护了印尼本国的海洋权益。

对中国而言，从海洋方向来看，我们所面临的地理环境并不十分有利，比如濒海不濒洋，周边外海均为半封闭海等。即使中国还不能完全被称为海洋地理“不利”的国家，但确实是一个海洋地理“相对不利”的国家。此外，黄海和东海最大宽度均不超过400海里，海洋划界过程中必然出现专属经济区主张重叠的矛盾问题。因此，在联合国海洋法会议的讨论过程中，中国应首先以一个“海洋地理相对不利”的国家的姿态出现，寻求或实现有关法律条款中对中国特殊利益的具体体现和安排，最大限度地谋求国家利益的最大化。就像如今的诸多国际条约谈判过程中，如果不能反映中国的“特殊利益”或者“特定关切”，那基本上通过无望，除非中国主动予以放弃。然而，由于诸多因素的影响，我们并没有争取到《联合国海洋法公约》中对于“海洋地理不利的国家”和“陆封国家”（无海岸线或是海岸线相对比较短的国家）所给予的一些制度优惠。如果说有遗憾，这恐怕算是其中之一吧。

而且，颇具反差意味的是，由于美国专家最终评估《联合国海洋法公约》并不完全符合美国的国家利益，尤其是美国反对200海里专属经济区制度。因此，美国在反复考量后，并没有在1982年签署《联合国海洋法公约》，至今也没有签署。然而，回过头来看，美国尽管被戏称为“临阵脱逃者”，但得到的好处并不少。20世纪80年代初里根政府上台后豁然发现，原来世界上只有美国等极少数国家濒临着两个大洋，而且不需要跟其他任何国家分享专属经济区。美国东西经略两大洋，自然就各划出200海里的专属经济区和350海里的外大陆架，而且完全不存在中国所面临的主张重叠的问题。很多时候，美国可谓是“好处占尽、责任不担”。美国一方面在指责中国等缔约国违反《联合国海洋法公约》，敦促中方恪守《联合国海洋法公约》的同时，另一方面却以《联合国海洋法公约》非缔约国自居，并且对《联合国海洋法公约》中不利于美国的有关条款作不同解读，对未明确或者模糊处理的条款则作有利于美国的解释。美国政府对待《联合国海洋法公约》的双重标准，不仅让中国在内的许多国家都觉得美国行事霸道，甚至连美国国内一些学者也看不下去，觉得美国政府的做派颇有些伪善①。

二、中国是海洋地理相对不利的国家

从某种意义上来说，《联合国海洋法公约》是中国周边海域有关岛礁主权和海域管辖权争端加剧的催化剂。南沙争端同样概莫能外，以至于在目前联合国大陆架界限委员会的21位委员中，热议最多的两个悬而未决的海洋划界案例，一个是北极划界问题，另一个就是南海划界问题。从另一个角度来看，《联合国海洋法公约》也像一面镜子，既折射出了中国海洋地理环境上存在的不利局面，也折射出了中国在海洋划界问题上面临的现实困境。对于那些海洋地理有利的国家而言，基本上不存在诸多的海洋划界争端，而且即使有争端，也相对容易化解，而中国的案例则不一样。在世界上的沿海国中，中国是典型的海洋地理不利国。概括来说，主要表现在几方面。

第一，有海无洋。中国有18000公里长的大陆海岸线，主张管辖海域面积仅有约300万平方公里，如果按照可管辖的海域面积与陆地面积比来对照，世界沿海国家平均数为0.94，中国仅为0.3，不及平均水平的1/3，况且还约有120万平方公里的主张管辖海域存在争议。如此漫长的海岸线，海域管辖区域却并不大，与美国、澳大利亚、印度等国相去甚远，原因在于我们有海无洋。对比美国，我们实在是相形见绌，美国东濒大西洋，西临太平洋，我们谈及更多的是纵横四海。美国海军舰队的称谓以太平洋舰队、大西洋舰队命名，意涵着蓝水作战；我们只能按海区分为东海舰队、南海舰队等，一步步从黄水

① Mark J. Valencia, 2010. The South China Sea Brouhaha: Separating Substance from Atmospherics, Policy Forum 10 - 044, August 10, 2010.

走向蓝水。欧美文学作品经常大谈特谈大洋历险记、征服大西洋之类的壮举，我们的文学作品讲述的无外乎是东海龙王、南海观音、八仙过海等虚无缥缈的神话故事，境界和气魄大相径庭。原因就在于我们有海无洋，这不仅捆住了民族的肢体，也束缚了民众的心灵。由于缺失那种人才辈出、前赴后继的长效发现机制，缺乏“弄潮儿”成长的永续沃土，以至于即使出现了郑和那样的航海英雄，也注定不会是老树千年，而只能是昙花一现。正如大文豪梁启超所叹：“而我则郑和之后，竟无第二之郑和!”

第二，有海无纵深。论起纵深，军事上一般有着战略纵深的概念。通常人们在建院子或扎篱笆时，有条件的情况下都愿意把院子搞大、搞深一些，这样即使外人闯进来，也得费点事。对比国家也一样。中国号称有四个海，但存在的最大缺陷是北起渤海、黄海，经过东海和台湾岛，直至南海，是一个南北跨越 38 个纬度的狭长海域，堪称亚洲国家最长的纵向“海廊”，从某种层面上说甚至可喻之为“护城河”。相对中国的庞大体量而言，战略回旋空间实在太小。而且，渤海是内海，整个海域既小又浅；黄海、东海东西向均太窄，最宽处都不到 400 海里，都很难建立起有效的战略纵深。以至于外敌入侵一打就到家门口，甲午海战、八国联军入侵，基本上都在家门口。

南海方向相对有利，海域面积毕竟比较广阔。但是，在南海建立战略纵深的前提就是中国要在南沙地区占据主导优势，拥有在西南中沙群岛海域的海上支配权。否则，情况也并不乐观。况且，南海东有苏比克湾、西有金兰湾，共同扼守南海中南部咽喉，对中国形成的战略牵制十分显著。冷战期间，美苏在苏比克湾和金兰湾之间战略对峙，中国囿于海上实力所限，只能在家门口作壁上观。

明朝以来，中国的海洋策略都是防御为上。尤其是清代以来，中国沿海地区修建了大大小小上百座炮台，其实就是这种海洋防御政策的载体或者象征。修建炮台的目的很明确，对凡是从海上而来的外敌入侵行动就迎头炮击，令侵略者船毁人亡。但问题是，大炮的射程毕

图1-3　中国外海犹如一条狭长的“海廊”

竟是有限的，充其量也就几海里，根本谈不上防御纵深。

清代以来我国海上遭入侵，往往以炮台被外敌“连锅端”为先声，接下来我们就只有被动挨打的份了。新中国建立以来，中国的海洋政策就是把近海守住，韬光养晦，不出头，主要在于海上战略纵深缺失、海军实力不济。中国只能着眼于防御，如果连近海门户都守不住，何谈保家卫国，又何谈御敌于千里之外？

第三，外海地缘碎片化。与中国陆海相连以及隔海相望的国家共有八个，加上黄海、东海以及南海均为半闭海的性质，决定了中国必然要与有关国家共享一片海域，如果海域最大宽度不足400海里，则必然要出现主张管辖海域重叠的问题，目前黄海和东海就存在这种划界争端。而且，中国尽管主张黄海和东海200海里外大陆架的权利，但就实际操作层面而言，成功的可能性微乎其微。因为从国际上的实践来看，能够成功申请外大陆架的国家几乎全是面向开阔水域的沿海国，或者是相向沿海国的距离最大宽度大于400海里的海域，黄海和东海所存在的情况尚没有成功划定外大陆架的先例。对比而言，中国在南海划出200海里外大陆架更可行一些，只不过中国目前保留了这种权利而已。更值得一提的是，黄海、东海以及南海，不单是大陆边缘的“陆缘海”，而且受陆海关系的制约较深，是被岛链、群岛分割或封围的典型的“陆中海”。尤其是南海，可谓是海洋边界最为重叠交错的地区之一，其饱受边界分割之累，南海因此也有着“亚洲地中海”之称，这种半封闭海的特征成为海域划界争端突出的根本原因。中国在海域划界上面临的诸多被动情况，很大程度上来自“海制于陆”的这种外海地缘碎片化的特殊地理环境。

综上所述，以国际上通行的指标来衡量，中国在海洋的诸多方面并不占优势。因而从严格意义上来说，中国还不能称之为“海洋大国”，更不能称之为“海洋强国”，这两者特别是后者仍是中国孜孜以求的目标。在此过程中，中国首先需要做的是调整国民心态，放下所谓的海洋大国的历史包袱，以一个“海洋地理相对不利国”的姿态示人，在韬光养晦的同时，积极参与海洋事务的治理和海洋规则的制定，不断谋求国家利益的实质化和最大化。

大海是深邃而广袤的，也是变化无常的。古代先哲们面对大海时总谓“天无尽头海无疆”，对大海的茫茫无定常心生嗟叹。在“海洋宪法”业已颁布的当今时代，这句话似乎需要改一改了。至少从某种意义上来说，海洋正变得“有疆”了。《联合国海洋法公约》维护了沿海弱国的海洋权益，节制了海上强权国家的肆意妄为，为建立国际海洋新秩序发挥了重要作用。对于中国这个未来有望成为海洋强国的大国而言，理性而全面地看待《联合国海洋法公约》更是十分必要。一味地拔高《联合国海洋法公约》的地位，以此来作为解决周边海洋争端的准绳并不可取，因为《联合国海洋法公约》并非解决南沙争端的唯一依据，涉及岛礁主权的争议适用于国际法，《联合国海洋法公约》对此显然无能为力[①]。同样，一味地凸显《联合国海洋法公约》的“襁褓”作用也不可取，所谓的强国和弱国毕竟是相对的，也会因时而变，有谁能保证美国今天的芥蒂就一定不是中国明天所苦恼的呢？就像橄榄球、棒球等对抗性运动的拼抢一样，“公共区”永远是强者的天下，公海同样如此。中国需要的就是尽快使自身强大，努力融入到游戏规则重塑者的队列中去，这才是中国韬光养晦、着眼长远而应有的大视野和大气魄。

诚然，海洋宪法也并非是一成不变的，伴随着海洋科技的发展、时代潮流的变迁，各国利益的碰撞和调整，有关条款难免要加以充实和完善，《联合国海洋法公约》俨然是一本道不尽、修不完的大书。

第四节　南沙·南沙

说起南沙，国人往往是带着特殊的情感色彩去看待那一抹蔚蓝的。自打孩提时代起，一代又一代人就从小学的地理课本上知道了祖国南疆美丽的南沙群岛，也记住了祖国最南端的曾母暗沙。那时候，对于南沙群岛的认识几乎都是懵懵懂懂的，甚至连南沙的具体方位都不一定能正确标出。但是，那种对幅员辽阔的祖国油然而生的自豪感却是实实在在的，很多幼小的心灵或许早已种下了长大后守卫南疆，或者去南沙群岛看一看的梦想和愿望。随着时光的流逝，这种镌刻在

① 赵建文．联合国海洋法公约与中国在南海的既得权利［J］．法学研究，2003（2）．

心灵深处的情愫更会自觉不自觉地沉淀成记忆的年轮，定格成对人生家国情怀的永恒写意。

在中国的海疆版图上，曾母暗沙极具标杆意义。正因为有它的存在，祖国疆域的最南端才可以达到赤道附近，从最北端的漠河算起，中国疆域南北跨越的纬度近50度，距离长达约5500公里。在长期耳濡目染的启蒙教育下，曾母暗沙由此成为了耳熟能详的名字，成为了国人魂牵梦绕的去处。

曾母暗沙，顾名思义，它是一处终年没于水下的呈纺锤形的珊瑚沙洲，最浅处距水面约21米，因而称其为暗沙，海南渔民通常称为“沙排”。从严格意义上说，曾母暗沙不是单独的一块暗沙，而是一组暗沙或者礁体，曾母暗沙只是附近陆架上的礁丘群中较大的礁体，总面积约2.12平方公里。在它的南部3海里处有一个面积约0.3平方公里，最浅点距水面为23.5米的八仙暗沙，在它的西南部大约14.5海里处也存在另一个珊瑚暗礁——立地暗沙。

曾母暗沙原称曾姆滩，1947年中国官方改称为曾母暗沙。1983年4月，中国政府对外公布其标准化地名，沿用了曾母暗沙的称谓。对于“曾母”二字，中国人一看到很自然就联想到“曾母投杼”的

图1-4　越南侵占的南沙南威岛一瞥

成语典故，尽管两者间无甚联系，但无形中还是增添了几分历史厚重感。曾母暗沙位于北纬 3 度 58 分，东经 112 度 17 分，这一独特的地理位置，决定了它是中国南疆距马六甲海峡最近的海区，与马来西亚、文莱、印尼、新加坡等国的距离均较近。无论是出于维护中国南海通道或印度洋通道，还是出于未来中国经略南海的考虑起见，曾母暗沙都是兵家必争之地，也是至关重要的战略要地。

从曾母暗沙海域北望，南沙群岛尽收眼底。作为南海诸岛中位置最靠近赤道，岛礁数量最多，散布范围最广的一组椭圆形珊瑚礁群，南沙群岛由 200 多个岛、礁、洲、滩等组成，其东起海马滩，西至万安滩，北抵雄南滩，海域面积约 82 万平方公里。南沙群岛的战略地位十分重要，它扼守太平洋至印度洋海上交通要冲，是东亚各国通往南亚、中东、非洲、欧洲必经的国际重要航道，也是中国外贸进出口的重要海上通道和南疆安全的天然屏障。目前，南沙争端面临的现状是：岛屿被侵占，海域被分割，资源被掠夺。南沙群岛有 40 多个露

图 1－5　台湾驻守的南沙太平岛一瞥

出水面的岛礁被有关周边国家侵占，整个南沙地区80多万平方公里的海域全部或者部分被有关国家声称拥有。其中越南迄今侵占中国南沙海域29个岛礁，菲律宾侵占9个岛礁，马来西亚侵占5个岛礁，中国分别进驻了永暑礁、华阳礁、渚碧礁、南薰礁、东门礁、赤瓜礁、美济礁以及太平岛共计8个岛礁。除太平岛被中国台湾“海巡署”驻守之外，南沙海域其余比较重要的岛礁如中业岛、南威岛、弹丸礁分别被菲律宾、越南、马来西亚所侵占。

这些国家通过往岛礁上移民、强化所谓的行政管辖、提升岛礁防御力量等多种手段谋求固化其既得利益，粉饰其非法侵占行为，意图使非法利益所得“合法化”。此外，自20世纪70年代以来，有关周边国家拉拢上百家域外石油公司介入南沙的油气开发，迄今已发现含油气构造区块200多个和油气田180个，钻探油气井1500多口，其中有300多口油气井在中国南海断续线内，平均每年约有5000万吨油当量的油气资源被掠夺。由于政治、经济、军事等多种利益的交织影响，区域外大国介入南沙争端的程度日益加深，使得南沙争端进一步呈现国际化、复杂化的态势①。

平心而论，任何一个有血性、有良知的中国人看到当前南沙地区面临的这种现状都会感到痛惜，都会被南海权益被他国践踏而感到心忧如焚，我们的南海权益遭到某些国家的侵吞和蚕食，似乎已经是一个不争的事实。但是，我们更应该看到，作为一个后发的国家，中国在前有围堵、后有尾追的形势下实现和平崛起是多么地如履薄冰，又是多么地需要睿智和定力。近代中国的屈辱史，很大程度上与仓惶的海防脱不了干系；现代中国的安全威胁，也更多的是来自海上而不是陆域。这一切铸就了中国向海洋进军、实现海洋强国的主观动因。但是，实现海洋强国绝不仅仅意味着要重现或者恢复航海家郑和昔日所开创的荣光，也绝不能仅仅建立在因海洋权益受损而产生的忧患意识

① 吴士存．南沙争端的由来与发展［M］．北京：中国经济出版社，2010.

或者因历史上的屈辱经历而萌生的“雪耻”观念的基础上，否则，这样的海权观依然是脆弱和片面的，也注定是不成熟的。我们依照这种海权观制定出的海洋战略很可能只是一整套危机处理方案罢了，且不说无法逃脱历史和现实局限的藩篱，反而很可能因决策造成误导，使我们陷入和其他国家更多的纷争和不必要的正面冲突，干扰或者延缓中国和平崛起的进程。中国需要的是一种更加开放和理性的海权观，形成一套超越单纯的海权概念并结合时代发展新内涵的国家综合海洋战略，这不但要求全社会对海洋保持长期而持续的关注与投入，更需要建立充分的社会知识储备，在此基础上形成理性的国民海洋意识，为中华民族的海洋强国之路保驾护航。需要与时俱进地看到，现代国际关系的基本准则，就是通过和平手段解决纠纷与争端。那种动辄叫嚣侵人之土、灭人之国的做法或举动，已经不甚“时兴”了，正在逐步被国际主流意识所摒弃。尽管还有个别国家这么作为，但并不意味着这种霸道的作风值得推崇或学习。“自古知兵非好战”，我们老祖宗的这句古训意味深远，但说起容易做起来难。实际上，中国人既不缺少维护海洋权益的热情，也不缺乏重擎海洋大国旗帜的豪情，但缺乏的是理性的思考和现实的对策。以至于每每与周边国家发生海上纠纷时，国民愤怒的呼声经常盖过对问题本身的理智决断，行为显得偏激和狂热，很少能寻取有效的行动。中国民众对强大海军和航母的追求也近乎痴迷，以为有了“肌肉块”就可以包打天下。

事实上，很多时候不能过于迷信武力，强大的海军并不意味着能解决所有的问题。对外展示强权和军力，只能逞一时之功，对于国家的长治久安并不是最有利的，日本在这方面可谓是前车之鉴。早在150多年前美国佩里舰队叩关后，日本就制定了“开拓万里波涛，布国威于四方”的海洋战略，这既反映出民族意识高涨的日本国民奋发进取的精神面貌和渴望国家强大的迫切心态，同时也表达了他们对于国际强权政治现实的理解以及扩展自身势力和影响的勃勃野心。自此以后，这一主张基本成为了日本对外政策的主导思想，并且在明治年代之后，为大正、昭和两代天皇所继续沿用①。在当时的多数日本人看来，国家间的竞争唯有实力和强权才是最重要的。但正是这种陷入狂热的海权思想使日本走上了军国主义侵略扩张的道路，最后不仅给整个东亚国家带来了灭顶之灾，也使得日本自身处于亡国灭种的崩溃边缘，历史的教训不可谓不深刻。

诚然，身为泱泱大国之子民，我们或多或少会摒弃那些不良的岛民心态，几千年儒家文化的浸淫使我们深谙中庸之道，能够避免穷兵黩武式的扩张主义的盛行。我们不必一直耿耿于怀有哪些小国对我"大不敬"，更不必有狠狠"教训"一下它的大国沙文主义心态，国家心态的强大是以国民心态的健康为前提的。当然，仅仅自我陶醉，满足于历史上的荣光是远远不够的。社会发展已经早已超越了"半部论语治天下"的时代，刻意地固守中庸之道并不完全可取，一味地强调守成并不能呼应时代的召唤。我们不应当只醉心于心潮澎湃地谈论海洋，而更应该心平气和地拥抱深蓝。像太空一样，多少年过去了，海洋依然是人类知之甚少的广袤领域，而我们甚至对于自己眼帘下面那一片蓝色水域也还缺乏深入而充分的认识。由此说来，南沙争端争的岂止是这片海？恐怕更多的还是未来潜在发展空间的争夺。如果南沙失守，注定将是国人心中永远的痛。

从某种意义上看，与其说南沙像仙女撒落在南海的一串串珍珠，倒不如说南沙更像一面能照亮中国前行道路的镜子，折射出中华民族对于海洋的爱与哀愁，也映衬出中国的海洋强国之路仍将任重而道远。作为泱泱大国的子民，真正慑人的气度是不浮躁，更不狂躁；不争意气，更不争尺短寸长，重要的是努力做好自己，心无旁骛地实现既定目标。正如英国大诗人弥尔顿在其巨著《失乐园》中所说的那样："鼓起的不是血气之勇，而是沉着、坚定地稳步向前，不因一切诱惑和恐惧而迷失动摇。"

作家阿来在去了南沙实地采风后，曾经有过一段直抒胸臆的表

① ［日］依田憙家．近代日本的历史问题［M］．上海：上海远东出版社，2004.

白，总结得很是到位：一个后发的国家，开始意识到海洋的重要，并且行动起来，开始维护自己的天然权利，却因为曾经的被殖民，因为后发，因为文化基因中海洋意识的缺乏，使自己维护主权的行为也那么曲折、波谲云诡，那么需要智慧和坚定。

第二章　海洋的力量

【提要】人类与海洋，无疑是个亘古不变的话题。海洋是生命孕育的摇篮，是人类文明的重要发祥地。海洋的恢宏博大、波澜壮阔从来就被视为力量与智慧的源泉。马克思说，不能想象一个伟大的民族能够与海洋相隔绝。海洋带给了人类沟通互往的广度与深度，汲取到大海磅礴力量的民族自然会传承拓海纳川的进取精神，在海洋世纪里劈波斩浪、一往无前。

第一节　国家的光彩

曾经有一幅冰冷而又令人震撼的地图广为流传，其实这并非一张普通意义上的地图，而更像是一张超大的摄影图片。它的震撼之处就在于，能够让人们最直观地感受到国与国之间的强大与弱小、发达与落后，而无需做过多的意象。这是美国利用侦查卫星拍摄合成的一幅全球夜景图，拍摄的时间选择在夜间二十二点，专家用了数月的时间进行合成拼接，目的在于统一标准，淡去浮华。制作这幅全球夜景图的初衷，起初只是为了帮助人们评估世界各国的经济发展程度，结果有心人却“按图索骥”，将其演变成了国家实力较量的晴雨表。

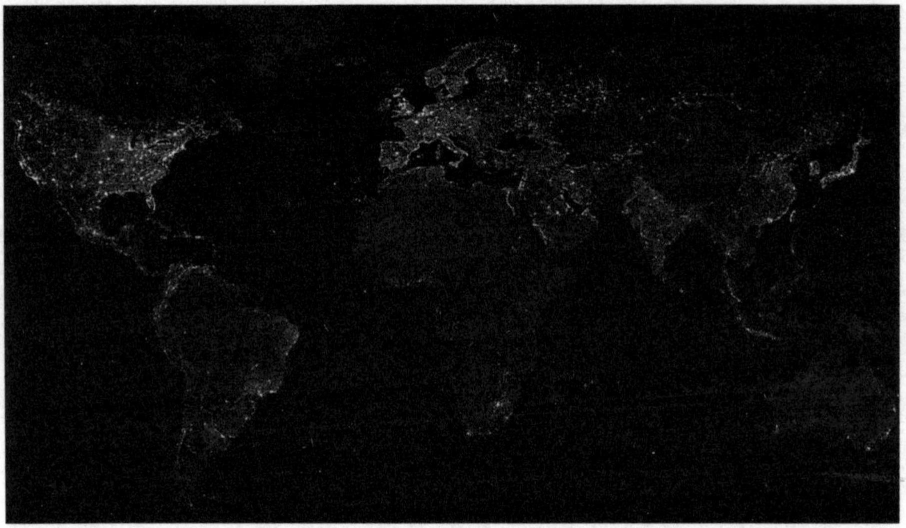

图2-1　国家和地区光亮度显示图（出自美国布朗大学）

在这幅图中，最明亮的人居区是美国、日本和西欧，看上去熠熠生辉，光彩夺目。毋庸置疑，它们是最富裕的发达地区，加起来占据着全世界60%以上的财富，尽管当前以美欧为代表的西方世界接连处在经济危机的风口浪尖，综合实力已与危机前不可同日而语，但反映全球财富分布状况的指标如黄金储备依然是美欧独大，一些国家所积累的“纸上富贵”显然与硬邦邦的真金白银不可等量齐观。这是硬实力的集中体现，更是国家光彩的表征。

与光亮地区形成鲜明对比的是，非洲大陆却黯淡无光，像黑洞一样的深寂，除了进入“金砖国家”之列的南非还泛着些许光亮之外，整个非洲大陆看起来就像是无人涉足的不毛之地，似乎“大工业化”与这片土地不曾有过照面一样。这块大陆有着壮丽的景致，有着淳厚的原住民族，也有着丰富的能源宝藏，唯独缺失的就是将大陆千百万年变迁而遗留下来的原始矿产转化为文明之光的能力。当非洲原住民几百年来任人宰割，被殖民者以奴隶的身份一批批地运往北美大陆时，文明的薪火几乎在这片土地上失传了。

非洲国家极度缺失的正是美国引以为豪的。美利坚这片据称被上帝长久以来福佑的土地是夜景图上最明亮的部分，不仅面积庞大，而且灿烂辉煌，光亮度几乎相当于世界上很多国家光亮度的总和。不得不承认，美国作为超级大国绝非浪得虚名，实乃无出其右者。放眼环球，国家综合实力对比，要么强而不大，比如日本；要么强而不壮，比如英、法、德等国；再要么就是大而不强，比如澳大利亚。美国，也只有美国真正做到了大而又强。无论外界评判美国多么“外强中干”，但山姆大叔依然给全世界诠释了“强大”的真正含义：卓尔不群，既大又强。尽管美国在伊拉克战争和反恐战争的过火行动后实力有所受损，中、印等新兴经济体国家也在美国喘息和欧洲衰落之际增加了更大的影响力，但还是没有更多国家，包括受中国经济之惠的拉美和非洲国家表现出远离美国和西方世界的倾向。美国财政部的债券在全世界依然没有失去它的魅力，对于那些渴望自由、寻求人生自我实现的普通民众而言，到美国去寻梦依然是首当其冲的选择。美国一强独大，这是人类社会的福祉，还是不幸？我们不一定能感受到正义与道德的力量，但一定能看得出冷冰冰、硬邦邦的“实力”，国与国之间的“鸿沟”如此幽深，很多时候并非如想当然的那样容易逾越。

在海洋世纪已经来临的今天，最明亮的部分几乎都集中在陆海交界一带，这实在要拜大海的力量所赐，深邃的海洋带给了人类沟通互往的广度与深度，汲取到大海磅礴力量的民族更会传承那种拓海纳川的进取精神。最明亮的美国、日本和西欧等国，无不是以海洋立国，无不是以海洋强国。与之形成鲜明对比的是，我们在内陆国家中几乎找不出一个强大的典型，哪怕是像样的一个特例。多维的开放与单纯的闭塞，很大程度上源自于海洋的力量。美国最明亮的部分集中在东、西海岸，这尤其体现在大西洋沿岸的纽约地区以及太平洋沿岸的加州地区。在夜景图上，这两地犹如闪电后的光带一样耀眼夺目，成就了美利坚的骄傲与荣耀。美国如同巨无霸一般俯瞰两洋，经略欧亚，大洋中游弋的美国航母不时展示着“肌肉”，震慑全球。西欧沿海一线的亮光同样灿若星辉，整个欧洲的亮光从东到西逐渐增强。尽管分不出明显的界限，但东西端的差别是显而易见的。“柏林墙”的坍塌预示着一个时代的落幕，以至于东欧不少国家谋求着冲破制度的藩篱，以“西欧化”为要义，借此来缩短地缘上的距离。东亚与西欧相仿，最光亮的区域同样集中在沿海一线。对于高速发展中的中国大陆而言更是如此，东南沿海地带的亮光成为改革开放经济成就的最大写照，同时也表露了中国沿海地区与西部内陆差距日益扩大的现实。能否有效地缩小沿海与内陆的发展不均衡的问题，不仅决定着中国这个新兴经济体未来的发展潜力，也考验着中国作为最大块头“金砖”的成色。与中国这种“镶金边”式的发展状况不同，一衣带水的日本更像是浓缩后的产物，国家财富在这块 37 万平方公里的岛国上进行了高度凝聚。在东亚地区，整个日本列岛的光亮度最强，丝毫不逊于美国，如同美国加州的光亮带剥离掉一块，经浩瀚的太平洋漂移到了东亚之隅一样。很多时候，日本看起来熟谙传统的和服与新潮的西装在一起混搭的多元风尚。正是在这种东西摇摆的角色变位中，大和民族的安全感在很大程度上得到了满足。日本愿意师从英国那样游离于欧洲大陆和北美大陆之间，甘做沟通东西方世界的桥梁。至于说是众望所归还是一厢情愿，可谓见仁见智。地处亚洲大陆最东缘的朝鲜半岛同样令人瞩目，那里依稀残留着东北亚地区历次征战的印记，更作为冷战“活化石”而被当今国际社会所关注。与其说是地缘的价值，倒不如说是历史的镜子在追溯往昔，在照亮着未来之路。北纬 38 度线将朝鲜半岛南北相隔，韩国的光亮与朝鲜的黯淡形成了鲜明的对比，这是有关开放与闭塞的写实，也是有关拓海与守陆的注脚。

北美、西欧、东亚，这三个熠熠生辉的光亮区块，是当今世界最具能量、最具光彩的地缘带，占据着全球 GDP 总量近 80% 的份额。每天从波斯湾开出的油轮，穿越霍尔木兹海峡，经过曲折逶迤的海上航线，有九成驰往这三地。正是这源源不断的能源供给，连通着那一切文明的亮光。地缘与能量的关系经过海洋从某种层面上被天然地联系起来，或者可以说，地缘的力量并不决定于该地的物产是否丰饶，而是在于它汲取并转化能量的层级。一个国家的光彩不仅仅体现于历史传承，也不仅仅等同于资源禀赋，进步与开放才是永葆光彩之长久所在。囿民守疆实为小邦心态，沧海逐流方显大国本色。从这种意义上说，国民对海洋的向往程度决定了这个国家进取的境界，海岸线就是进取与保守的分界线，由此也重现着一幕幕“向海而兴，背海而衰”的历史画卷。海洋作为人类远距离输运的伟大通道，无限而自由。就像诗人对海洋纵情歌唱的那样：“在这里，你拥有广袤的、无限的空间，不存在任何障碍；这就是海洋，自然中最大的交流平台。在这里，没有崇山峻岭需要翻越，没有炙热的沙漠；道路笔直畅通，可以到达所有的地方；这是对所有人开放，供所有人使用的最宽广、最繁忙的大道，是现代文明构成的关键所在。”如果说石油是流淌在现代工业文明体系中的血液，那么海洋就是输送所有必需的物质交换要素的通道。海洋的价值不胜枚举，它是生命孕育的摇篮，带给了人类广阔的视野与遐想。但海洋的最大价值却在于通过它可以延伸并触及到世界的角角落落，让整个世界互联互通。沿海的地缘带之所以发展起来，实在是再自然不过的事，远不用作那么多花哨的解释。近水楼台先得“益”，世事总是在百转千回后呈现出它最本来的面目。

第二节　北冰洋的亮光

谈及海洋，人们会热衷于追溯大西洋上飘扬的风帆，太平洋上惨烈的征战，似乎有意无意地总是将北冰洋遗忘。作为长久以来在人们意识中冰封的大洋，北冰洋着实不能与其他三大洋相提并论。如同一片未开垦的处女地，游弋在北冰洋中的更多是独角鲸，而不是船舰。莽莽冰原上奔跃的，除了北极熊等极地动物，大概也只有与世无争的因纽特人。伴随着北极冰川的复冻复融，时光的轮回与自然的延续构成了这片领地上最自发的存在，千百万年来一直如此。不过，现实情况正在起变化。而且，可不是那一丁点的变化。20 世纪 90 年代以来，北冰洋似乎成为了新的热土。林林总总的科考人员夹带“任务”接踵而至，大大小小的石油公司寻着“油味”追逐而来。域外船运巨头相继来考察新航线，沿边各国海军也开始谋划新基地。凡此种种，尽管北冰洋的坚冰尚未真正消融，但看起来正在从人们的意识中解冻。

北冰洋的英文名“Arctic”源自希腊语，意指正对着北方天空最明亮的大熊星座的海洋。它是全球四大洋中面积最小的，总面积约1480万平方公里，比不上俄罗斯的国土面积。但北冰洋也是四大洋中最独特的，只有来到这里，才会到达地球上真正令人找不着北的地方，因为北极的极点就位于北冰洋的一块巨大的浮冰上。北冰洋的绝大部分处于北极圈，整个北极地区从北纬90度一直延伸到北纬66度33分，包括极区北冰洋、边缘陆地及岛屿等，涵盖2100万平方公里的范围。尽管北极地区的陆地和岛屿面积总共只有800万平方公里，而且划归于8个环北极国家所有，但北冰洋却属于国际公共海域。北冰洋海域蕴藏着丰富的石油、天然气资源，初步估算有几千亿桶之多，约占全球未探明石油资源储量的1/8。由于北冰洋地处高寒的极地，现阶段勘探开发北冰洋海域油气资源的难度不小。但以发展的眼光看，这并非存在不可逾越的障碍。在石油大亨们的眼里，北极油气资源的大规模开发只是时间问题。全球气候升温正在使北极地区冰面平均以每年1%左右的速度消失，按照这一趋势，有可能在2030年左右，北冰洋在夏季将成为一望无垠的湛蓝海域。对于长远规划动辄以十年、二十年作为时间尺度的跨国集团公司来说，未来其实近在眼前。而北冰洋的油气资源一旦从潜力变为现实，它就很可能成为全球大国手中的又一件战略武器，从而将大大改变世界石油地缘政治的原有格局[①]。北冰洋的油气资源新发现对于美国、俄罗斯、欧盟的全球战略具有举足轻重的影响，虽然诸多大国的北极战略尚未真正定型，但近年来北冰洋沿岸国家和有关大国围绕北冰洋油气资源已经呈现出“为我所有”和“为我所用”的战略目标之争，进而正在演变成为控制与反控制的斗争。有了国家利益和商业利益的双重牵引，因而也就

① 郭培清．北极航道的国际问题研究［M］．北京：海洋出版社，2009.

无怪乎西方石油巨头们争先恐后，急不可耐地聚集到这里抢滩布局。利益均沾的原则不但适用于对殖民地的觊觎，更适用于对日渐紧俏的石油黑金的攫取。不仅埃克森美孚、英荷壳牌以及雪佛龙等石油公司计划参与北冰洋格陵兰岛海域的油气资源开发，而且英国石油公司也已宣布，它们将联合俄罗斯开采北极大陆架的石油和天然气资源。不难想象，当一座座石油钻井平台冒出水面，矗立在北冰洋涌动的浮冰中时，将会引发多么强烈的国际反应。一方面，这将使纯净的北冰洋海域第一次有了人类大工业活动的气息；另一方面，北极地区脆弱的生态体系将不可避免地要承受环境危害之重。不过，即使环保主义者万般努力，他们美好的愿望和持续的呼吁在财阀们狂热的利益面前也总是显得苍白而无力。寄托于政治领袖们的理智往往也不现实。即使他们存在深谋远虑，但再有远见的领袖一旦面对眼前种种利益交织在一起的棘手事务时，功利性的权宜之计也难免会成为压倒一切的抉择。况且，经济和政治是孪生姐妹，财阀们总会像跟班一样，适时地杵在政治领袖们的背后。

北冰洋的坚冰融化，乐观其成的不只是石油大亨，航运巨头们更是欣喜若狂。随着北冰洋海域的冰盖加速消融，北冰洋实现真正通航的条件日渐成熟。几十年后，整个北冰洋自史前时代以来有可能第一次成为公海。这种变化的地缘战略价值不言而喻，因为它将在世界的顶端开辟出许多新航道，古代航海家梦寐以求的黄金水道——“西北航道”，即理论上在北美洲上方建立一条能连接大西洋与太平洋之间的水道，有可能一朝成为现实。这条梦想中的航道比现今大西洋和太平洋之间的传统航程缩短数千海里，运输成本将大幅度降低，有望成为替代印度洋航线的全新航道。事实上，阔论者的舌头有时远没有实践者的腿脚长。2009 年夏天，在没有破冰船开道的情况下，两艘德国的货船从韩国整装出发，途经俄罗斯海参崴港后，一路北上，成功穿越传说中千里冰封、无法通航的北冰洋“东北航道”，顺利经俄罗斯西伯利亚的扬堡港，最后抵达荷兰的鹿特丹港，完成了贯穿整个欧亚的全部海上航程，由此也揭开了北冰洋航运的历史性序幕。

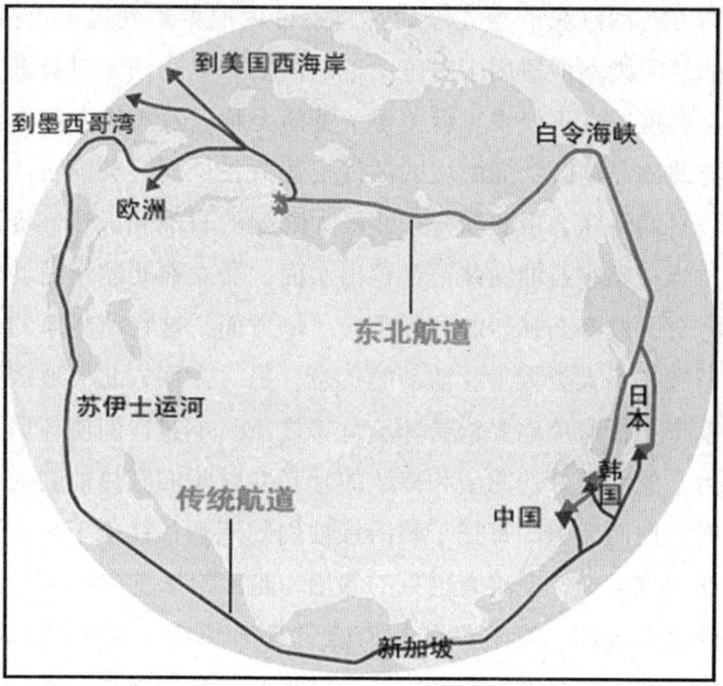

图 2－2　北冰洋“东北航道”示意图

可以设想，如果未来北冰洋的通航成为常态，那么沿途将产生多少个“鹿特丹”呢？北冰洋不仅会苏醒，而且会被照亮，全球夜景图上的北冰洋将不再是黑幕一块，而会像明亮的大熊星座那样光芒闪耀。

此外，北冰洋还蕴藏着丰富的可燃冰资源，这种外观看起来如同普通冰块一样的白色固体储量十分庞大，远超过石油资源的总和，因此有望成为替代石油的新能源，成为未来主要的化工原料。当然从严格意义上说，可燃冰与冰块并没有关联，它是天然气和水结合在一起的产物，通常在极冷的环境中才能形成和存在。但是，这种白色固体的奇特之处在于，一遇火便会熊熊燃烧，散发出灼人的热力，可燃冰正是得名于此。对于北冰洋的地缘新格局，还有人意象化地称其为“可燃冰地缘政治”，这不仅仅是用以说明北冰洋蕴藏的丰富的可燃冰资源，更主要的意图是体现北冰洋海域这种由冷及热的地缘格局的变迁。一个长久冷寂的地区，因缘某种条件的变化而趋热，由此爆发出的地缘能量往往是惊人的。就像极冷环境中形成的可燃冰一样，点燃后却能产生极大的能量。对于这种地缘格局的变迁，北冰洋并不是个例。以此类推，有不少地域可以与其相比照，诸如西太平洋的南千岛群岛（日本称北方四岛）海域、东海的钓鱼岛海域以及南海诸岛海域等等。巧合的是，这些海域无一例外都蕴藏有极为丰富的可燃冰资源，由此也为争端的解决平添了更多的利益砝码和战略考量。这些海域冷寂了许久，如今开始变得热络，地缘局势的变迁多少与北冰洋有着相似之处。

当然，北冰洋带给人类的远不止是石油和可燃冰等矿产资源，也不仅仅是史无前例的海上航道的开辟。作为未被人类活动大规模侵入的净土之一，北冰洋蕴藏着丰富而又独特的极地生物资源，与生命有关的海洋微生物资源与碳基因库也正吸引着人类探索的脚步，而更多的依然是未知数。正如环北极国家地缘博弈的战略走向一样，一望无垠的北冰洋冰盖下孕育着无限可能。这正是北极争端的前景不可捉摸的原因所在。唯有一点能肯定的是，北极不会再变“冷”了，这姑且作为不是结论的结论。

第三节　从北冰洋到南海

从赤道之缘的南海，到北冰洋之滨的极地，行程不过一万公里，因纽特人却走了几千年。历经数次大规模的长途跋涉，因纽特人的祖先从亚洲南部腹地深入到北极地区，完成了人类史上最悲壮的大迁徙。如今在北极生活的因纽特人，身上仍然留存着亚洲人的基因。因纽特人在极地的死亡线上挣扎生活几千年，并且能生存繁衍至今，实在是人类史上的一大奇迹。

仔细考察因纽特人祖先的迁徙路线不难发现，迁徙的队伍基本上是沿着亚洲大陆的东缘辗转挪移，一路北上，从温暖的南海到达寒冷的极地。大约在一万年前，他们中的一部分从亚洲大陆东缘渡过白令海峡到达美洲，北美阿拉斯加、巴芬岛以及格陵兰岛一带生息繁衍着的因纽特人与美洲印第安土著人截然不同，他们明显带有亚洲人的特征，大致属于东部和南部亚洲民族。事实上，无论因纽特人的祖先长途迁徙的真正原因是什么，无论他们经历了多少战天斗地的艰难险阻，这些并非问题讨论的主旨。值得留意的是他们迁徙的路线，正好暗合了如今远东地区最具活力的陆海边缘地带。想象一下因纽特人的亚洲祖先，一万年前走过的是蛮昧的荒原。沧海桑田后的今天，这一地区已成为东亚地区最具价值的边缘地带。从南海到日本海，从鄂霍次克海到白令海，这一地带涵盖了太平洋以西陆缘中最重要的几大海域，同时也囊括了西太平洋众多岛礁水域的咽喉地带，愈发显现出非比寻常的战略地位。

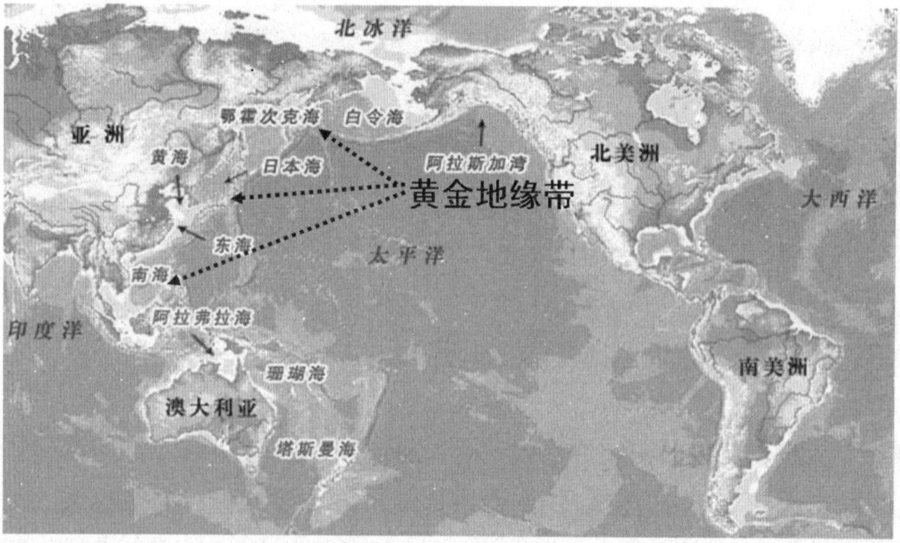

图 2－3　亚太海域黄金地缘带

诚然，那条迁徙之路早已隐秘在历史的故纸堆里了，但因纽特人的亚洲祖先们一路摸爬的探索精神却依旧光芒闪耀。他们有所不知，当他们或驾着独木舟，或乘着狗拉雪橇，历尽千辛万苦从欧亚大陆最东缘的楚克奇半岛越过白令海峡，到达美洲的阿拉斯加时，他们事实上已然开启了人类连通亚美大陆的历史先声。后世设计师们提出的众多宏伟的建设构想，诸如建造白令海峡跨海大桥、开通白令海峡海底隧道等，或多或少都受到了先辈们生命壮举的感召与启发。

白令海峡位于亚洲最东点的迭日涅夫角和美洲最西点的威尔士角之间，平均宽度约85公里，水深在30到50米之间。海峡得名于丹麦探险家维塔斯·白令，他曾在1728年任职俄国海军舰长时穿越过这里，因此结下了不解之缘。白令海峡尽管很窄，但远没有窄到萨拉·佩林所描述的那样。这位美国阿拉斯加州前州长，2008年共和党总统参选人麦凯恩的竞选搭档曾经貌似懂行地说："你实际上能从阿拉斯加看到俄罗斯。"颇有机敏淡定的风范。但在阿拉斯加的民众看来，她的这句话说出口简直就是灾难[①]。事实上，白令海峡最窄处也有35公里，除了风浪，什么都看不见，很多人相信佩林就是随口一说。不过，佩林的说法也并非一无是处。从地缘的角度上看，白令海峡确实很窄，看起来就像亚洲大陆和北美洲大陆的相互作用，把大洋"挤"成了窄缝一样，以至于冬季乘狗拉雪橇，用上不到3小时就可以横跨亚美大陆了。大约在一万年前，这里曾是连接亚美大陆的一座"陆桥"。许多亚洲的动物早先曾通过这里"移居"到美洲，而美洲的动物也经这里到亚洲"串门"。

白令海峡的战略地位十分突出，它是沟通太平洋和北冰洋的唯一水上通道，也是两大洲（亚洲和北美洲）、两个国家（俄罗斯和美国）、两个半岛（楚克奇半岛和阿拉斯加半岛）的分界线。在两"角"夹峙的白令海峡中，国际日期变更线从分属于俄、美的两个小岛之间通过，在两个小岛相距仅有4公里的地方，却隔离着24小时的光阴。鉴于白令海峡的重要性及近距离优势，曾经有俄战略学家构想在白令海峡建造一座东西贯通的大桥，从而将俄国的西伯利亚和美国的阿拉斯加连接起来。这样，整个北半球的陆地将连为一体，东亚将不再是"世界岛"的边缘，而是中心地带，由此也将为远东成为未来全球权力中心的进程加码。

---

① Sarah Palin：You CAN See Russia From Alaska［N］. Politics Daily. April 17. 2008.

平心而论，建造这种史无前例的宏伟工程不是一蹴而就的事，面临的问题也一定是史无前例的。我们目前看到的现实是，白令海峡两端的楚克奇半岛和阿拉斯加半岛基本上都是荒凉无人的“黑洞”地带，在地球夜景图上看不到一丝亮光。没有人自然无人气，工程的投入产出比毫无疑问是首当其冲的考虑因素。甚至可以说，难以跨越的不是自然地理上的白令海峡，而是经济地理上的白令海峡。但是，从未来趋势和全球战略的层面来考量，白令海峡大桥或者说白令海底隧道的贯通只是发展趋势的产物。换句话说，一切都不成问题，只是时间问题。

纵观整个人类社会的历史进程，地理环境因素和人口因素是社会赖以存在和发展的必要前提，对社会的发展起着重要的作用。交通条件是地理环境因素的外化，它的进步一直在描绘着人类文明发展的轨迹。四千年前，人类文明是河流文明。文明逐河而兴，靠近河流就意味着发展优势。古巴比伦的两河文明，华夏大地的黄河、长江文明莫不如此；一千年前，人类文明是陆域文明，马蹄上的优势决定了势力扩张的速度和广度，蒙古帝国横扫欧亚大陆就是注脚之一；四百年前，人类进入海洋时代。得益于近代航海水平及造船技术的大踏步提升，海洋不再是天堑和鸿沟，而成为了发挥地利之便的天然通道。欧洲的海上强国正是从海湾起航，迈向了通往大洋彼岸的强权之路。而人口因素是文明得以存续和繁衍的重要条件，是地理环境因素的内化。鸟择良木而栖，一些地理环境好的区域对人的吸引力就大一些，发展潜力和活力自然就大一些。反之，那些环境不好，交通不便的区域人口密度就低一些，从而会影响到这些区域的长远发展。同样，一些历史上环境条件处于劣势的地区，因缘某种外围条件的巨大变化或改观，诸如气候变暖、地缘优势的转化等，很可能就此聚焦世界关注的目光，步入前所未有的机遇期。北冰洋海域和白令海峡就是如此，决定北冰洋未来发展潜力的不只是矿产资源何时开采，更重要的是北方海上航线何时开通。一旦新航线正式贯通，全球的地缘格局将不可避免重新调整。白令海峡作为进出北冰洋的咽喉地带，则毫无疑问将成为未来北冰洋航道的交通枢纽。

过去几千年来，人类的文明历史基本上都是集中在亚欧大陆发生的，世界力量的中心也总是在欧亚大陆上游移。英国地缘政治学家麦金德由此掷出了豪言壮语："谁控制了世界岛，谁就统治了世界。"正是由于欧亚大陆是全球地理板块的中心，而且有着产生大国的根基和沃土。谁能在欧亚大陆保持强国地位，那么就有可能主导世界[①]。这一推论过程如此深入人心，似乎再古板的怀疑论者也会静观不语。当然，我们无须陷入地理环境决定论或者人口决定论的藩篱。我们需要关注的是地理环境和人口因素对文明发展的积极意义。就像欧亚大陆的地缘优势不会凭空产生一样，这种地缘优势也不会凭空消失。作为地球上面积最大的、唯一连接全球四大洋的中心大陆，欧亚大陆在未来国际政治体系中的中心地位非但不会下降，反而会愈发凸现出来。所不同的是，欧亚大陆的重心不会继续停留在欧洲，而会转移到亚洲，准确地说，转移到亚洲以东，显而易见的理由就是经济活力和人口因素。

自 20 世纪 90 年代以来，亚洲已逐渐成为全球经济的新"引擎"，这不仅是因为日本这一传统经济强国的存在，更重要的是"金砖国家"中的两个"大块头"均在亚洲，它们正在与西方赛跑，力图重现过往的荣光。更重要的是，中印两国人口众多，加上相邻的印度尼西亚、巴基斯坦、孟加拉、越南以及菲律宾五国，总人口占全球的一半，未来的比重甚至还会更大。"人口红利"的释放以及市场规模的扩充抬升了亚洲，尤其是东亚在国际体系中的分量。如果说日本是引领亚洲科技创新的机头，那么中国和印度就如同两只宽厚的机翼，这一切有望使亚洲跃升为全球社会经济的中心。物理学上有一条"重心原理"，基本含义可表述为：一个物体的重心会趋向于质量更大的一端。其实，以此来类比现实社会也未尝不可。全球社会的重心从来不是被自动赋予的，而是国家、地区间实力的天平不断称量的结果。伴

---

① H. J. Mackinder. The Georgraphical Pivot of History. 1904.

随着亚洲力量的大幅度上升，世界的权力中心由西向东转移，这看起来已然是自然而然的趋势。而东亚的权力中心带，便聚焦在从北冰洋到南海一线的陆海边缘地带。从最北端的白令海起，向南经鄂霍次克海、日本海、东海，最后到南海，这五大边缘海沿着欧亚大陆的最东缘依次展布，组成了太平洋西岸最重要的陆海黄金带。未来不仅有望作为贯通欧亚的海上战略新通道，而且还会因之于石油、可燃冰等海洋资源的巨大存在，注定成为资源开发的新领地。鄂霍次克海、日本海以及南海等海域已被调查确认是可燃冰的富集区，预计蕴藏着上千亿吨油当量的可燃冰资源，而且更为广阔的北冰洋海域前景同样可期，这一切顺其自然地强化了上述海域作为战略资源接续区的地位。某种意义上甚至可以预言，随着以页岩气、可燃冰等为主的天然气资源的大规模开发利用，以石油为靶心的能源地缘政治版图终将迎来大调整，由此开启崭新的能源地缘政治新格局。

由于中国、美国、日本以及印度等国周边海域均有着储量丰富的可燃冰资源，如果这些庞大的天然气资源得以顺利开发，那么现今这几个石油进口大国将有望实现能源自给，全球石油消费区与产出区严重错位的格局将得到根本性的扭转。中东作为全球油桶的地位势必下

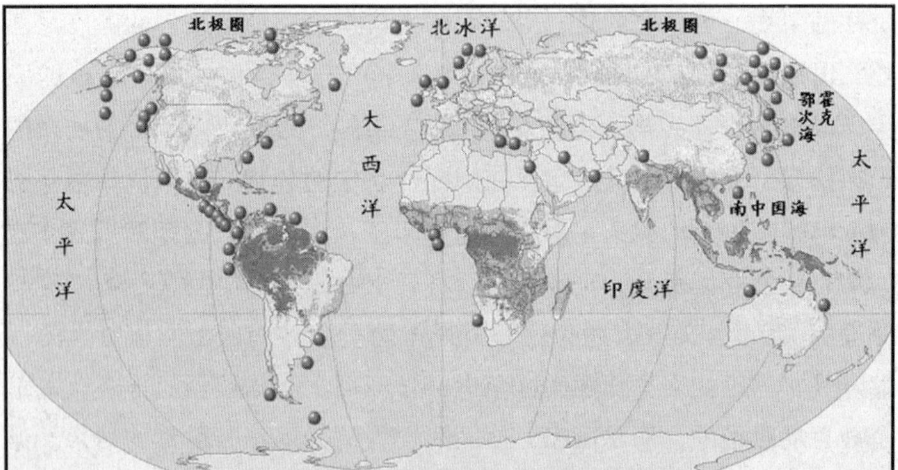

图 2－4　可燃冰资源在全球的分布（可燃冰发现地）

降，全球能源版图的中心区域很可能将从中东移向亚太，东亚未来的地位势必进一步上升，有望成为国际地缘政治竞争独一无二的核心区域。循此而论，从北冰洋到南海的这一线陆海边缘区域终将成为大国角力的主战场。对于人口规模、国土幅员、综合国力分居第一位的中、俄、美三国而言，围绕着欧亚大陆东缘这一黄金地带，聚焦于地缘战略和发展安全，尤其是亚太地区的主导权问题，注定会有一番激烈而复杂的角逐与博弈，由此不可避免要对全球的地缘政治格局带来巨大而深远的影响。

第四节　南海的重要地位

南海，国际上称南中国海（South China Sea），是西太平洋海域最重要的边缘海之一。南海背靠中国华南大陆，东临菲律宾群岛，南接大巽他群岛，西邻中南半岛与马来半岛，是一个由东北朝向西南走向的半封闭海。南海沟通太平洋和印度洋，周边连接多个海峡，构成了四通八达的航运水系。按照国际水文局的定义，南海最南端可达南纬3度的印尼勿里洞岛水域。南海辖北部湾和泰国湾，整个海域南北绵延3100多公里、东西展布2200多公里，海域总面积约350多万平方公里，其中中国南海断续线内的面积约200万平方公里，包括东沙、西沙、中沙和南沙四个群岛。

从地缘位置上来看，南海位于西太平洋海域的地缘交汇带上，对中国的重要性不言而喻，在国家战略全局中的地位日益显要。中国有四个海，一个内海三个边缘海，南海与其他三个海相比，有着明显的不同之处。它表现在面积更大，海域更阔，水域更深，构造更复杂。渤海海域面积约7.7万平方公里，黄海面积约38万平方公里，东海面积约77万平方公里，相比而言，南海面积是其他三个海面积之和的3倍；整个南海岛礁星罗棋布，南北绵延几千里，战略纵深远大于黄海和东海；南海平均水深1212米，最深处达5559米，与渤海、黄海几十米的平均水深远不在一个量级；从地质构造上来看，南海地处太平洋板块、印澳板块和欧亚板块的相互联结地带，它的形成和演化与周边板块的构造活动密切相关，是上述几大板块之间相互拉张与挤压效应共同作用的结果，地质演变过程远比东海和黄海的形成要复杂。从某种程度上说，南海更接近于一个小型的大洋。基于构造上的特点，地质学上也把南海称之为“大西洋式的小洋盆”。从几个方面可以说明南海的重要地位[①]。

首先，南海是中国国家安全的天然屏障。如果中国守住了南沙，就相当于守住了中国的南大门，增加了1000多公里的战略纵深。由于渤海是内海，面积太小，黄海、东海都太窄，最宽处均不超过400海里。因此，中国在黄海和东海都难以建立起有效的战略纵深，唯一可建立起有效战略纵深的海域就是南海。由于南海独特的地质构造，使得无论就海域面积还是水深而言，南海的地质、水文条件都堪称优良，适合航母。而且，西沙群岛、南沙群岛可资开发利用的岛礁众多，完全可以建设成为中国在南海腹地的“桥头堡”。尤其是南沙群岛位于东南亚周边核心区域，它的西南可直通马六甲海峡，东南经爪哇海可直达大洋洲，战略位置十分显要。南海周边国家均以南沙群岛为依托来扩大战略纵深，谋求巩固和加强本国的防御能力。中国如若在南沙群岛海域加强现实存在，并获取控制地位，将使得中国在南海地缘政治竞争上居于有利态势。这有助于加强中国南海的海防建设，对于维护中国东南沿海经济发达地区的安全也具有重要而现实的意义。

其次，南海是重要的出海口和战略通道。中国要成为海洋强国，必须要有出海通道。从地缘条件上看，中国要走出近海，东入太平洋，就必须经过由日本列岛、台湾岛、菲律宾群岛及大巽他群岛所组成的岛链线，原因在于西太平洋海域三条岛链对中国带来的多重封

① 吴士存，朱华友 编著．聚焦南海：地缘政治·资源·航道［M］．北京：中国经济出版社，2009.

锁，加上美日军事同盟、美韩军事同盟、美澳军事同盟等对中国形成明显的掣肘。尤其是第一岛链的北部为美韩、美日军事同盟所控制，中部正面方向则受台湾岛的阻隔，这两个地区在战时极易被封锁。而且，美军已经在中国黄海、东海靠日韩一侧的海域成功地铺设了精密的探测网，其投放的固定声呐侦测距离超过550公里，侦测区域可覆盖从日韩到菲律宾的所有重要出海口，能够时刻探测到中国潜艇在相关海域的活动。加之黄海、东海水深过浅，并不利于潜艇隐蔽通行，因此客观上来说，南海4000米以深的广阔海域更容易满足潜艇航行的条件，便于中国潜艇前出太平洋。此外，在南海方向上，美军无法像在黄海、东海那样实施有效的固定声呐实时监测方案。由于海底声呐需要部署在海峡等较窄的海域，涉及周边国家领海权益以及需要别国密切的配合，因此，美国出于封堵中国海军的需要，不惜通过各种手段拉拢与南海周边国家的关系，以期携手来共同制衡中国。需要看到的是，美国在南海方向拼凑这种所谓的“共同阵线”，不仅力不从心，而且尚需时日。因此，从综合层面上来看，南部方向是中国进入太平洋和印度洋受到掣肘最小的方向，南海有可能在未来成为中国唯一的一个出海通道。除此之外，南海也是中国石油运输和海上贸易的生命线，每年有6000亿美元货物经此海域转运，其运输量占世界总量的1/3。南海航道每年有世界上一半以上的超级油轮通航至东亚各国。2012年，中国的石油对外依存度达到58%，到2020年，预计中国每天将进口约730万桶原油，对外依存度将达到70%以上，其中绝大部分都要经南海运输。而且，南海还是未来的北冰洋至印度洋海上战略大通道的重要节点。从北冰洋经白令海峡，再到日本海、东海及台湾海峡，最后经南海、马六甲海峡达到印度洋，这是一条贯穿北半球的战略大通道，由此将北冰洋、太平洋以及印度洋连通起来，而南海就是位于这个通道上最富庶地区的重要战略节点，它将有望成为世界上最繁忙的海上航道。

再者，南海是独一无二的资源宝库。毫无疑问将成为中国未来发展的重要资源接续区。南海的生物资源、矿产资源均十分丰富。尤其是南海的油气资源，开发利用前景极为广阔。随着陆地石油资源的日趋枯竭和海洋资源开发的深入，越来越多的国家已经把目光投向了海洋油气资源。墨西哥湾、几内亚湾、巴西海域已经成为全球海洋深水油气开发的三个热点区域，南海有望成为第四个热点区域。地质调查资料显示，南海蕴藏着丰富的石油天然气资源，目前已知的含油气构造区块达200多个，油气田有180个。整个南海的油气地质储量保守估计大致在230亿~300亿吨。目前国际上已经有越来越多的石油公司把目光投向了南海的深水区域，由此引发了新一轮南海油气资源开发的热潮。而就中国的油气开发战略而言，中国陆上含油气盆地中，主力油田大部分已有近半个世纪的开采历史，资源储量已近枯竭，进一步扩大产量的空间十分有限。因此，无论是从开发时机、资本实力以及技术积累等多方面来说，还是着眼于从根本上改变中国能源消费结构来看，我们都到了向海洋大进军、向海洋要资源的阶段。南海除了常规的油气资源比较丰富外，非常规的可燃冰资源更为丰富，乐观预计达500亿~700亿吨油当量，可供中国开采利用上百年。据最新资料显示，仅西沙海槽蕴藏的可燃冰资源保守预测就有50亿吨油当量，其不仅可以作为石油的替代能源，更可以成为宝贵的化工原料。从国家的长远能源战略出发，南海的油气资源必将成为未来中国能源开发的重要阵地，成为中国油气资源战略储备的一个重要组成部分。而且，南海还有着丰富的深海生物资源和海底硫化物、多金属结核等矿产资源，随着海洋矿产资源开发技术的提升，可以对中国未来的可持续发展形成强有力的支撑。2010年海南国际旅游岛建设上升为国家战略，其中国际旅游岛建设的六大定位之一就是把海南岛建成南海资源开发与服务基地，以便为今后的南海大开发扫除各项障碍，这一切都预示着中央政府把南海作为未来资源接续区的宏观规划和战略考量。

最后，南海是中国和平崛起的战略支点。如果说几个世纪前中国还可以沉醉于天朝上邦的荣耀，做着物力丰盈、闭关锁国的迷梦，那么在经济全球化、区域一体化的当今时代，中国经济必须不遗余力地做到与全球大市场互往互通，要渐次形成外围的经济辐射带和依托区域，东南亚就是中国走向世界的跳板。中国要和平崛起，恐怕首先要崛起于南海，崛起于东南亚。中国－东盟自由贸易区就是中国经略南海乃至东南亚的重要舞台。从2010年1月1日起，中国－东盟自由贸易区全面启动，这是一个拥有近20亿人口、年GDP达6.5万亿美元的大市场，是当今世界上由发展中国家建立的最大的自由贸易区。统计数据显示，2010年中国与东盟贸易额达2927.8亿美元，比2009年增长37.5%；而2011年中国与东盟贸易额再创新高，达3629亿美元，较2010年增长24%。目前中国是东盟最大的贸易伙伴，东盟也已赶超日本，成为中国的第三大贸易伙伴[①]。按照这种发展速度，2015年中国与东盟贸易额将有望突破6000亿美元。届时，东盟将可能取代欧盟的头把交椅，中国与东盟双方互为第一大贸易伙伴。而且，中国目前开始在东盟设立银行，中国企业尝试在东盟国家投资建厂，这是人民币走出去、中国企业走出去的重要支点，其意义绝不可小觑。东盟不仅是全球经济一体化中的重要新兴市场之一，而且中国与东盟国家由于人文相近、地缘相通，加上多年来双方贸易互利互往，已经与中国市场息息相关、密不可分。一个明显的事实是，近年来，中国境外投资呈现出高速发展的态势，除了欧美国家外，投资东盟已成为国内一些企业以及品牌在海外兴业的一块新热点，东盟国家也成为很多中国企业初出国门“投资试水”的首选地。尤其是2008年美国金融危机爆发之后，中国企业对东盟的投资力度明显加快，2010之后更是呈雨后春笋之势。中国对东盟的投资领域已经从传统的外贸、工程承建领域开始向能源、制造业、商务服务业等领域转型升级。中国与东盟等国家外贸的加强，不仅扩大了中国资本的外贸市场空间，同时也将部分优势产业转移到国外，利用当地低成本的人力与原材料，使“中国制造模式”得到延伸，由此也说明了东盟市场对于中国资本进入国际市场的重要性。更值得一提的是，目前中国与东盟

① 中国海关总署公布数据.2012年1月10日.

贸易中已经开始试水用人民币来结算，在东盟国家看来，中国是贸易大国，用“人民币结算”可以提高贸易效率，降低目前汇率巨幅波动可能带给贸易各方的风险，方便快捷地购买到价廉物美的中国商品，另外，人民币多年来在东盟各国享有非常正面的信誉。“人民币结算”已经成为许多国家的共识，而这自然就减少了美元的需求，从某种程度上削弱了美元的货币主导地位。中国与东盟经贸关系的日益融合，由此开启了人民币国际化的一个重要里程。而这恰恰是美国不愿看到的，也是美国最为忌讳的地方。奥巴马政府抛出“跨太平洋战略经济伙伴关系协定”（TPP），重振美国经济的战略考量固然有之，但在经贸层面上打压中国的意图也十分明显，原因就在于美国自认为受到了来自中国方面的威胁。尤其是面对中国与东盟自由贸易区迅猛发展的势头，美国不可能视而不见、无动于衷。

2002 年党的“十六大”制定了“大国是关键、周边是首要、第三世界是基础、多边是舞台”的总体外交方针，对 21 世纪以来中国的外交工作起到了纲领性的指导作用。依照这一方针来权衡，无论从周边关系、发展中国家、多边舞台等几个关键词来看，还是从大国角力的战略层面来考量，东盟都将在中国的对外发展格局中占据重要的位置。尤其是当上述几个不可割舍也不可偏废的关键要素交织在一起，彼此间已经出现矛盾和冲突的时候，寻求一个统筹兼顾、有效协调的方案是如此不易，时刻都在考验着外交智慧。目前，中国处理大国关系和周边关系的矛盾在南海问题上出现交叉重叠，统筹大国关系和周边关系的余地变小，由此使得中国主动作为的空间受到一定程度的制约。作为正在崛起的“发展中大国”，中国在相当长的历史时期内属于地区大国与地区强国，周边既是中国国家利益对外而言的主要所在，也是中国综合实力辐射的主要所及。从这个角度来说，南沙争端能否和平地妥善加以解决，既是中国和平崛起的基石，也是中国取信于东南亚国家，乃至整个世界的试金石。中国只有在东南亚立住了，在整个东亚站稳了，才能为未来的和平发展打下更为坚实的基础。

伟大的革命先行者孙中山先生曾经指出：“世界大势变迁，国家之兴衰强弱，常在海而不在陆，其海上权力优胜者，其国力常占优势。”对于南海在国家中的地位，他更是有过精辟的阐述：“谁握此门户，则有此堂奥，有此宝藏也，人方以我为争，我岂能付之不知不问乎！”一言以蔽之，在未来全球海洋战略的格局中，南海由于连接着太平洋与印度洋而广受瞩目。陆缘国要争海权，南海是必由之路；海缘国要夺陆权，南海是战略基点。在中国要和平崛起，而美国要强化和维护全球主导权的当下时代，这种战略意义显得尤为突出。南海为何出现如此之多域外国家的旗帜呢？这是因为南海实在是块“风水宝地”。南海身处世界上人口最稠密、经济发展最迅速的地区之一，位于亚洲与大洋洲、太平洋与印度洋的“十字路口”，是连接欧、亚、非、大洋洲等地区的重要国际海上枢纽和商业往来的交通命脉，引发域外大国的觊觎也是必然的。过去数十年以来，南海问题之所以一直拖而不决，主要是中国基于经济发展的考虑，采取了“搁置争议”的策略。美国以及其他诸多国家担心的是，如果中国未来真的强大起来，在南海有了绝对制海权，到那时，中国要是希望实现自己的全部诉求，就有实力可以依托了。因此，域外大国和南海周边国家普遍不愿意消极等待，他们希望在中国将强而未强之际夯实自身的影响力，固化自身的利益所得，相应地也就多了几分对中国发展予以制衡的意味。

中国人对南海的地理认识是一点点累积起来的。中国古代航海家在一次次途经南海的通商活动中，对于南海哪里有岛屿，哪里有暗礁，从一无所知到渐渐明晰，使得南海开始有了自己的地理坐标。中国渔民也是在年复一年、日复一日的出海打渔的过程中摸清了南海的“脾性”，逐步在南海接上了“地气”。千百年以来，中国始终作为一个世界性的大国，在历史上建立起了一个以和平相处为主旋律的朝贡体系，这种秩序绵延了上千年，一直持续到近现代。中国正是借助南海塑造了万众来朝的邦国秩序，极大地促进了东南亚各国的共同发展和繁荣，中国的儒家风范事实上成为了保障各国和平、维护地区稳定的基石。从广义层面上说，南海的地位早已被先辈发现并挖掘了，对于南海重要性的更多认识，只是在新时代被赋予了更多新内涵罢了。相比前人，我们积累了更多、更先进的技术手段来认知海洋的力量，但面对着的，至今依然是同一片深蓝。

第三章　南海·波斯湾

【提要】 南海与波斯湾，分别位于西太平洋和北印度洋，地理上相隔万里之遥。将二者联系起来的，除了有汉唐以来就舟楫通航的海上丝绸之路外，更重要的是两地均蕴藏有丰富的石油资源。在海洋石油开发如火如荼的当今时代，它们与北美墨西哥湾、欧洲北海一起并称为世界四大海洋油气聚集中心。南海更是被称为“第二波斯湾”，经历着与后者相似的价值发现过程。

第一节　中东的发现

从地缘的角度来看，中东的价值发现过程脉络毕现，一则因之于航道，一则因之于资源，两者间或远或近还存在着种种关联。1859 年连通红海与地中海的苏伊士运河在埃及境内开凿始建，而遥远的美国宾夕法尼亚州则开凿钻探了世界上第一口油井；1869 年苏伊士运河全线建成通航，而美国石油年产量则已达创纪录的 420 万桶的规模。石油的价值早已被嗅觉灵敏的美国商人们察觉到，并且开始向专顾于权力争斗的欧洲人兜售。因为当时的美国，仍然徘徊在世界权力的中心之外，石油需要得到高傲的欧洲人的首肯，进而才能重新影响美国与整个世界。

苏伊士运河的开通是中东地缘地位得以提升的标志性事件。运河将大西洋、地中海、波斯湾以及印度洋连通起来，欧亚大陆从此变得不再遥远。大航海时代所“发现”的东方，因为这一河道的开通，格局已然变得崭新。苏伊士运河的西缘是社会进步而资源匮乏的欧洲，东侧则是社会落后而资源丰富的亚洲，这一显著的差别构成了欧洲人眼中难得的地缘格局匹配，苏伊士运河正是将这种战略构想转化为实践的蓝色纽带。苏伊士运河开通之前，人们费时费力重复装卸，通过陆运衔接实现在地中海和红海之间的海上运输。运河开通后则简直不可同日而语了，大批的码头装卸工失业后摇身一变，成为了日夜通航于苏伊士运河上的海员。更为有利的是，欧洲大西洋沿岸各国达到印度洋以及东亚大陆的航程大大缩短。相较于绕道南非好望角的传统航线，整个航程缩短一半左右。从英国的伦敦港或法国的马赛港到印度孟买港做一次航行，经苏伊士运河要比绕好望角缩短 45% 或 56% 的航程。没有什么比亚洲的资源和财富源源不断地运回本土而令欧洲人欢呼雀跃的了，苏伊士运河成为了欧洲人眼中最具战略意义的国际航运要道。在 1870 年到 1940 年的 70 年间，英法等国经由苏伊士运河运输的物资占到本国资源消耗量的 65% 以上。即使在 140 年后的今天，经苏伊士运河完成的货运量仍占欧亚洲际间海上航运量的一半，每年约有 1. 8 万艘来自世界 100 多个国家和地区的船只通过运河，中东出口到西欧石油的 70% 以上经由波斯湾、霍尔木兹海峡再到苏伊士运河这一航线运输。正因为此，欧洲人才矫揉而豪迈地宣称，苏伊士运河的开通可谓划时代的伟大事件，世界因这条运河而迅捷相连。不过，即使以当今的眼光来审视，它看起来仍不虚妄。

苏伊士运河的地位着实重要，但真正将运河推向重中之重地位的，不是别的，而是石油。运河开通 40 年后，伊朗发现了石油；运河开通 60 年后，伊拉克发现了超大油田。此后十几年，阿拉伯人犹如传说中的阿里巴巴一样，似乎找到了在陆海之滨、在沙漠之下寻找黑金的密码，沙特、科威特、卡塔尔、巴林等波斯湾沿岸各国如雨后春笋般相继发现了大油田，着实让当地人兴奋不已，甚至归功于真主安拉的福佑。因为当时谁也不明白本地的石油资源为什么如此丰富，几乎将世界已探明储量的一多半收入囊中。事实上，真正破解黑金密码的不是阿拉伯人，而是美国人。上述一系列石油大发现的幕后都活跃着美国地质学家的身影。自1860年以来，美国人在德克萨斯州、宾夕法尼亚州的沙漠地区开发石油多年，熟谙“背斜理论”以及找油的哲学，这些艰涩的地质理论对诵读着《古兰经》长大的阿拉伯人可谓天书，但套用在波斯湾的沙漠地区却几乎屡试不爽。

19世纪90年代，石油的供给与石油的需求还无法等量齐观，但随着以汽油为燃料的机动车在20世纪初大量涌现，尤其以美国福特公司开发的T型车为代表，石油终于被派上了大用场。石油资源陡然变得紧俏起来，其需求量及产出量也紧跟着急剧扩增。加之第一次世界大战中，英国烧油的战舰编队所向披靡，在“日德兰海战”中重挫德国以烧煤为主的海军舰队，实实在在地给德国乃至全世界上了一课。这使得全球各国从蒸汽动力的迷梦中骤然而醒。1915年，时任法国石油局局长的亨利·伯伦格立下豪言称：“谁占有石油，谁就占有了世界，因为可以用柴油统治海洋，用高度精炼的汽油统治天空，用煤油统治陆地。”这一论断振聋发聩，可以看作是对石油战略价值的首次公开表述[①]。至此，石油的经济与军事战略价值开始被广泛关注，“一战”结束后，石油的地位在欧洲人的眼中已是如日中天。面对中东沙漠不断翻腾的油苗，这个曾经在西方人心目中是酷热、干燥、蛮昧代名词的不毛之地顿时成了战略宝地，控制中东产油区成为了决定大国命脉和发展潜力的不二选择，一系列计划与方案如影随形地提上了西方政治家们的案头。

作为传统的海上霸主，同时也不甘于大不列颠米字旗的落幕，英国极力把持阿拉伯地区事务，以图抢占中东的石油资源，再造日不落

① ［美］哈维·奥康诺. 石油帝国［M］. 北京：世界知识出版社. 1958年.

帝国的荣光。20 世纪初，趁奥斯曼土耳其帝国衰微之时，英国曾积极扶植阿拉伯半岛的一些部落酋长自立，从而为本国石油公司进入这片处女地而开拓先机。英国人最得意的赌注是押对了伊本·沙特，一位出身于阿拉伯高原部落的精明强干的首领，他以无情的手段和灵活的手腕，在几十年间夺下了阿拉伯半岛 90% 的土地，结束了半岛的分治状态，并且在 1932 年建立起独立的国家——沙特阿拉伯。但让英国人最沮丧的是，他们猜对了开头，却等不到结尾。或许是运气太背的缘故，英国人满怀期待，在伊本·沙特的大片领地内费尽心机地勘探石油多年，却一直鲜有斩获。当伊本·沙特完成建国大业之际，准备向英国更大范围地开放石油开发权时，一滴油也没有找到的英国人厌倦到了极点，无意再继续打点这个政权如饥似渴的大小官僚们。哪怕是一英镑，英国人也不愿再为这个穷困潦倒、落后闭塞，出门只有靠骆驼和帐篷的国家付出。当沙特建国伊始财政吃紧，伊本·沙特国王困顿到甚至要靠变卖家底勉强度日时，英国人的失意而去换来的只能是美国人的乘虚而入。1932 年年末，美国标准石油公司经过勘探评估，认定沙特拥有储量可观的石油资源。1933 年，美国同沙特签下了为期 66 年的石油特许开采权，沙特国王把占国土面积 2/3 的土地授权给美国公司来开采石油。看到美国人接盘，英国人不以为然，甚至抱着看光景的态度冷嘲热讽。当时作为英国石油巨头的英波（英格鲁—波斯）石油公司总裁曾不无戏谑地调侃称：“美国牛仔的钱多得可以用来挖沙子！”美国石油公司则反唇相讥：“英国绅士的自大在于沙子挖得还不够！”经过几番回合的隔空喊话，这场口水仗在 1938 年才戛然而止。这一年美孚石油公司在沙特哈萨地区发现了一批储量巨大的油田，不断冒出的油花终于堵住了英国人的大嘴。20 世纪后半叶，当沙特宣布该国石油探明储量位居全球首位时，英国人暗自叫苦不迭，甚至还有英国媒体人诅咒说：“唐宁街恨不得乘时光机器追回去，把当时英波石油公司那些衣着光鲜但却愚蠢之极的决策班子成员的脖子一个个拧断。”

石油财富成就了一个国家。在阿拉伯语中，“沙特阿拉伯”一词的意思是幸福的沙漠。的确，沙特是够幸福的，沙特王室也成为世界上财富最雄厚的王室之一。沙特拥有世界已探明石油储量的1/5，随处可见的石油资源让沙特成为了踩在油桶上的国家，以至于现在还有英国人纳闷，为英波石油公司在沙特忙活多年，却因一无所获而百思不得其解。20世纪70年代以后，随着国际油价的上涨，石油需求的剧增，外汇的流入像潮水一般源源不绝，沙特阿拉伯从一个贫穷落后的国家，一跃而进入世界上最富裕的国家之列，很多沙特贵族几乎是一夜之间从骑骆驼变为开凯迪拉克。美国媒体曾用这样的笔调描绘了沙特王国发迹的历程："从一只骆驼鞍囊装下整个国库的财富，到富甲天下的石油王国，沙特用50年成就了一个财富的奇迹。"不过，仅有石油资源还不能足以保证幸福，伊拉克同样拥有石油。问题的关键是，英国押对了伊本·沙特，而伊本·沙特押对了美国。在建国之初，沙特就和美国搭上关系，在石油工业发展的同时，两国的关系也在不断强化。前者为后者提供"黑金"，后者为前者提供保护，双方都视对方为不可或缺的伙伴。沙特的瓦哈比教派、石油财富以及美国盟友，成为了国家稳定和"幸福"的三大支柱。尤其是沙特与军力最强大的美国结盟，很大程度上避免了作为主权国家遭受外部打击的命运。无论利雅得的统治多么不民主，无论文明的冲突貌似多么不可调和，山姆大叔总是把头埋进阿拉伯半岛的沙漠里，假装视而不见。正因为利雅得在关键时刻，步调总是能和华盛顿保持默契，甚至是出奇的一致，白宫才总会对沙特王室的"睿智"赞许有加。受益于沙特成为了独立而稳定的主权国家，从沙特土地上冒出来的石油最终才能变成沙特人民的福利，而不是殖民者饱餐后丢弃的残羹剩饭。作为中东的"稳定之锚"，沙特在当今国际事务中的地位举足轻重。但是，沙特的今天只是阿拉伯世界的特例，而不是缩影。中东埋藏了全球大部分石油资源，而沙特则埋藏了中东的大部分，这是沙特的不同之处，而同处中东土地的其他国家所面临的境遇则根本无法与之相提并论。问题的吊诡之处更在于，即使我们能找到并且启用中东的稳定之锚，但却无论如何也避免不了中东的动荡。即使是对于全世界唯一超级大国的美国而言，同样也无能为力。

深入梳理20世纪的主要战争史，石油资源的争夺战无不深藏其中。从“一战”期间石油作为战略资源的登台亮相，到“二战”时期石油战略地位的空前加强，石油的影子不仅现身于两次世界大战，更贯穿于绵延不绝的大小战争与地区冲突。作为全球的油库，中东必然是众矢之的，受到的影响自然是首当其冲。为石油而战，与控制石油而战，这已经不仅仅是那些各为其主的雇佣兵嘴里高喊的口号，更是政客们制定行动纲领时所切实遵循的政治箴言。由于国际各种势力如此深刻地介入到中东事务，动荡和不安充斥的景象似乎已成为地区的常态。中东动荡的背后所承载的必然是以利益为靶心的各种纷繁复杂的势力博弈的权力之网。这张权力之网背后牵扯出的伊斯兰会议组织、阿拉伯联盟、极端宗教组织、石油输出国组织、跨国石油集团等一长串的名字，它们原本可能是分属于不同利益的主体。随着全球化和地区一体化的彼此融合，政治经济上的相互渗透，其潜移默化的结果已然使这种利益分野也逐渐模糊起来，催生出许多非汝非吾又亦此亦彼的利益纠合体，友朋与敌手的界定徒然也模糊起来，愈发显露出石油权力大网的盘根错节、藤缠蔓绕。

毫无疑问，石油是各方利益的靶心。中东地区上演的石油争夺战早已超脱出国与国对垒的单一层面。恐怖主义、极端主义、分裂主义以及宗教冲突等非传统安全层面的较量越发频繁，与石油资源的争夺保持着千丝万缕的联系，表面上的文明冲突有时候暗合的其实就是石油资源争夺的内在冲突。这一切都牵动着全球社会的神经，促使着中东地缘政治的整合与演变，由此也使得控制石油以及全球权力的故事变得更加迷离而耐看。

苏伊士运河开通前后，有关中东地缘价值的论调甚嚣尘上。当中东与石油画上等号后，这片土地更是变得独一无二、炙手可热起来。海湾战争、伊拉克战争，与其宣称是民主与反民主的战争，不如说是石油战争更合乎情理一些。尤其是伊拉克战争，给全球社会带来的影响极其深远。伊战不仅为全世界的好战分子树立了“榜样”，而且挑起了全球各国在资源领域的新一轮声索与争夺。无论美国如何粉饰这场战争，比如高调宣称留下了一个日益稳定、民主、繁荣的伊拉克，但明眼人都能看得出，伊拉克依然是一个爆炸袭击事件频发，动乱因素层出不穷的国家。伊拉克人连起码的安全感都得不到，又何谈“稳定、民主与繁荣”？美国注定逃不脱一个其不愿直面的定论，即：美国尽管实现了部分战争目标，但这总体上是一场不成功的干预战争。占优势的军事力量没能轻而易举地转化为政治胜利，这将长期影响美国的中东外交政策，今后即使美国对伊朗动武，必然将史无前例地审慎加以评估。无疑，中东是石油的沃土，石油是战争的温床。发生在中东地区的任何冲突和争端，任何权力都无法阻止外界不往石油因素上靠拢或臆断[①]。正如美国前国务卿基辛格所宣称的那样：“如果你控制了石油，你就控制了所有国家……”在表述石油的战略价值时，这句话被引用的频率已足够多，老套得都让人有些耳根起茧了，但尽管如此，我们恐怕找不到第二个比这句话更具教唆意义的表述。控制了中东，也就控制了所有国家。如此说来，中东的价值发现，地缘和资源两者占全了！以历史的视角看，现代意义上成型的中东，不只是区域史，更像是一部浓缩版的全球史，是现代文明与古老习俗交相掣肘的进步史。价值的发现过程赋予了中东进步的动力，但价值发现的真谛却似乎并不掌握在主宰这片土地的人手里。

在这个时代，在这个动荡的中东世界，我们要理解这些纷乱，只有等到石油的影响逐步消散之后，当中东远离权力的漩涡中心，我们才能以平和的眼光看待所有的一切，唯此，我们才能发现真实的中东，才能看清乱象丛生的波斯湾迷局。

---

① ［美］威廉·恩道尔. 石油战争［M］. 北京：知识产权出版社，2008.

第二节　南海，第二波斯湾?

南海是第二波斯湾吗?这个从“埃默里报告”发布伊始就不胫而走的说法至今已经持续了40多年，石油地质学界仍存在一定的争论。乐观者认为这个称谓名副其实，南海是当之无愧的第二波斯湾；审慎者认为不过如此，值得商榷的地方还有很多。而就南海的油气资源储量而言，学界尚没有完全形成统一的认识，对资源储量的评估上数据出入仍比较大，并且各执一词。这主要是由于南海的地质条件比较复杂，而且加上勘探程度不高，尤其是南沙大部分海域没有进行钻井和三维地震勘探，认识上存在不足。另外，由于南沙海域是争议区，有关各国的地质调查数据不能交流共享，这也在很大程度影响了对资源储量的综合评价水平。例如，美国地质调查局认为，南海整个区域油气资源总储量不超过50亿吨油当量，已证实的石油储量为75亿桶，折合约为10亿多吨，这一数值基本上是按照南海周边各国在南海海域的已探明储量加权而来。相比于美国地质调查局的保守估算，美国能源署则较为乐观，该机构认为南海的油气资源储量为100亿~150亿吨油当量，其中天然气储量占主要份额，约为总储量的60%~70%。对比国外机构的评估数据，中国国土资源部门对于南海油气资源储量的预测数据最为乐观，认为南海主要盆地的油气资源地质总储量大致在230亿~300亿吨油当量。除此之外，南海蕴藏的可燃冰资源预计也十分庞大，初步估算整个南海的可燃冰地质储量约为650亿~700亿吨油当量，资源前景十分广阔。由于资料来源、预测口径等多方面因素的差别，有关南海油气资源储量的认识上因而存在一定的出入。但石油地质学界的一致共识是，南海是今后西太平洋海域最有希望的海洋石油与天然气开发基地，在亚太油气生产格局中的地位将愈发重要①。

① 潘建纲．南海油气资源及其开发展望［J］．海洋地质动态，2002.

1969 年发布的“埃默里报告”中，对于中国周边海域富含油气资源的原因有一定的解释。比如，对于渤海、黄海以及东海油气资源为何丰富？埃默里给出的主要理由是：黄海、东海海底有着几条平行的隆起带，形成了天然的巨大无比的油气储藏所，另外，黄河、长江昼夜如斯地给渤海、黄海以及东海带来巨量的泥沙沉积物，有利于形成沉积盆地，具备了得天独厚的油气生成条件[①]。而按照业已成熟的地质理论，油气的生成聚集都在构造盆地里实现。油气勘探的第一步，实际上就是找构造盆地，寻找适合油气资源生成、聚集和储藏的场所。至于最终能否有所收获，那则另当别论了。对于南海的油气储量，埃默里当时只是做了预测，并没有详细说明。后来对南海的地质研究进一步深入了，才发现南海确实是个油气资源的聚宝盆，这一点在南沙地区尤为突出。

整个南沙海域面积约有 82 万平方公里，其中约 41 万平方公里为沉积盆地，在中国南海断续线内约有 26 万平方公里。南沙已发现有曾母盆地、文莱－沙巴盆地、万安盆地、礼乐滩盆地等 14 个含油气盆地。不少国内从事石油勘探的老地质工作者都感慨，他们从事石油地质研究几十年，从陆地石油勘探转战到海洋石油勘探，从未遇到过像南沙地区这么难得一见的石油地质条件，油气资源藏所需具备的生成、储层、盖层、圈闭、运移以及保存条件样样都好，而且相互形成了良好的匹配，是个名副其实的油气聚宝盆[②]。如若打个形象的比方，就好比一个事先盖好锅盖、封好口的大锅，里面装着的全是资源。那么，南海油气资源条件为什么会这么好呢？要深究其来龙去脉，还得从南海的形成以及石油的生成理论等源头说起。

众所周知，地球是由大陆和大洋组成的。大陆和大洋的分界线不是海岸线，而是大陆架。区分某个区块是大陆还是大洋，不是看它是否被水浸没，而主要是看它的地壳。大陆的地壳通常是花岗岩，比较

---

① K. O. Emery et al.,“Geological Structure and Some Water Characteristics of East China Sea and Yellow Sea”, UNECAFE/CCOP Technical Bulletin, Vol. 2, 1969.

② 金庆焕．南海地质与油气资源［M］．北京：地质出版社，1989.

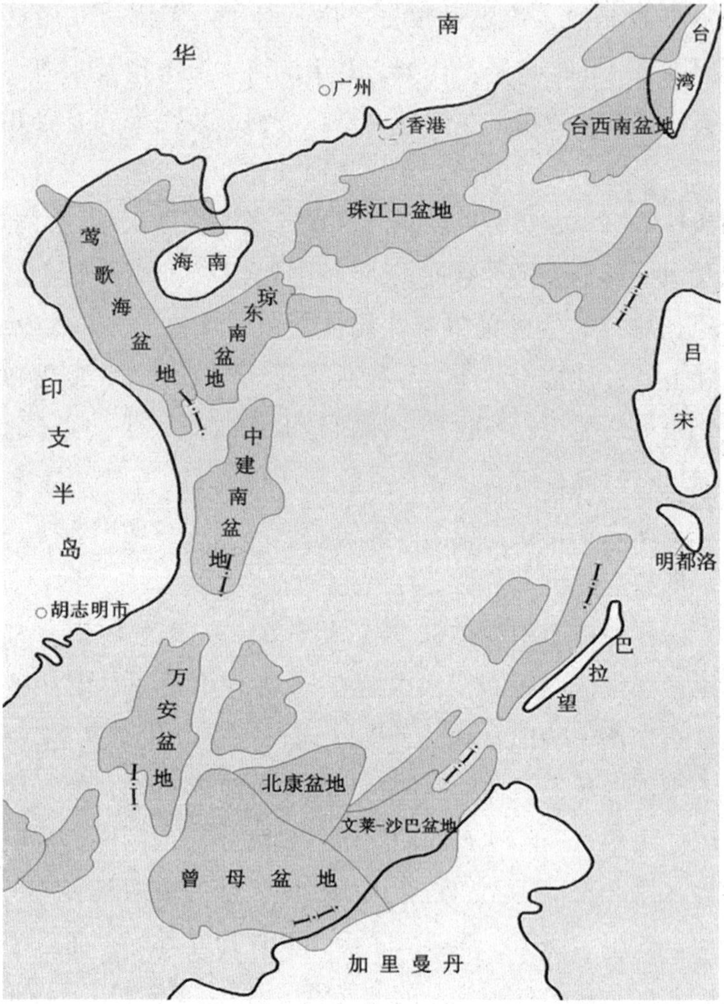

图 3－1　南海油气资源分布示意图

轻；大洋的地壳通常是玄武岩，比较重，具体表现是大陆的地壳一般浮在上面，而大洋的地壳沉在底部。在世界上的大陆和太洋之间通常会夹杂一连串海域，地学上称其为边缘海。海通常有两种，一种为它本身就是陆地，只是海平面上升后被海水淹没了，变成了海，其主要由大陆架构成，因此比较浅，一般不超过 2000 米。另一种就是大洋，水深一般超过 5000 米，最深可达万米以上。中国周边外海如黄海、东海、南海，虽然都属于边缘海，但地质构造上并不完全相同。或者也可以通俗地说，这些海的“性格”有所差别。其中，渤海、黄海、东海比较类似，地壳组成都是花岗岩，可以看作是大陆的一部分，主要由大陆架构成，表现为海域较浅，海域面积不大，比如黄海平均水深44米，最深处仅为140米，渤海就更浅，平均水深18米，最深处也不到100米。南海则不同，尽管南海大陆架面积也不小，但就更广阔的南海深水区域而言，南海更像是一个缩微版的大洋，最深处达5559米。在大地构造上，南海位于欧亚板块、印度—澳大利亚板块与太平洋—菲律宾板块相互作用的构造部位。南海的形成演化与其周边板块的构造活动密切相关，地质构造上比较复杂。南海南部的南沙地块、加里曼丹地块的一部分以及西北巴拉望地块历史上曾与华南大陆相连，直到3500万年前的始新世末期才发生彻底断裂，并不断南移，从而与华南大陆之间形成南海中央海盆。南海的北部、西部以及南部没有明显的板块界限，在张裂过程中不断有沉积物向内填充堆积，有利于形成大面积的沉积盆地。加之南海还发育有很多断裂带，形成了良好的油气运移通道，构成了油气资源成藏的充足条件①。

论起石油资源的勘探与开发，长期以来主要形成了两种地质成因理论。一种是中国一直宣传的陆相生油理论，这是由李四光、黄汲清等中国老一辈地质学家独创的石油生成理论；一种是西方比较看重的海相生油理论。所谓陆相生油，简单说就是陆地上的湖沼盆地生成的油气，海相生油就是海洋里的盆地生成的油气。人类发现并利用天然气和石油的历史可以追溯到几千年前，但是应用近代科学技术手段开发利用油气资源只有150多年的历史。从世界范围看，海相生油是世界油气勘探的主要趋势。这主要是基于两个客观事实：一是世界上大多数含油气盆地的生油岩是海相沉积地层；二是中东地区的生油岩基本上都是海相沉积地层，这一地区蕴藏着极为丰富的石油资源，其探明的总储量约占全球总储量的60%以上。这两个事实清楚地说明，世

① 钱光华，樊开意．万安盆地地质构造及演化特征［J］．中国海上油气（地质），1997，11（2）．

界范围内海相生成的石油十分广泛，一般情况下也最丰富，而陆相生成的石油则比较有局限性。中国海域中主要油气田的发现基本上都遵循的是陆相生油理论。一直到今天，渤海海底的油气资源也是陆相生油成因的，东海、黄海基本上也都是，主要在于渤海、黄海和东海大部分之前都是陆地，只是后期地质演变，海平面上升后被淹没，变成了海而已。而从南海的情况来看，尽管南海北部珠江口盆地的油气资源主要是基于陆相生油成因，但南海的海相生油盆地则发育更多。海里形成的油气资源有可能比陆上油气资源形成的历史更长，石油勘探也就要钻探到更深的地层才能找到油气苗。特别是南海深部海域的油气资源，估计大部分都是在远古的海洋中遵循海相生油的原理而形成的。

总结海陆板块的形成和演变，归根结底，现在地球上所有的海洋，都是在后来的地质构造运动中被拉开的。原来已经形成了陆地板块，陆地张开以后又形成了海，南海就是这样形成的。地质学界研究南海的形成过程，发现与大西洋的形成非常相似，因此根据这一特点，地质学界将其定义为“大西洋式的小洋盆”。由此也从另一个侧面说明南海油气资源比较丰富的原因。例如，大西洋在它张开形成的过程中，大西洋海域形成了很多重要的含油气盆地。目前众所周知的全球许多海上产油区，如北海、墨西哥湾、西非几内亚湾、南美委内瑞拉、巴西外海等产油区，均位于大西洋沿岸。尤其是巴西外海区域，表现得十分明显。巴西之所以能从贫油国一跃成为石油出口国，开发深海石油是巴西国家石油公司的法宝之一。巴西的坎帕斯、桑托斯等大型含油气盆地绝大部分都在深海，有的水深超过了 3000 米。学界普遍认为，正是在大西洋张开的时候，形成了大西洋西岸巴西外海的诸多含油气盆地以及东岸西非的诸多含油气盆地[①]。那么，南海在张开的时候是否也产生了诸多的含油气盆地呢？答案基本上是肯定的。地质调查资料显示，南海已探明的含油气构造区块有 220 多个，

① 金春爽等．国内外深水区油气勘探新进展［J］．海洋地质动态，2003（19）．

油气田200多个，资源开发潜力十分巨大。近年来南海油气开发越来越热，国际上众多大石油公司纷纷来南海淘金，一方面是由于越南、菲律宾等南海周边国家大幅让利、刻意拉拢的结果；另一方面，南沙丰富的油气资源潜力也是吸引这些大石油公司蜂拥而至的主要原因之一。

从南海含油气盆地分布和资源勘探情况来看，南海的北部与南部存在一定的差异。南海北部的含油气盆地主要包括北部湾盆地、莺歌海盆地、琼东南盆地、珠江口盆地、台西南盆地等；南海南部的含油气盆地主要包括曾母盆地、万安盆地、文莱—沙巴盆地、礼乐滩盆地、西北巴拉望盆地等。总体上而言，南海北部富气，南部富油，油气资源储量上南部较北部更为丰富。

主要原因在于南海南部烃源岩体积大，地温梯度大，构造形成时间和生烃、运移、聚集时间搭配好，加之该区域有非常厚的盖层，从而使得油气资源蕴藏量丰富。因此，南海的油气资源更多集中在南沙海域，而且形成了许多大型油气田，多年的油气勘探实践已证实了这一点。比如，南海北部除发现的荔湾3－1、流花29－1、崖13－1以及东方1－1等大型油气田外，其他均是中小型油气田；但南海南部却发现了许多大型油气田，如曾母盆地的B区块至F区块相继发现了15个大型油气田，有的油田已连续高产了20多年①。此外，南沙群岛附近的纳土纳岛周围海域蕴藏有极为丰富的石油和天然气资源，其中天然气储量预计高达上万亿立方米，被誉为南沙地区又一资源宝库。20世纪末，印尼国家石油公司与美国艾克森石油公司合作，在这一海域开采石油与天然气，该工程投资数百亿美元。纳土纳群岛已经成为印尼的石油重要生产基地之一。

总体上而言，南海尽管被称为“第二波斯湾”，但与波斯湾和墨西哥湾的差距还是比较大的。主要表现在证实储量较少，油气产量占全球海洋油气产量的份额不高，油气产量多年来增幅不大。制约南海

① 肖国林．南沙海域油气资源开发现状及中国对策建议［J］．国土资源情报，2004.

油气开发的原因是主要表现在三个方面。一是周边国家海洋油气开发水平不高，所以大多采取对外招标、合作的方式。虽然近几年来，中国、马来西亚等国的国家石油公司油气开发能力提升得相对较快，但和世界一流公司相比，技术上还有不小的差距。自主化程度仍待提高，影响了开发步伐。比如，20 世纪 80 年代，中国在南海北部的油气勘探开发曾经有过一段低谷期[①]。当时中国通过对外开放，吸引国外资金和先进技术，合作勘探开发南海油气资源。中海油公司先后与美、英、法等 10 多个国家的 40 多家石油公司签署协议，对南海海域进行地球物理勘探和地震普查，发现了不少油气构造盆地。通过“市场换技术”的合作方式，中海油获得探明油气田 51% 的权益，同时还可获取某些油气开采技术，但最初的勘探结果并不十分理想。由于没有大型的油气发现，在 1985 年前后，第一批来到南海北部的大石油公司相继离开了。虽然 1987 年由西方石油公司钻探的“白云 7 – 1 – 1”探井水深达到 500 米，接近当时的世界纪录，但由于没有获得商业发现，外方随即退出。“第二波斯湾”的盛名并不能阻挡他们离开的脚步，尤其是对于那些注重实效利益的上市公司而言更是如此。二是存在着极为复杂的海域争端。墨西哥湾、北海的开发状况比较好，主要原因就是没有争端的干扰，例如北海地区很好地实现了争议海域的共同开发，对海上油气田的开发有着很大的帮助。而南海尤其是南沙海域的争端错综复杂，有关争端方均不能放开手脚去勘探开发。毋庸讳言，南沙海域存在的岛礁主权和海域管辖权争议已经成为影响海上油气开发进程的重要因素之一。2011 年南海局势升温，中菲、中越之间在局部海域发生海上摩擦事件，其直接肇因均与资源调查活动有关，确切地说，是由菲律宾、越南分别在南沙争议海域单方面进行油气勘探活动而引发的。三是海洋油气开发的合作程度不够。中国政府从 20 世纪 90 年代初就提出了“搁置争议，共同开发”的方针，但回

---

① 刘铁树等．南海北部陆缘盆地深水区油气前景［J］．中国海上油气（地质），2001.

头看来，实施效果不彰。到目前为止，中国与有关争端方在南海争议区尚没有一个油气共同开发的实际案例，中国目前在南沙海域没有一口自己的油气井，也没有产出一桶油。另外还有其他因素，比如，有关各国在勘探调查、资料共享等诸多方面的合作力度不够，造成了对油气资源储量的认识不足，甚至存在一定的偏差。

因此，从某种意义上说，南海有成为“第二波斯湾”的潜力，但能否真正名副其实，很大程度上不在于客观条件本身，而在于南沙争端能否妥善解决，同时也包括中国提出的在争议区进行油气共同开发的方针能否有效实践。而围绕岛礁主权和海域管辖权的争端一旦解决不当，引发矛盾的升级和域外大国的进一步深度介入，那么南沙很可能会成为“第二波斯湾”，国际政治学意义和自然学意义皆具。一个乱象丛生的南沙无疑将变成另一个火药桶，很显然无益于地区和平稳定的大局和沿岸各国民众的长久福祉。

第三节　南海的油气开发

南海的油气开发活动大致从 20 世纪 60 年代起，至今已有半个世纪的历史。南海油气大规模勘探开发起步于 20 世纪 70 年代以后，南沙周边国家如越南、马来西亚、菲律宾等国主要在本国的近海海域进行油气开采活动，开发模式一般是通过区块招标的形式会同西方各大石油公司合作开采。尤其是两次“石油危机”之后，石油的经济价值日益得到重视。有关周边国家竞相把南沙海域油气开采权对外开放招标，加大与西方石油公司的合作。

一、南沙海域周边国家的油气开发

越南、菲律宾、马来西亚等南沙海域周边国家分别同美国、日本、英国、荷兰等 30 多个国家的 100 多家石油公司签订了一系列开发南沙油气资源的商业合同。到20世纪90年代末期，有关周边国家已经在南沙海域钻井1000多口，发现含油气构造区块220多个和油气田180个，获利十分丰厚，比较突出的就是越南、马来西亚、文莱等国[①]。越南曾经是东南亚地区最贫穷的国家之一，石油是它摆脱贫困的一个关键因素。越战结束后，为了从30多年的战争破坏中重建经济，越南努力开发陆上和近海石油以及其他能源资源，由此成为东盟国家中石油天然气产量增长最快的国家。在石油开发中，由于缺乏资金、技术和设备，越南主要靠制定优惠政策，吸引西方大国联合开发南沙石油资源，并借此增加大国的介入，使南沙问题国际化。越南开发南沙油气资源秉承的逻辑是："争抢"主权就有了油田，有了油田就能生产石油，有了石油就能换取美元，有了美元就能购买军舰，有了军舰就能"捍卫"主权。正是在这种逻辑的驱使下，越南单方面在南海划出的石油招标区块达215个，基本上覆盖了中国西沙、南沙全部海域。早在20世纪70年代末，越南就和日本的石油公司达成协议，就开发南海石油进行合作。1980年7月，越南和当时的苏联能源公司在莫斯科签署关于在越南南部大陆架进行石油和天然气地质勘探和开采的合作协定，公然侵犯中国南沙群岛及其附近海域的海洋权益，尤其是在万安滩海域，越南加紧与中国争夺石油勘探和开采权[②]。30多年来，越南已与日本三菱石油公司、马来西亚国家石油公司、埃克森美孚石油公司、法国道达尔公司、俄罗斯石油公司、加拿大塔里斯曼石油公司、印度国家石油公司等40多家域内外石油公司签署了石油开发协议或合同，不遗余力地开发海上油气资源，并且推动南海争议区油气开发国际化。多年来，越南的海洋油气产业占GDP的比重不断提升，2006年以来更是达到30%以上的份额，由此也说明了海上油气产业在越南经济产业中的地位。

① 刘锋．南海油气开发与合作［J］．新东方，2010.

② 张松举，陈宏文．周边国家在南沙海域的油气勘探开发现状［J］．海洋地质动态，2004（1）．

图 3-2 南海油气开发平台剪影

马来西亚是较早开采南海油气资源的国家，而且取得了很大的经济利益[①]。马来西亚的石油探明储量大部分油田分布在马来半岛沿海地区，主要集中在南通礁至曾母暗沙之间的一带海域。自从在南海发展海上石油生产后，马来西亚的经济发展非常迅速。马来西亚国营石油公司在该国石油上、下游生产中占主导地位，掌握着马来西亚所有勘探、开发项目的所有权，外国公司和民营公司通过与马来西亚国营石油公司签订产量分成合同涉足马来西亚石油生产，埃克森美孚公司是在马来西亚产油量最大的外国公司。近年来，马来西亚国营石油公司通过加强与外国石油公司的合作，加速海洋石油特别是深海石油的开发。马来西亚沿海的基卡区块是该国发现的第一座深海油田，日产原油 12 万桶。随着沙巴沿海油气田的开发，马来西亚国营石油公司正在沙巴新建石油天然气出口终端。马来西亚在勘探、开发以及炼油

① 叶德燎．东南亚石油资源与勘探潜力［J］．中国石油勘探，2005（1）．

等领域均处于东南亚国家前列，马来西亚也因此成为在南沙油气开发领域获利最为丰厚的国家。

文莱是东南亚的小国，但是却因开采南沙油气而富裕，并成为东南亚的第四大产油国。文莱石油产量的90%和几乎全部的天然气均产自海上油田。石油和天然气是文莱经济的两大支柱，也是其出口创汇的最主要来源，其生产石油的95%以上和天然气的85%以上用于出口。近年来，文莱石油天然气工业产值约占其国内生产总值的40%，石油天然气出口额约占总出口额的90%。文莱的油气勘探活动主要集中在文莱—沙巴盆地，海洋石油产业是文莱的经济支柱。文莱1966年宣布设立5万平方公里的海上招标区，吸引外国石油公司参与勘探开发，是目前勘探程度较高、油气产量最大的区域[①]。从20世纪90年代中期开始，勘探活动逐步向北部深水区推进，并获得一系列油气新发现。目前，进入文莱并获得在文莱勘探和开采油气权的外国公司主要有荷兰壳牌集团、法国道达尔公司。荷兰壳牌集团下属的文莱壳牌石油公司拥有文莱近万平方公里的石油与天然气的勘探和开采权、原油的精炼和销售权。文莱政府与外国公司在石油与天然气开发方面的合作方式过去一直采用授予外方特许权的方式进行。2001年后，开始使用国际常用的产量分成方式进行，以此加强国家对其石油资源开发的参与和掌控。近年来，文莱政府仍在积极寻找海上的油气资源。由于文莱的石油和天然气的蕴藏量还相当大，还能继续开采比较长的时间，因而，海洋石油和天然气业将继续在文莱的经济中占有十分重要的地位。随着近年来全球海洋油气开发不断向深水区迈进，南海周边国家正在掀起新一轮油气勘探开发的热潮，逐步向中国南海断续线内的深水区迈进。在目前南海周边国家伙同域外国家大肆盗采南沙海域石油资源的情况下，中国在南沙海域的油气资源维权形势显得十分严峻。

---

① 汪巍．东南亚产油国加快石油生产步伐［J］．中国石化，2009（10）．

二、中国在南海的油气开发

在南沙周边国家的海上油气开发活动如火如荼地进行的同时，中国在南海的油气开发却不温不火，开发作业基本上集中于南海北部靠近大陆架的浅水区域，如北部近海的莺歌海盆地、北部湾盆地、珠江口盆地以及琼东南盆地，作业海域的水深大都在300米以内，北纬17度以南的南海海域中国尚没有开发活动。

中国的海洋油气开发是从南海起步的。开发进程可分为三个阶段：第一个阶段是从20世纪50年代末期到70年代末期。这是海上油气开发起步阶段。水平和规模均比较落后，20年间总计钻井数不到20口。标志性事件是1963年打出了具有海洋石油起步标志的“莺1井”。第二个阶段是从20世纪80年代初期到21世纪初期。即规模化发展阶段，标志性事件是1982年中国海洋石油总公司成立。中国加大了对南海油气资源的勘探和开发力度。中海油采取对外合作的方法，加快了南海油气资源的勘探与开发速度，先后与美、英、法、日、澳等多个国家石油公司合作，引进国外的先进技术和管理经验，使中国的海上钻井技术大为发展。第三个阶段是从21世纪初期到现在。主要是全面发展阶段，标志性事件有三个：2005年12月中海油在南海东部海域的第一个自营开发的油田——陆丰13－2成功投产；2006年6月珠江口盆地荔湾3－1大气田的发现，标志着中国海上油气勘探与开发正式进入深水区（水深1480米）；2010年2月3000米深水半潜式钻井平台“海洋石油981”出坞，标志着中国跻身世界海洋深水装备领先行列[①]。

过去10年来，中国新增石油产量的50%以上来自海洋，2010年更是达到85%，这意味着对于主张管辖面积为300万平方公里并蕴藏有丰富的油气资源的中国来说，海洋石油大开发的时代已经到来。中

---

① 刘锋．南海油气开发与合作［J］．新东方，2010（6）．

国在南海海域近海的油气资源开发已有一定规模，几十年来相继开发了涠洲油田、东方气田、崖城气田、文昌油田群、惠州油田、流花油田以及陆丰油田和西江油田。但是深远海油气资源开发不足，南海广阔的深水区目前仍是处女地[①]。可以说，石油开发的希望在海洋，海洋油气开发的希望在深海。就中国而言，南海就是海洋油气开发的“蓝海”。进入21世纪以来，中国在南海的油气开发明显加速，并且取得了明显成效。尤其是中海油与加拿大哈斯基公司等一些国外石油公司的合作，加大了在南海北部的油气勘探与开发力度，相继发现了“荔湾3-1”、“流花34-2”以及“流花29-1”等大型的深水大气田，地质储量均在千亿立方米以上，由此激励着中海油继续向深水区迈进。2010年，中海油在南海的油气产量达到2000万吨油当量，由此也证明了南海深水海域具有较大的油气资源潜力。作为中国海洋油气开发的主力军，中海油的发展值得关注，目前，中海油正在构建一支“深海舰队”，力求将来能够独立开发南海的深水油气资源。这支舰队的主体包括：“海洋石油720”深水地球物理勘探船、“海洋石油201”大型深水铺管船以及“海洋石油981”深水半潜式钻井平台。其中，“海洋石油201”是全球首艘同时具备3000米级深水铺管能力、4000吨级起重能力、第三代动力定位系统及自航能力的作业船；“海洋石油981”平台最大作业水深3050米，钻井深度1万米，被誉为中国海洋工程项目的“航空母舰”。随着“深海舰队”的组建到位，中国完全依靠外国才能进行南海深水油气开发项目的局面将有望大为改观。

在油气资源丰富的南沙海域，中国目前还没有一口自己的油气井，也没有产出一桶油。面对有关周边国家疯狂盗采南沙油气资源的态势，南沙维权形势着实不容乐观。针对南沙争议区的资源开发，中国政府秉承一贯奉行的是睦邻友好政策，从维护地区和平、稳定大局的战略高度出发，提出了“搁置争议，共同开发”的解决方案，主张

---

① 金庆焕．南海地质与油气资源［M］．北京：地质出版社，1989.

将南海从“争议之海”变为“合作之海”，共同开发争议海域的油气资源。但回头看来，实施效果确实不彰。造成目前这种被动局面的原因是复杂的，也是多方面的，但主要还是中国从稳定南海局势的大局出发，保持克制的结果。比如，1992年中海油与美国克里斯通能源公司曾签署了“万安北－21”区块石油开发合同，这本来有望成为中国在南沙群岛海域的第一个油气开发区块，但由于越南方面的百般阻挠，该合同不能正常执行。尽管这一合同区块远离越南大陆架，而且没有其他势力在此开发，更不涉及第三国单方面的海上界限，但中国方面为避免事态恶化，始终基于大局意识而自我克制。中国勘探船在尚未展开作业的情况撤离作业区返航，此后十几年再未进入该海域作业。

与此同时，越南也伙同加拿大塔里斯曼石油公司在万安滩海域进行资源勘探，越南宣称的所谓133和134区块，其实就是1994年中海油与美国克里斯通公司拟定合作，但没有具体成行的“万安北－21”区块。这一区块完全位于中国的南海断续线内，越南却将该区块重新划分对外招标，造成事实上的合同区块重叠，在国际场合制造争端。另外，越南与美国石油公司联合开发的119区块，印度OVL石油公司与越南拟合作的127和128区块，部分主权也属于中国①。

再比如，2005年3月，中、菲、越曾正式签署了《在南海协议区三方联合海洋地震工作协议》，由此被认为是朝着中方主张的“搁置争议，共同开发”迈出了历史性、实质性的一步。该协议自2008年执行期满后，各方本应继续保持合作态势，积累互信，更进一步促成合作，但菲律宾却私自与英国弗伦姆能源公司达成协议，大肆在南沙礼乐滩海域勘探油气资源，并试图在有争议的“GSEC－101”区块单方面进行商业开发。由此可见，菲律宾、越南置中方的立场于不顾，对中方的权益和主张视而不见，拉拢域外石油公司介入，力图使南沙争议国际化、复杂化，这是引发南海事端的症结所在。毋庸讳言，一

① 印越南海开发油气项目侵犯中国主权［N］. 人民日报，2012－9－22.

些域外石油公司对南沙资源状况的认识并不是很充分，有不少抱着政治风险成本不大的投机心理，有枣没枣打一竿子，其往往带来“火上浇油”的消极影响，容易使个别南海争端国有关当局误判形势，进一步使南海局势复杂化。

三、客观认识南海油气开发的现状

菲律宾、越南不顾中国的反对立场，伙同域外石油公司，分别在南沙争议海域单方面进行油气资源勘探，其实有着深刻的国际、国内背景。由于国际油价持续高企，加上菲律宾、越南国内的能源需求日益旺盛，导致两国的石油公司无法抑制对南沙油气资源开发的利益冲动。过去5年，菲律宾每年石油净进口量都在1000万吨以上，而国内的产能仅维持在每年100万吨左右的规模，因而亟待提升海上油气产能，以缓解能源供应缺口；越南作为典型的高能耗国家，能源驱动型的经济增长特征明显，过去5年GDP以7.1%的平均增速居东盟之首。与此同时，越南国内能源消费平均增速则高达10.3%，远高于同期亚洲地区4.1%的平均增速。按照这一态势，2014年后，越南很可能就会从石油净出口国变为净进口国。因此，加大在南沙海域的资源勘探力度，扩充海上油气产能，自然成为了菲律宾和越南不谋而合的实用主义选择①。

从国际上争议区域资源开发的成功实践来看，共同开发是可行的。北海正是由于很好地解决了争议区的油气共同开发问题，才成为了和平之海，有关争端各国都从中受益匪浅。北海的共同开发模式也为南海提供了有益的借鉴。国际上的成功实践表明，中国提出的“搁置争议，共同开发”的主张并不是凭空想象的，而是务实可行的。搁置争议的关键在于共同开发，共同开发不彰，搁置争议就往往流于形式。这一主张之所以在南沙实效不佳，很大程度上源自于此。现在的

① 郑慕强．东盟国家能源经济的总体特征、问题及展望［J］．东南亚纵横，2010（8）．

问题是，越南、菲律宾等国都不愿与中国在南沙海域“共同开发”，那么中国在加大南沙资源维权力度的同时，就应该择机主动开发，只有加强了存在，积累了谈判筹码，才能真正促成共同开发。

半个世纪以来，南海油气开发经历了几波热潮。相比周边国家的大规模开发活动而言，中国需要做的工作还有不少，这主要表现在两个方面。一是中国目前仅在琼东南盆地、珠江口盆地、北部湾盆地等南海北部海域进行了油气商业开采，北纬 17 度以南的广阔海域还留于空白；二是对于马来西亚、越南等国在南沙争议海域的疯狂盗采油气行为没能形成有效的遏制，有关周边国家的油气盗采活动甚至有变本加厉之嫌。正如一些媒体或者学者总是强调中方在南沙海域没有一口油气井，没有一滴油的产量，这固然无可厚非，毕竟这是事实。但问题是，一味地进行渲染，情绪化地刻意放大这方面的问题却是不必要的，往往于事无益。例如，国内一些民众揶揄三大石油公司，说中石油、中海油可以到南非去采油，却到不了南沙，放着自己家门口的资源不开发，却不远万里跑到别国买油田，不解之情有之，调侃之态也溢于言表。当然，这只是想当然地发一下牢骚罢了。实事求是来说，去南沙采油要比去非洲采油困难得多。主要原因在于中国的石油企业尽管万里迢迢去非洲采油，但一般都是近海作业，后勤保障、油气转运都不存在太大的问题，技术方面均比较成熟。而南沙采油对中国来说则不尽相同，完全可以说是远海作业。南沙岛礁海况条件恶劣，远离中国本土，距离海南岛尚且都在 1000 多公里，曾母暗沙更是距离华南大陆 2000 公里左右。如果不具备设施建设良好的前沿基地和强有力的后勤补给条件，那么就很难在南沙油气开发上“铺开摊子”，即使勉强展开油气作业活动，采油平台的安全保证、油气转运、后勤供给也都存在很大的困难。尤其是南沙距最近的海南岛有千里之遥，当时远距离海上运输保障，远距离深海石油管道输送的技术难题还没有完全取得突破。那么远的距离，即使铺设管道，成本也相当大，况且南海中部是深水海盆，能否铺设管道也存在技术风险；接驳船运油也不太现实；借道附近国家比如菲律宾、越南，在南海问题妥善解决前恐怕是不可能的。因此，要在远离海南岛的南沙开采石油着实不容易。只有在各种工作条件都具备时，才可能达到事半功倍的效果。而反观南沙周边国家的油气开发作业，基本上都是在近海大陆架活动，最远距海岸线不超过400公里，相比中国有很大的灵活性和可靠性。而且，由于南沙存在争议，如果不能和周边国家实现共同开发，那么则完全不存在借用周边国家沿岸的保障基地的可能性。由于中国在地理位置上明显地处于劣势，加之有关周边国家肆意干扰，这是中国没有在南沙远海海域开采油气的客观原因之一。

多少年以后，不少人反思“万安北事件”，认为中方当年如果继续坚持，排除越南的干扰以及一切障碍，强行在万安滩海域实施钻井作业，那么，中国目前在南沙油气开发上面临的局面也不会如此被动。当然，历史不能假设。我们同样也不能想当然地认为，如果在万安滩上钻作业，就一定能够顺顺当当地实施下去，也有可能因其他主观或者客观因素而搁浅。这种可能性是存在的，就像我们不能假定已发生的事，同样，我们也不能假定未发生的事。可以看到的是，中国当年的处境是油气开发技术条件不太成熟，但国际政治压力相对较小，如今是技术上成熟了，但国际政治压力则不可同日而语，可以说空前地加大，这就是中国面临的两难处境。很多时候，我们不应苛求前人，更不应借题发挥，将各种不满发泄在决策层身上。借南海争议问题而诋毁党和政府的形象，曲意歪解中国政府的南海政策和主张，这都是片面认识和不成熟的表现。只有理性地看到南沙争端的复杂性，深入地理解南海问题牵一发而动全身的本质特征，才能正确领会党和政府妥善处理南沙争端的政策精神。很简单的道理，南沙群岛远离中国大陆，但毗邻东南亚国家，一旦南沙局势失控，很有可能造成一种拉锯态势。而中国的海空军长期以来还不具备一种长期的、有效的威慑能力，即使对付周边国家绰绰有余，但南海问题的背后处处晃动着域外大国的身影，这是中国必须首要考虑的问题。东南亚一贯是美国经营的重点，同时也是意图封锁中国的重要链环。很多时候，中国政府对于某些大国势力往往不得不投鼠忌器，有所妥协，这是受国家实力和发展阶段所决定的，需要从宏观的层面客观地加以分析，不能以偏概全。

事实上，中国政府对南海的油气开发是有长远考量的，南海已经被列为国家十大油气战略选区就是明证。中国政府也支持中海油建设实施南海的“海上大庆”计划，目标是实现到2020年中海油在南海深水区建成年产5000万吨油当量的生产能力[①]。随着时间的推移以及条件的逐步成熟，南海油气开发最终会全面上升为国家的战略规划，南海敏感区的油气开发活动也会被国家层面予以支持和鼓励。因为在南沙争议区的油气开发活动，面临的复杂局面前所未有，仅靠企业自身是势单力孤的。没有国家意志的体现，没有强大的海上保障力量的协同保护，在如此波诡云谲的南沙海域开采油气，都将是不切实际的幻想。因此，对于南沙油气开发，我们需要善意的呼声，但更需要的，恐怕还是理性的思考，务实的行动。

第四节　石油福兮，石油祸兮

石油的价值既体现了其不可再生性，也体现了其分布的极不均衡。正是这种生产区域和消费区域的严重错位，带来了全球石油运输通道的繁忙，也引发了旷日持久的对石油资源的争夺与控制。从东西方世界来看，石油资源主要聚集在东方世界，东半球集中了全球近3/4的石油储备；从南北方向看，石油资源集中在北半球，主要分布于北纬30度区间和北纬60度区间两大产油带，尤以波斯湾和俄罗斯极地产油区最具代表性。波斯湾的硝烟、北极的纷争，某种程度上反映了以石油资源为靶向的政治属性。

① 中海油加快南海深水油气开发步伐［N］. 中国海洋报，2010-2-27.

一、石油是财富的代名词

美国人经常挂在嘴边的一句话是：上帝福佑美国。同样，我们也不难找到真主福佑穆斯林民族的例子，石油就被称为是真主安拉“馈赠”给子民的丰厚礼物。值得注意的一个事实是，大凡世界上石油资源极为丰富的地区，基本上都是穆斯林地区。哪里有穆斯林，哪里就有石油。中东、北非，中亚、东南亚等许多地区，包括中国的新疆等地，都是石油的重要产出地。很显然，这些地区几乎都是穆斯林聚居区，两者很大程度上能够重叠起来，正因为如此，才有穆斯林民族是大自然安排的“石油信使”这一说法。

那么，为什么穆斯林会有这种“石油福利”呢？就像寻找石油时需要刨根问底一样，人们对此同样深感兴趣，当然不只希望听到诸如真主的“馈赠”此类搪塞的说辞，更需要的是科学的见解。事实上，问题的解释并不复杂，这与穆斯林的生活习性有很大的关联。世界上主要的沙漠地带如中东、北非、中亚等地，都是穆斯林集中分布的地方，千百年他们逐步适应了这种干旱、燥热的气候。但从地质史上来看，这片区域在远古时代则是一片规模巨大的古海洋①，地质学家称它为“古地中海”或者“特提斯洋”。当时的古地中海面积非常大，远甚于当今的地中海，它不仅覆盖了整个中东以及今天的印度次大陆，就连中亚大部分地区，也几乎全部被古地中海浸漫。海洋生物资源的富饶是极其重要的，它为大自然造化“生油”提供了庞大的物源。亿万年的沧海桑田，其结果是这些储油的“海相盆地”大部分浮出水面，成为如今的陆上产油区。想当初那些穆斯林的祖先们植根的是贫瘠的不毛之地，如今却成为最富饶的沙漠油库，使得人们不能不感叹世事的变迁无常。石油更多地埋藏在伊斯兰国家，显而易见对这些国家是有好处的。相比来看，对世界其他国家而言情况也并不赖。

① 潘桂棠. 全球洋—陆转换中的特提斯演化［J］. 特提斯地质，1994（18）.

由于这些伊斯兰国家的基础工业均比较落后，因此对石油的消费量相对较小，绝大部分产出的石油都出口了。因此，对整个世界来说，并不存在石油生产量和消费量失衡的问题，只是石油生产区和消费区错位了而已。大规模的海上石油贸易运输解决的，恰巧就是后面这一问题。也正因于此，伊朗要封锁霍尔木兹海峡的种种扬言才会引发全球社会的普遍关切，并显得如此冒天下之大不韪。对应于油价变化，国际市场很多时候并不存在供求矛盾，全球每天的石油产量始终比消费量多50万～100万桶，但油价还是涨了许多倍，可见反映油价变化的本质因素并不仅仅是供需问题。

21世纪以来，国际油价从约10美元/桶起步，一路上扬，最高攀升至每桶140多美元的高价，石油出口国大多赚得盆满钵满。尽管金融危机以后，国际油价一度深幅回调至40美元/桶的价位，但过去几年来，纽约商品交易所的原油价格还是围绕着80～90美元/桶的价值中枢在波动。2012年新年伊始，国际油价接近100美元/桶。这一价格到底是贵了还是便宜了？目前学界仍争论不休。对于石油的价值到底有几何，目前尚没有形成足够的共识。这一问题是如此之复杂，以至于国际能源机构和石油欧佩克等众多组织，谁也无法给出一锤定音的预期。

事实上，以美元来衡量石油的价值，尽管看起来深入人心，但却存在失真的隐忧，因为美元的贬值是显而易见的。而如果以黄金来衡量石油的价值，则可提供另一种观察问题的视角。不妨回想一下，在布雷顿森林体系存在的1944年到1971年这37年间，美元实行固定汇率，一盎司黄金等于35美元，两者之间是绑定的。而这一期间国际原油价格维持在1.8～2美元/桶，黄金与石油的单位价值比在1∶17左右，换句话说，一盎司的黄金可以换17桶左右的石油。而当前呢？2012年年末，国际黄金价格大体维持在1600美元/盎司左右的价位，国际油价大体维持在90美元/桶的水平，两者之比仍为1∶17左右。可见，如果用黄金计价，国际油价过去70多年并无多大的变化，主要变化的则是美元。我们看到的表象是，21世纪以来国际大宗商品价格持续暴涨，而本质则是美元不断贬值。美元对贵金属及石油等大宗商品的价值10多年间贬值了80%以上。以中国为例，2001年年初中国的外汇储备为2100亿美元，国际原油价格在25美元/桶左右，概算可购买85亿桶石油；2011年岁末，中国的外汇储备达到3.2万亿美元，以石油价格90美元/桶计算，中国可购买350亿桶。虽然10年间中国的外汇储备增长15倍多，但通过石油反映出的真实购买力仅增加了3倍。尽管这只是静态的简单对比，但揭示出来的问题却是深刻的，这说明中国储备的美元资产大幅贬值了。正是基于这一道理，当2007年西方社会指责伊朗等石油输出国不增加产量从而导致油价飙升时，伊朗予以了强烈的反驳，伊朗当时的石油部长意味深长地说："问题不是油贵，而是美元太便宜了。"

高油价无疑使石油输出国受惠，但与此同时，无疑也是对中国、印度等石油进口大国的国民财富的一种"盘剥"。除非中印等国家大幅减少石油进口额，或者石油交易过程放弃以美元作为标的货币，否则就难以摆脱被盘剥的处境。美国高盛公司曾预测国际油价将暴涨至200美元/桶，这看起来只是一个时间问题，甚至可以说是美元的数字游戏。只要美国继续实施新的量化宽松政策，继续大规模印刷美元，国际油价再创新高也并非天方夜谭。再加上美国打击伊朗的传言不绝于耳，油价何止会到200美元/桶，触及300美元/桶都有可能。这是欧佩克的福音，还是全世界的梦魇？先入为主的预测往往显得苍白而无力。

二、石油黑金的另一面

造物主对中东这片沙漠是偏爱的，所以才会把地球上大部分石油资源埋藏于这里，而不是"散布"于各个角落，说这片沙漠地区肥得流油似乎一点都不为过。但也正因为肥得流油，这里成了众矢之的，权欲与利益的角逐总是褪不去石油的颜色。更为明显的是，中东国家普遍患上了严重的资源依赖症，社会发展的动力乃至未来都寄托在石油资源的大规模攫取上，而不是在科技创新和制度创新上。其结果只能是能源业等少数行业维持虚幻的繁荣，再也找不到其他任何值得骄傲的经济和技术创新的闪光点。而且，由此带来的“挤出效应”是，石油产业快速发展、省力和高额的利润无形地腐蚀着人们通过艰辛的创业去获得财富的种种努力，以至于勤劳致富的传统社会风气荡然无存，造物主的偏爱在这里不幸被演绎成了“溺爱”。中东国家之所以能在传统与现实的激烈碰撞中维持名义上的稳定，不仅是因为宗教制度，更重要的是因为石油。石油美元在客观上起到了“贿赂”国民以便维持产油国旧有的保守制度的作用，从而成为了统治力量赖以借助的笼络手段之一。长期以来，为维系政权稳定，中东多数国家长年实行补贴政策，有些国家甚至穷其财力，打肿脸充胖子，被迫实行补贴政策，以实现“面包换稳定”、“福利换支持”的所谓“和谐”。问题的悖论之处在于，这种维护政权稳定的背后是对石油产业更专注的依赖，是对石油资源更大规模的攫取，以至于中东世界最后陷入了油价越高、石油财富越多，但却越保守的怪圈，由此成为了文明程度无关乎财富多寡的现实注脚。无法想象的是，在沙特这样一个黑金横流的国家，居然有40%的人口生活在贫困之中，大部分沙特人过的是第三世界的生活。沙特王室政教合一式的统治，使得既得利益集团垄断了几乎所有的政治资源。对比鲜明的是，相关福利政策在沙特、伊朗这样财力雄厚的产油大国实行不彰，对于一些非主要产油国而言，面临的压力则越来越大，财力吃紧往往使得政策的延续性大打折扣，甚至难以为继。在全球经济体系中，中东国家是比较脆弱的链条之一，普遍存在经济结构单一、科技创新低下、社会效率不高的弊病，尤其是对于一些非产油国家更是如此。脆弱的社会经济结构很容易受到外部动荡因素的影响，从而快速传导到社会生活的方方面面。很多时候，外部矛盾正是裹挟着内部矛盾一并迸发而出，由此导致当政者维稳的成本极高。例如，肇始于2006年年初的全球粮食危机，引起全球粮价暴涨，率先受到冲击的就有一些经济脆弱的中东非产油国。试想，政府财政支出本来就已捉襟见肘，何以来额外的巨资平抑食品通胀压力？这使得现行的维稳模式陷入两难境地。如果继续补贴，经济上无能为力；若取消补贴，政治上危机四伏。埃及、阿尔及利亚、约旦等国曾经发生的骚乱均与取消补贴有关。“阿拉伯之春”星火燎原，肇因则是国家民生之多艰。如果继续深挖根源，美国自然难逃干系，这是美元贬值而向全世界输出通胀的结果。而且，如若说中东的非产油国家经济上苦不堪言的话，那么，一些看起来富裕的产油国家同样危机重重。实际上，中东产油国看似从油价的暴涨中收益不菲，但我们不能忽略的是，这种社会财富的积累是以透支社会经济的发展潜力为代价的，有时候被认为是捡了芝麻，丢了西瓜。一些社会学家并不以中东产油国石油美元的日渐垒高而对中东社会的发展前景另眼相看，没有自身的工业基础，石油换来的绿票子再多，充其量只是个“暴发户”而已，并不能显示其未来的发展潜力。诚然，中东社会的这种处境与其在经济全球化浪潮中的边缘化处境不无关系，并非是说这些国家参与全球化的积极性不够高，程度不够深，症结在于不合理的国际政治经济秩序，貌似公平的“全球化”其实暗含着诸多的不平等和“陷阱”。以至于经济就像误入沼泽地的困兽一样，越折腾陷得越深。由于中东产油国在全球经济结构中处在价值链的中低端，越来越沦为发达国家的能源基地和经济附庸，其结果是参与全球化程度越深，则本国的产业单一化和空心化越发突出，石油黑金所换来的绿票子则越是趋向于回流到发达国家。当不可再生的自然资源枯竭时，国家则尽显衰败之象，这种场景已经很多次在拉美以及非洲一些国家上演，中东国家注定不会例外。

虽说中东油气资源储量丰富，已探明储量占全球储量的 2/3 以上，当之无愧地成为了全球的“油桶”，但必须看到的是，石油资源毕竟是不可再生的，有关质疑的声音早已此起彼伏。目前，号称中东石油稳定之锚的沙特目前正面临着这种不祥的预兆。不少地质学家对沙特石油供应的可靠性提出了质疑，认为沙特的油田开采起来要远远复杂得多，绝没有沙特国王所宣称的那么乐观，其衰退速度比这个秘密王国愿意披露的速度更快。当然，我们目前还无法证实孰是孰非，一切需要留待时间去检验。如果情况的确如媒体所质疑的那样，沙特出于国家利益的考量或者其他不可告人的秘密，向全世界刻意隐瞒其石油产量和丰度的话，那么这对全球社会无疑是个巨大的隐忧。就像国王的新装被揭穿一样，有关石油资源储量的数字“猫腻”已经不仅限于沙特，信任危机似乎在蔓延。不少石油地质学家也怀疑科威特的石油储量并没有其宣称的那么多，两者相去甚远。而伊朗的情况也不妙，伊朗的油田正逐步开始分配生产。石油地质学家推测，这或许从另一个方面说明了同一种情况，即伊朗的石油可采储量下降得很快。这种因之于石油储量信任危机而成型的多米诺骨牌正在被怀疑论者精心码放，压垮骆驼的最后一根稻草可以被推想成任何因素。而且，怀疑的队伍在扩大，尤其是在持“石油峰值论”的地质学家眼中，情况则更为紧迫。这一理论的实质是，作为不可再生资源，当一个油田的开采量达到其可采储量一半的时候，其产量便达到峰值，然后会开始下滑，整个的开采量随着年份的推移，呈典型的钟形曲线分布。地质学家利用这一理论，准确预测了许多油气田的开发周期，如今为地质学界所普遍关注。事实上，不仅仅是石油，自然界其他不可再生资源的开采过程大体上都遵循这样的规律。人们开发自然资源就好比在苹果树上摘果实，最容易发现、最好摘的苹果一定率先被人们收入囊中，剩下来的，要么是不好的苹果，要么就是处在人力难以企及的位置而无法采摘。后面收获的苹果数量自然而然地要下降。这种情形恰好就是当今石油工业所处困境最形象的缩影。平心而论，以石油为单一价值符号的经济发展模式是不可持续的，通过石油资源来维持社会稳定与发展的根基也是不牢固的，尤其是在油价高居不下，石油的替代品层出不穷的今天。新能源领域的种种突破，尽管不能说让那些中东的石油大亨们心惊肉跳，但至少也会让他们眉头紧锁。历史上的新能源革命时不时地隐现，它昭示着这样一个事实：能源替代之路前赴后继，石油自然也逃不过被替代的宿命。

事实上，中东国家并非意识不到问题的本质，有关石油的危机感在这些国家早已萦绕多时，这种危机不只是石油资源日渐枯竭的危机，也包括石油被新型能源替代的威胁。智慧的阿拉伯人从来不缺乏危机意识，他们当然清楚坐吃山空的背后含义，也清楚石油替代品的威胁之所在。对中东产油国而言，最大的威胁便是来自石油替代能源的商业化开发。如果以后具有竞争力的新能源大规模进入市场，那将对以石油出口为生的国家带来难以预料的重大打击。正因为于此，一些中东国家开始未雨绸缪，尝试着寻找“后石油时代”的经济出路。过去几十年，阿拉伯世界的有识之士们努力做着的一件事，就是丢掉单纯依靠石油的幻想，描绘以非石油产业为主色调的经济新蓝图。可是，冰冻三尺非一日之寒，破除中东国家根深蒂固的经济结构坚冰，实现从石油经济向非石油经济的跨越，其间的惰性之深，难度之巨，估计只有真正走进这片沙漠热土后，才能最终体会得到，因为现实的反差实在是太强烈了。中东的子民们掘地三丈日以继夜地向全世界供应着石油，自己却创造不了一个世界级的石油公司；他们可以用石油美元追逐到最时髦、最超前的奢华享受，却无法倾其财力在当今科技的突飞猛进中占有一席之地；他们的土地上云集着成千上万世界上最名贵的豪华跑车，他们自己却生产不出一辆简单实用的手扶拖拉机；他们砸下大把美钞消费着世界上最多、最昂贵的军火，却时常因为加工不了一枚子弹而只能将枪械弃之不用。曾经，他们是称霸亚非欧大陆的地区强权，现在，他们是一群钩心斗角的地缘碎块，是全世界军火商眼中的“凯子”。石油果真是安拉带给中东土地上的礼物吗？八成倒像是“魔鬼的诱饵”。像石油峰值一样，石油地缘政治在中东地区这个“火药桶”已经被演绎到了极致，似乎也到了该走下坡路的时候。在地缘政治学家的眼中，一望无际的中东沙漠尽管火热依旧，但夕阳已经初现。造物主不会总是眷顾于同一片土地，就像它不会放弃那些曾经被遗忘的角落一样。石油能成就一个国家，也能葬送一个时代。阿拉伯世界何时才能真正复兴，或许要等到地下石油真正枯竭以后。

波斯湾的纷争几十年来从没有消停过，美国和伊朗之间围绕霍尔木兹海峡控制权的论战只是最新的一段现实插曲。这其实也构成了南沙争端的一面镜子，正是由于石油资源的存在，围绕着南沙岛礁主权海域管辖权的争议才平添了更多利益的砝码，有关周边国家对中国的侵权活动变本加厉则更有了现实的动力。随着南海地质调查勘探工作的不断深入，南沙石油、可燃冰资源等进一步被发现，和平解决南沙争端的难度必然将进一步加大。如果今后不能切实推进南沙争议区的油气共同开发，进而有效平衡争端各方的利益，那么南沙地区着实有成为“火药桶”的隐忧。如何让南沙海域丰富的油气资源给有关周边国家和人民带来福祉，而不是祸端，想必这是争端各方必须切实面对的共同课题。

第四章　南海诸岛的主权归属

【提要】 中国是最早发现、命名并最早开发经营南海诸岛的国家，对南海诸岛及其附近海域拥有无可争辩的主权。中国人民早在汉代就发现了南沙群岛，自唐代以降，中国历代政府通过行政设治、派遣水师巡视等方式对南海诸岛进行了持续管辖。上述史实为中国历代的官方文件、地方志史和官方地图所佐证。

第一节　历史视野下的南海诸岛主权依据

中国对南海诸岛的主权声索有着充分的历史依据，那种认为中国为了南海的资源而提出主权声索要求的认识显然是肤浅的，也是想当然的说辞。南海与中国的关系有着十分紧密的历史渊源。汉唐宋元以来，中国正是借助南海逐步认识了世界，并塑造了万邦来朝的政治秩序。这一历史进程自觉不自觉地强化了中国对南海诸岛的主权归属，使得中国在主张南海诸岛的岛礁主权和海洋权益时天然地处于有利地位。

从历史上看，南海是中国古代的海上贸易门户，是中华民族与世界各国人民海上交通贸易和文化交往的重要通道。中国地处亚洲大陆，濒临西太平洋，海岸线极为漫长。尤其是唐宋以来，中国经济空前发展，海内外贸易十分繁荣，内陆文明与海洋文明由此融为一体，开创了中外贸易史上的辉煌画卷，为南海航路的开通和兴盛打下了坚实的基础。南海航路以南海诸岛为中心，内括广东沿海和海南陆区，外顾东南亚地区，起点主要是中国南部地区的广州、宁波和泉州，贸易货物以丝绸、瓷器等为主，因此也称为“南海丝绸之路”或“南海陶瓷之路”。近现代以来，南海诸岛的文化遗迹和考古发现，正是这条海上大动脉的真实缩影。加之南海地处热带，气候适宜，是海上渔民生存的理想之所，华南渔民纷纷被吸引到南海捕鱼。晋朝裴渊的《广州记》中就载有：“珊瑚洲，在（东莞县）五百里，昔人有于海中捕鱼，得珊瑚。”华南渔民经年累月到西沙群岛和南沙群岛进行远水捕捞活动，逐步掌握了南海地区的环境、地理、人文等情况，也对南海四季的气候以及气象变化规律有所认知，客观上为中国加强在南海诸岛的存在创造了必不可少的先决条件①。

南海丝绸之路形成于秦汉时期，发展于三国隋朝时期，繁荣于唐宋时期，转变于明清时期，是已知的最为古老的海上航线之一。考古发现及史料证实，先秦时期的岭南先民已经初步具有了远洋航海通商和渔业生产活动的能力，其已经穿梭于南海乃至南太平洋沿岸及其岛屿。文化渗透作用直接或间接地影响到印度洋沿岸及其岛屿，由此也从侧面说明了中国对南海诸岛主权的早期历史依据。东汉时期班固撰写的《汉书·地理志》中，已有汉武帝派遣使臣从南海航行至海外各国的记载。书中完整地描述了自广东徐闻出发，经南海，历数国，远至今日印度东南部的康那弗伦和斯里兰卡等国的航行路线。三国时期，东吴孙权派朱应、康泰出访东南亚各国，船队航经南海到达扶南（今柬埔寨）等国，与这些国家建立友好关系。康泰根据亲身经历所写成的《扶南传》，对南海诸岛的地理情况作了准确的记载。根据史

① 吴士存．南海问题文献汇编［M］．海口：海南出版社，2001.

料记载分析，最晚在汉代，中国人民就首先发现了南海诸岛，并对南海有了初步认识①。东汉杨孚的《异物志》记载有："涨海崎头，水浅而多磁石，徼外大舟，锢以铁叶，值之多拔。"三国时期万震的《南州异物志》载有："东北行，极大崎头，出涨海，中浅而多磁石。"其中，"崎头"则是对礁屿和浅滩的称呼，"涨海"即南海，是中国古代对南海最早的称谓，后来中世纪的阿拉伯航海家苏莱曼在《苏莱曼东游记》一书中也称南海为"涨海"，可见后来"涨海"的称谓已被人们普遍接受和采用②。从杨孚和万震所记载的史料中不难判断，至少在东汉时期，中国人民不仅发现和命名了南海，而且已经初步掌握了南海的基本情况，由此构成了南海丝绸之路形成与繁荣的基础。此后，中国与马来半岛、加里曼丹群岛等南海周边地区的邻邦往来接触更为频繁，尤其是唐代之后，中国社会经济繁荣，对外交往增多，中国的海上对外贸易规模不断扩大，南海商船日益增多，贸易货物丰盈。当时，通过海上丝绸之路往外输出的商品主要有丝绸、瓷器、茶叶和铜铁器四大宗，往国内输入的主要是香料、花草及一些供宫廷赏玩的奇珍异宝。南海诸岛海域一度成为海外贸易的重要枢纽。特别值得一提的是，从宋代开始，由于航海技术以及指南针的发明并广泛应用，中国在南海的航行和生产活动更趋频繁。南海诸岛及其附近海域自此不仅成为中国人民生产、经营活动的广大地区，而且更成为中国水师巡防的重要海域。宋太祖赵匡胤在开宝四年（公元971年）平定南汉刘张后，开始建立巡海水师，随后派战舰游弋巡逻南海，确立了对西沙群岛的管辖权。元朝时期，元世祖忽必烈曾于1279年派科学家郭守敬赶赴南海考察，研究南海海域的地理地貌，为水师巡航提供安全保障。自此之后，明清两朝均将南海诸岛及其附近海域视为所辖之地，中国水师巡视海防、行使管辖已成惯例。明清时期，中国许多图、籍、史志对南海诸岛的记载更是不胜枚举。仅就地图而

① 韩振华．中国南海诸岛史料汇编［M］．北京：东方出版社，1988.

② 韩振华．南海诸岛史地研究［M］．北京：社会科学文献出版社，1996.

言，明永乐皇帝朱棣派郑和下西洋，长期航行于南海，绘有《郑和航海图》，后载入茅元仪的《武备志》。该图标出了石星石塘、万生石塘屿等岛群名称和相对位置。及至清代陈伦炯《海国闻见录》中的附图《四海总图》，已经明确标绘有四大群岛的地名和位置①。当时称东沙群岛为“气沙头”，西沙群岛为“七洲洋”，南沙群岛为“石塘”，中沙群岛为“长沙”。明代以后，南海西沙群岛和南沙群岛及其海域划归琼州府和万州府（今海南省万宁县和陵水县）管辖，并被划入了中国版图。清政府后来在开展大规模全国地图测量的基础上，编绘了多种地图。在 1716 年的《大清中外天下全图》、1724 年的《清直省分图》、1767 年的《大清万年一统天下全图》、1800 年的《清绘府州县厅总图》和 1817 年的《大清一统天下全图》等官方地图中，都在海南岛的东南方绘有南海诸岛，列入中国疆域版图。从古籍上来说，郑和下西洋的随行人员费信的《星槎胜览》，马欢的《瀛涯胜览》等书，其中对南海及南海诸岛的地理、人文风貌做了详细的记载。当年的不少航行书籍，如 1527 年顾蚧的《海槎余录》、黄衷的《海语》等书，对南海航行、岛礁分布及地理特征都有详细的描述②。清末的海防著作，也把南海诸岛作为中国海防的“门户”和“天堑”。

从地方志史方面来说，明清两代是地方志史鼎盛的时代，由官方修纂的《广东通志》、《琼州府志》、《万州志》等等许多地方志书，都辑录有西南中沙群岛的资料，列为海南岛的附属岛屿。其中《广东通志》就有明武宗正德七年（公元 1512 年）“立海防营于万州”的记载，还可从正德年间的《琼台志》中看出当时已把西沙、南沙群岛作为中国的海防区域。古籍史料一再证明了中国对南海诸岛行政管辖的连续性和有效性。

除了官方的一系列史料、典籍记载了中国对南海诸岛的实际管辖外，中国人民在南海诸岛的活动更是源远流长，由此也形成了南海诸

① 李约瑟文集［M］．沈阳：辽宁科学技术出版社，1986.

② 孙光圻．中国古代航海史［M］．北京：海洋出版社，1989.

岛很多中国历史文物的遗存。据考古发现，在西沙群岛有多处唐宋遗址，出土了一批唐宋瓷器、铁锅残片以及其他生产、生活用品。这无可辩驳地证明，至少从唐宋时期开始，中国人就已经在西沙群岛等居住和生产，无可争辩是这里的主人。及至明清时代，中国人民在各岛屿上保留了大量遗迹。包括在西沙群岛的永兴岛、金银岛、珊瑚岛、东岛、北岛等岛礁相继出土的一大批明代和清代的铜钱、瓷器及其他生活用品，还包括在西沙群岛的各主要岛屿上渔民所建的古庙遗存。仅西沙海域的赵述岛、北岛、南岛、永兴岛、东岛、琛航岛、珊瑚岛就有古庙十几座。在南沙群岛的太平岛、中业岛、南威岛、南钥岛等也都发现有中国的古庙遗存。这些庙宇一部分是明代建造的，大部分是清代所建①。同时，在西沙群岛和南沙群岛的一些岛礁上，还挖掘出多块清代和民国时期的石碑。这些石碑多为当时登岛视察的政府或军队要员所立的纪念碑。除各岛屿和岛礁上的文物遗址外，还有一大批古建筑和碑刻遗址，如西沙珊瑚岛上的娘娘庙、甘泉岛珊瑚石庙、广金岛珊瑚石庙、永兴岛视察纪念碑、永兴岛海军收复西沙群岛纪念碑、永兴清代瓷器出土点、东岛瓷器遗物点、珊瑚岛铜器座出土点、金银岛清代瓷器出土点、东沙岛兄弟庙、太平岛伏波庙、太平岛碑、南威岛碑、南子岛、中业岛水井遗址等。历史文化遗迹遗物不比华南大陆其他地区逊色。另外，至今仍沉没在南海海底的中国古代沉船更是数量惊人，这些五彩缤纷的水下文物和瓷片，既是当时社会面貌的缩影，也勾勒出了南海诸岛与中国外销瓷器的重要历史面貌和航路轨迹。南海沉船也从一个侧面见证了中国往来于南海的历史图景②。

尤为值得一提的是，中国人民开发南海诸岛的历史还可以从世代传抄的《更路簿》中得到有力的印证。《更路簿》是中国沿海渔民的航海宝典，类似于当今的航海指南。据考证，现存的手抄本《更路簿》产生于清康熙末年，可追溯至明代。它详细地记录了西南中沙群

---

① 赵理海．从国际法看中国对南海诸岛拥有无可争辩的主权［M］．北京：中国法制出版社，1993.

② 彭德清．中国古代航海史（古代册）［M］．北京：人民交通出版社，1988.

岛的岛礁名称、准确位置和航行针位（航向）、更数（距离）。如海南一些渔民手抄的《更路簿》，具体标明了航行到西沙、南沙、中沙各岛屿的主要航线和岛礁特征，其特点是简便易行，适合于中国渔民航行于南沙群岛及其附近水域的需要，可谓是中国人民开发西南中沙群岛的最直接的历史见证①。

综上所述，南海诸岛最早是由中国发现的，并由当时的中国政府进行了开发和经营，所以，中国对南海海域和南海诸岛有着不可辩驳的主权。从秦朝开始一直到明清时期的珍贵史料、近代以来中国政府为了维护南海主权所进行的一系列斗争以及“二战”后中国政府的态度和行动都表明，中国政府对南海海域和南海群岛的主权主张有着充分的历史依据。而与此相反，南海周边国家在南沙岛礁的主权归属上历史依据却相对不足，一则是因为这些国家不如中国开化早，在南海的活动和史料积累方面十分欠缺；另一方面是即使能搜集到部分所谓的历史活动依据，相对中国所主张的历史依据的完整性、可靠性、真实性而言，显然不在同一个层次。因此，这些国家对中国所主张的历史依据要么是顾左右而言他，要么就是三缄其口、避而不谈，再要么就是利用各种借口作为托辞，企图掩盖他们对南沙岛礁非法侵占的真正本质。正如国际上一些对南沙争端持客观立场的专家学者所言：“中国主张南海的权利是受到历史论据的充分支持的，这种论据和其他有关国家的论据相比，有同等的或更大的说服力。”② 而越南、菲律宾等争端国在南海历史依据主张上的心虚表现，也暴露了这些国家在南沙争端的历史法理斗争中所存在的软肋。从这个意义上来说，中国对南沙群岛的权利主张不仅要在国际上广泛宣扬，而且还要理直气壮、义正词严。

---

① 西沙群岛和南沙群岛争端的由来［N］. 人民日报，1979-5-15.

② ［美］塞利格·哈里森. 中国近海石油资源将引起国际冲突吗［M］. 北京：石油化学工业出版社，1978.

第二节　南沙岛礁主权的法理声索

从国际法角度看，中国对南沙群岛的权利主张有着充足的法理依据。在国际法上，“有效占领”是一个国家有意识地取得当时不在任何国家主权之下的土地主权的一种占取行为。在依据该原则取得某一土地主权时，一些基本条件必须得到满足。比如：被占领土地此前必须是“无主地”，即不属于其他任何主权国家；在对无主地“发现”和“先占”后，必须对该土地要进行必要的主权行使和管辖，当然也包括一国政府和人民对该土地的开发与经营。毫无疑问，中国最早发现了南海诸岛。早在两千年前的汉武帝时期，中国人民就在南海航行和生产实践中发现了南沙群岛。这在东汉杨孚的《异物志》、三国时万震的《南州异物志》、东吴将领康泰的《扶南传》等古籍中均有记载。而那时的越南、菲律宾、马来西亚等国还处在蛮昧时代，南海诸岛在被中国发现以前，尚属于“无主地”。可以说，大量翔实的中外史料也为中国人民最早发现、命名南沙群岛提供了丰富的证据。从国际法发展的过程来看，古代中国对南海群岛的发现足以证明中国对南沙群岛享有无可争辩的领土主权。南沙群岛不是“无主地”，而是中国领土不可分割的组成部分。任何其他国家都无权以任何名义改变南沙群岛属于中国这一法律地位①。

依据国际法，一国国民对“无主地”的发现使其代表的国家取得优先“先占”这一土地的权利，发现国有权在一定时间内发生占有行为，从而确立其国家主权。大量的史料典籍和南沙海域发现的文物及考古遗迹证明，中国不仅最早发现和命名南沙群岛各岛礁，而且最早开发和经营了南沙群岛。中国作为南沙群岛的“发现国”，享有占有

① 赵理海．从国际法看中国对南海诸岛拥有无可争辩的主权［M］．北京：中国法制出版社，1993.

该群岛的优先权利，其他国家则无权“先占”，除非中国无意取得或者有意放弃这一权利。事实上，中国人民对南沙群岛及其附近海域的开发经营以及中国政府对南沙群岛的实际管辖，都进一步强化了中国对南沙群岛的主权依据[①]。中国对南沙群岛的领土主权，是在漫长的历史中逐渐形成和完善的。中国人民在发现南沙群岛后，最晚自唐宋以来就一直在南沙群岛及其附近海域从事捕捞、种植等生产经营活动。明清以来，海南岛文昌、琼海的渔民经常于每年冬季利用东北信风南下至南沙群岛及其附近海域捕捞水产，至第二年台风季节到来之前利用西南信风北返。中国渔民在南沙群岛居住并从事捕捞、种植等生产活动，从自发性的活动到有组织的结伙，最后得到各级政府的准许和支持。即使南沙群岛在古代不适宜人类居住，仍有中国渔民四季轮换，长年居住于南沙群岛。在漫长的历史中，中国人民常年往来于中国海南岛、广东省与南沙群岛之间生产经营，并向中国政府缴税纳赋，上述一系列生产经营活动证明了中国对南沙群岛实施了有效的占有行为。

依照现代国际法，在确定领土主权的过程中，一国的管辖行为是十分关键的。中国对南沙群岛的管辖方式主要是巡海和设治管理，这一行为具有极其重要的国际法意义。在国际法院审理的帕尔马斯岛仲裁案、克利柏顿岛仲裁案、东格陵兰岛案中，国际法院均指出一国对领土主权的行使，是根据当时的具体历史条件和领土的自然条件而确定管辖方式的，对不适合人居的岛屿要求适当放宽。由于南沙群岛不适宜人们常年居住，中国政府主要通过巡海和设治管理的方式，宣告将南沙群岛置于中国主权之下。中国政府对南沙群岛行使管辖表现在一系列持续和有效的政府行为[②]。自唐贞元年间以来，中国已将南沙群岛列入了中国的版图。后来的《元史·地理志》和《元代疆域图叙》记载的元代疆域包括了南沙群岛，至明、清则进一步明确了这一

---

① 李金明．南沙争端与国际海洋法［M］．北京：海洋出版社，2003.

② 张良福．中国与邻国海洋划界争端问题［M］．北京：海洋出版社，2006.

点。大量的中国官方文件、地方志和官方地图都记载了中国历代政府对南沙群岛的管辖，并将其列入中国的领土范围。自20世纪以来，历届中国政府都持续不断地维护中国对南沙群岛的主权。20世纪30年代，法国曾侵占南沙群岛的九个小岛，中国政府及时进行了外交交涉，中国渔民也进行了有组织的抵抗行动。民国时期，中国政府采取了一系列积极维护主权的措施，比如给在南沙群岛及其附近海域作业的中国渔民和渔船发放中国国旗，组织对南沙群岛的历史和地理调查，由政府地图出版审查机构重新命名和审定南海诸岛包括南沙群岛的群体和个体名称等。“二战”期间，日本侵占了中国的南沙群岛。中国展开了外交抗议并为收复被日本占领的南沙群岛进行了不懈努力。1943年，中美英三国《开罗宣言》宣布协同对日作战，此次战争的宗旨之一是“使日本所窃取于中国之领土，例如满洲、台湾、澎湖群岛等归还中国”。当时的南沙群岛被日本划归台湾管辖，《开罗宣言》要求日本归还的中国领土当然包括南沙群岛。1945年，《波茨坦公告》再次确认了中国收复失地的立场。根据《开罗宣言》和《波茨坦公告》的精神，中国于1946年收复南沙群岛，同时以一系列法律程序向全世界宣告中国恢复行使对南沙群岛的主权，包括举行接收仪式和派兵驻守，绘制南沙群岛地图，编写和出版最早的南沙群岛地理志等。1949年中华人民共和国建立后，南沙群岛先后被划归广东省和海南省管辖，中国政府一直坚持并采取实际行动积极维护对南沙群岛的主权。1951年8月15日，中国政府总理兼外交部长周恩来在《关于美、英对日和约草案及旧金山会议的声明》中指出：“西沙群岛和南威岛正如整个南沙群岛及中沙群岛、东沙群岛一样，向为中国领土。”1992年2月25日，中国政府公布《领海及毗连区法》，重申中华人民共和国的陆地领土包括东沙群岛、西沙群岛、中沙群岛、南沙群岛以及其他一切属于中华人民共和国的岛屿。1998年6月26日，中国政府公布的《专属经济区和大陆架法》第14条指出：“本法的规定不影响中华人民共和国享有的历史性权利。”事实上，中国历代政府对南海诸岛的管辖是延续不断且持续加强的。以地名管理为例，中国历代政府曾多次统计和公布南海诸岛的名称，仅从清末至今，中国政府已于1909年、1935年、1947年和1983年四次对南海诸岛地名进行命名、核定和正式公布，系统地对南海诸岛实行具有主权管辖意义的地名命名事宜[①]。

此外，为确保国际关系的稳定性，国际法上有一系列关于“禁止反言”的规定。该规则对于领土取得的重要意义在于，一个国家基于善意和公正的要求，对于任何一个具体的事实情况或法律情况，应当采取前后一致的法律立场，以免其他国家由于它前后不一致的立场而遭到损害。当出现领土争议时，国际法院自然而然地会考虑是否有一方当事国实际上已经承认过另一方当事国的权利或权利主张。“禁止反言”的规定对于中国声索南沙群岛的主权意义重大。长期以来，世界各主要国家曾以明示或默示的方式承认了中国拥有南沙群岛主权，而从未以任何方式承认他国对南沙群岛的主权。如明朝时期，欧洲的耶稣会在其绘编的地图中，明确地把今天的南海所在海域标为“大明海”，以示归中国明朝政府所有；清朝时，德国政府曾派船到南沙群岛来考察，经中国官方抗议才被迫停止。20世纪30年代，法国入侵南沙“九小岛”时，不仅中国提出强烈抗议，日本也认为南沙群岛“应为中国所有”，且认为中国渔民“早已以该岛屿作为远洋捕鱼之基地”。“二战”时，中美英《开罗宣言》明确宣布，剥夺日本自一战以来在太平洋占领的所有岛屿，日本从中国窃取的领土应全部归还中国，其中就包括南沙群岛。在1951年旧金山会议上，苏联曾提出一项条约修正案，要求日本承认中国对南海诸岛的完全主权。1963年美国出版的《威尔德麦克各国百科全书》写道：“中华人民共和国各岛屿，还包括伸展到北纬4度的南海的岛屿和珊瑚礁。”1965年出版的法国《拉鲁斯国际地图》不但用法文拼音标明西沙、南沙和东沙群岛的中国名称，而且在各岛名称后注明属于“中国”。日本1972年出版

---

① 赵理海．从国际法看中国对南海诸岛拥有无可争辩的主权［M］．北京：中国法制出版社，1993.

的《世界年鉴》写道："中国……除大陆部分的领土外，还有海南岛、台湾、澎湖列岛及中国南海上的东沙、西沙、中沙、南沙各群岛等。"

东南亚一些国家在与中国交往中，曾多次承认南海诸岛（尤其是南沙群岛）为中国政府所有。甚至一些南沙争端的主要当事国，也曾经对中国拥有主权这一事实不表示反对。20 世纪 50 年代，菲律宾曾明确承认南沙群岛不属菲方所有，菲方对南沙岛礁没有主权要求。越南统一前北越政府也承认"根据越南方面的资料，西沙和南沙群岛应当属于中国领土"，并在其出版的教科书和地图中将南沙标注为中国领土。然而，这些国家后来却受各种利益的驱使和现实主义因素的考量使然，置国际法的有关规则于不顾，出尔反尔悍然声称南沙全部或部分岛礁为其所有。根据"禁止反言"原则，越南既然已承认中国对南沙群岛的主权，菲律宾既然承认南沙群岛非其所有，那么它们事后就不得对该群岛提出任何主张。而某些区外大国既然已对南海诸岛归属有一明确立场，那么现在也应从建设南海良好秩序的角度出发，尊重并延续这一历史①。

南海某些周边国家不仅提出对南沙群岛的主权要求，而且还不断地通过军事手段巩固这种占领行动。依据国际法，国家不得非法使用武力，不得以武力作为推行国家政策的工具。联合国有关文件明确规定，各国有责不得借战争为实行国家政策的工具，并不得使用威胁或武力，或以与国际法律秩序抵触之任何其他方法，侵害他国之领土完整或政治独立。国家领土不得作为使用武力所造成之军事占领的对象。使用威胁或武力取得之领土不得承认为合法。因此，南海周边某些国家通过武力方式强化南沙岛礁的行为，违反了联合国有关文件，是对中国南沙群岛主权的侵犯和践踏。在南海周边国家中，只有中国对南海诸岛实施了如此连续、细致和有效的管辖。尤其在近现代，中国政府多次派遣军政官员前往南海诸岛视察，树立主权碑，升旗鸣炮；在官方出版的地图上将南海诸岛划归中国版图；批准商人、渔民

① 袁古洁. 国际海洋划界的理论与实践［M］. 北京：法律出版社，2001.

开发和经营南海诸岛；对外国侵犯中国南海诸岛及其海域的行为进行外交交涉，行使主权；设立行政机构等实施有效的管理。

反观南海有关周边国家，其对南沙群岛的领土要求并不符合国际法。从国际法角度看，领土主权具有排他性的特点。中国对南沙群岛的主权早就在国际法上得到确立，其他任何国家都不得对南沙群岛提出领土要求，否则就违背了其在国际法上承担的尊重他国主权和领土完整的义务。

有的国家如菲律宾，以南沙群岛或者其中部分岛礁距其本土更近为理由，对南沙群岛进行主权声索。事实上，菲律宾的主张是很荒谬的，国际上并没有以远近划分疆土的国际法通则。在国际法上，所谓“地理临近”并不能成为一国侵犯另一国领土的依据，以邻近获得领土原则，在国际法理论与实践中已经被否定了。世界上许多国家都有距本土非常遥远而距其他国家更近的领土。如希腊在爱琴海的许多岛屿离土耳其海岸仅 3 海里左右，但这些岛屿并不属于土耳其；英吉利海峡中间的海峡群岛离法国海岸最近只有不到 5 海里，但却属于英国管辖；北美的圣皮尔岛、密克隆岛离加拿大纽芬兰海岸只有 12 海里，但却属于法国管辖，加拿大对此不主张权利。类似的例子还有不少，如果不顾及历史和现状，而按菲律宾的逻辑来主张岛礁主权，世界地理版图恐怕要重新划分了。

有的国家如马来西亚等国，以南沙群岛或其中的部分岛礁位于该国的 200 海里专属经济区和大陆架主张范围内为理由，提出对南沙群岛部分岛礁的主权要求，这种做法违背国际法和《联合国海洋法公约》。在国际法中，“陆地支配海洋”是一条基本原理，沿海国对专属经济区和大陆架的主权权利和管辖权是从领土主权派生出来的。《联合国海洋法公约》没有任何对国家陆地领土进行变更的规定，更未赋予任何国家把本国的专属经济区和大陆架主张扩展到其他国家领土上的权利。从法理角度看，《联合国海洋法公约》仅可以解决国家之间的海洋争端问题，不能被用来解决岛屿领土主权之争端。而且，《联合国海洋法公约》虽然是国际海洋法的一部重要的成文法，甚至可以说是国际海洋法规则的集中体现，但是，《联合国海洋法公约》不等于更不能够简单地代替国际法。《联合国海洋法公约》明确规定："确认本公约未予规定的事项，应继续以一般国际法的规则和原则为准据。"可见，《联合国海洋法公约》不能构成有关国家对中国南沙群岛提出领土主权要求的依据[①]，有关国家的所作所为是对《联合国海洋法公约》的歪曲和滥用，也违背了《联合国宪章》关于领土主权不可侵犯的基本准则。

还有的国家如越南等，试图通过加强对其侵占的南沙岛礁的实际控制来支持其非法的领土要求，但这种做法显然是徒劳的。"无主地"的先占取得是一条古老的国际法规则。而南沙群岛自古以来构成了中国领土的组成部分，并不是"无主地"。有关国家对南沙群岛部分岛礁的侵占是非法的。根据国际法，非法行为不能产生合法权利。中国政府从来没有承认这些占领行为的合法性，并一直采取积极行动维护自己的主权。近年来，菲律宾、越南等国以"有效占领"和"实际控制"对南沙群岛主权提出异议，认为其占领南沙群岛已几十年了，符合"时效原则"。从这一点看，其实菲律宾已经承认了南沙群岛属于中国（最起码名义上已经承认），只不过以"过去中国没有对该群岛实施有效占领和实际控制"为借口，要求中国放弃在南沙群岛的部分或者全部权利主张。且不谈过去中国有没有对该群岛实施有效占领和实际控制，仅就国际法上的时效取得领土而言。国际法本来就对取得时效争论不一，且为现代国际法所摒弃。即使是那些同意"时效原则"的国际法学者，也认为时效取得领土，必须符合长时期不受干扰地对占有地行使主权和这种状况得到被占国的默认这两个条件。而中国政府对于菲律宾对南沙群岛中部分岛屿的占领行为从来就没有政府承认或默认过，而是对其不断地提出抗议和干扰。所以，菲律宾以"时效原则"对南海主权提出异议是站不住脚的，要求中国放弃在南沙群岛的权利主张更是荒谬的，是不尊重历史事实的无理要求。因为

① 赵理海．海洋法问题研究［M］．北京：北京大学出版社，1996.

历史不是能随意放弃或更改的。如果可以要求中国放弃南海断续线的历史权利主张，那么，是否同样可以要求其他南海周边国家也放弃它们自己的权利主张呢？

综上所述，中国政府对南沙群岛享有无可争辩的主权。任何国家对南沙群岛岛礁的军事占领或其他行动，都是对中国领土主权的侵犯，在国际法上都是非法和无效的，不构成主张领土要求的依据，也不能改变中国对南沙群岛拥有主权这一无可争辩的历史法理事实。

第三节　南海断续线的法理定位

南海断续线是中国对南海主张的基础之一，也是理解南海其他相关问题的基础，在南海问题上是绕不开的重大法理问题。南海断续线，又称U型线、断续疆界线等，有多种不同的称谓，具体指中国政府于1947年确定并于1948年正式对外公布的在地图上由十一条断续线所标示的由北到南围绕南海的形似U型（国外也有称形似牛舌）的传统海疆线。1953年，中国政府去掉了北部湾内的两条，变成九条断续线，由此也称为九段线。

一、南海断续线的历史沿革

事实上，早在1914年，由上海亚东图书馆胡晋接先生编的《中华民国地理新图》上就已经标示出南海传统海疆线。只不过该地图上所标示的是一条连续线，而不是断续线。此后到1947年之前，中国私人出版的地图都范围大小不等地包括了南海诸岛，且均为连续线，这类私人出版的地图主要可分为三类：一是连续线内仅包括东沙岛和西沙群岛的地图。这类地图包括：1914年12月上海亚东图书馆胡晋接编的《中华民国地理新图》；1927年5月屠思聪编的《中华最新形势图》和1933年7月陈铎编的《中国模范地图》等；二是连续线内

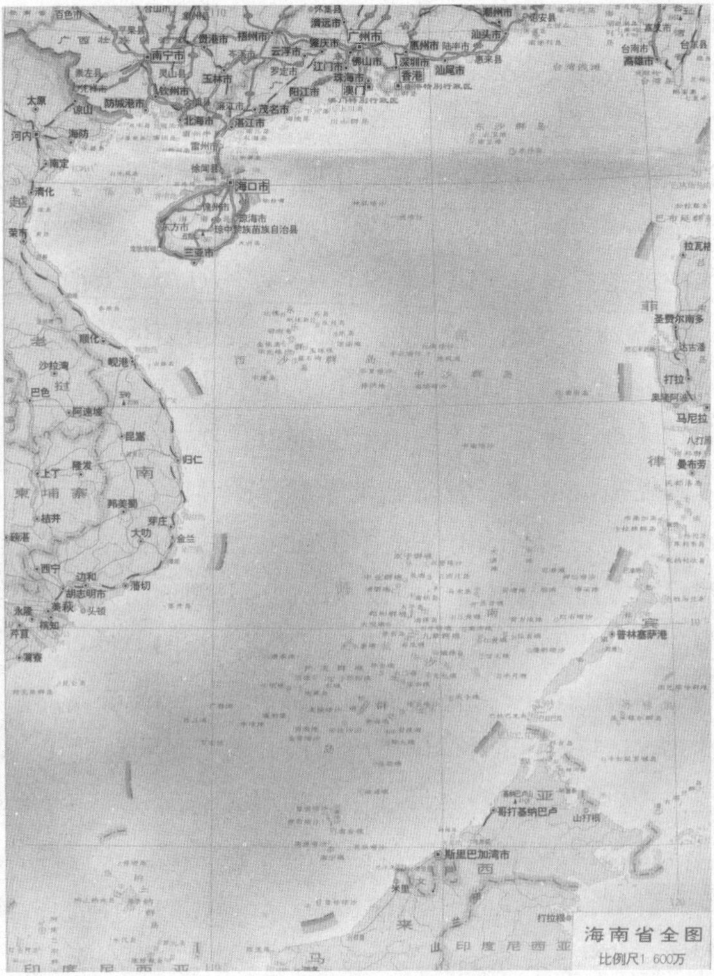

图 4－1　印有中国南海断续线的海南省全图

包括东沙岛、西沙群岛和南沙群岛中九个小岛，称为“琼南小岛”或“九小岛”的地图。这类地图多数出现在 1933 年法国侵占南沙“九小岛”这一事件之后。如 1934 年 8 月的陈铎编的《新制中国地图》，将连续线扩大至九小岛之外，南端扩至北纬 9 度左右；三是连续线内包括了南海诸岛四个群岛的地图，但最南端画在北纬 4 度至 9 度左右，并不统一，甚至不包括曾母暗沙。这类地图主要出现在 1935 年到 1946 年期间，目前可找到的此类地图有 11 种。由于中国当时缺乏实测的详细地图，私人出版的地图标示不统一，大多沿袭过去的旧版，以讹传讹，甚至不加分析地翻印国外出版的中国地图，以致造成中国南海断续线出入很大，不利于维护南海主权①。为改变这种不利的状况，1930 年 1 月，国民政府公布了《水陆地图审查条例》，并将其进一步修订、扩充，公布为《修正水陆地图审查条例》。另外，1933 年国民政府成立水陆地图审查委员会，1934 年年底该委员会审定了南海各岛礁的中英文地名，罗列了南海诸岛 132 个岛礁沙滩的名称，其中西沙群岛包含 28 个，南沙群岛包含 96 个。更重要的是，该委员会在 1935 年 4 月出版的《中国南海岛屿图》中，确定中国南海最南的疆域线至北纬 4 度，把曾母暗沙标示在南海传统疆域线内。抗战胜利后，中国收复南海诸岛。为确定和公布西沙和南沙群岛的范围及主权，1947 年年初，当时的中国政府内政部调整了南海诸岛各群岛的名称，按照诸岛在南海海域所处的地理位置，分别把团沙群岛和南沙群岛改为南沙群岛和中沙群岛，公布了南海诸岛新旧名称对照表，包括南沙群岛在内的 172 个岛、礁、滩、沙名称。为了使确定的南海领土范围具体化，1947 年 12 月，国民政府内政部方域司印制了《南海诸岛位置图》，其中标绘了一条西起中越边界北仑河口，东至台湾东北共 11 段线构成的南海断续线。线内标有东沙群岛、西沙群岛、中沙群岛和南沙群岛，并标出曾母暗沙及大部分岛礁的个体名称，断续线的最南端标在北纬 4 度左右。这是近代历史上，中国对于南海诸岛主权最具法律性质的主权主张。1948 年 2 月，内政部方域司又公开出版了《中华民国行政区域图》，其附图即《南海诸岛位置图》。至此，中国政府正式确定了南海的疆域范围并用断续线标出。总之，在“二战”结束不久，中国政府在南海周边国家尚处于“殖民蒙昧”的状态下具有创举性地宣示南海权利主张，为维护中国海疆权益作出了重大贡献。

1949 年中华人民共和国成立后，中国出版的各种地图中有关南海断续线的画法，基本上沿袭 1948 年当时中国政府公布的《行政区域

① 贾宇．南海断续线的法律地位［J］．中国边疆史地研究，2005（6）．

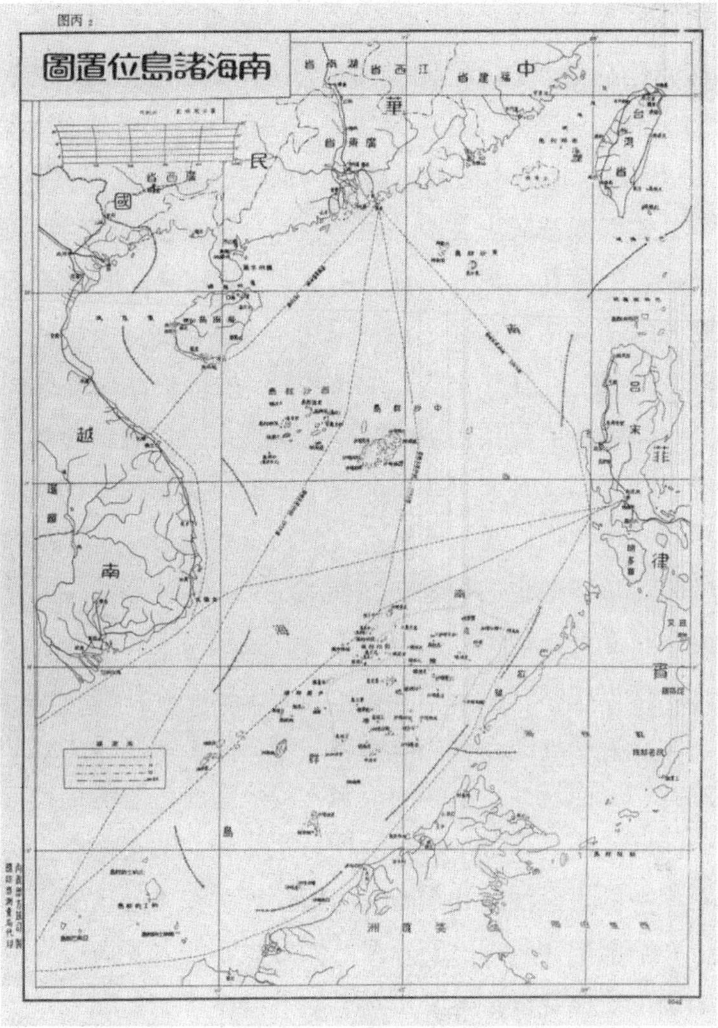

图 4－2　南海诸岛位置图

图》及附图《南海诸岛位置图》的画法，用 11 条断续线将南海诸岛划在中国疆域之内，其最南端位于北纬 4 度附近，但在具体标绘上稍有变化。1953 年经中国政府批准，去掉了北部湾内的两条断续线。1954 年，新华地图社发行《中华人民共和国行政区划图》，取消了海南岛同越南海岸间的两段断续线，并在台湾和琉球群岛之间增加一段断续线，总共十条断续线，形成了南海九段，东海一段的断续线。1954 年出版发行的《中华人民共和国行政区划图》标绘了南海九条断续线。1959 年，国务院组织外交部、公安部、内务部、人民解放军总参谋部测绘局等单位编制出版的《中华人民共和国边界地图集》（内部版），将南海断续线标注为“目前中国公开出版地图上的断续国界线”。1962 年，地图出版社出版 1∶400 万《中华人民共和国地图》挂图，确认南海断续线为九段。同年，外交部批准该图为标准国界线样图。此后，上述基本画法一直沿用至今。1983 年，中国政府正式出版 1∶600 万《南海诸岛》图，同样采用了上述画法。

南海断续线的存在，迄今已有 60 多年的历史，自形成和公开以来，虽几经调整，但与其初始面貌基本保持一致，线内海域范围基本相同。断续线是国家长期实践而沉淀下来的历史证据，本身承载着重要的法律意义。长期以来，特别是自断续线确立以来，中国政府一直未就断续线的法律地位进行过官方权威说明，致使断续线在维护中国南海岛礁主权和海洋权益方面作用不彰，甚至呈弱化趋势。尽管在断续线出现以前，中国就享有南海诸岛岛礁主权和海洋权益，但南海断续线是中国官方在地图上第一条明确标绘出的南海诸岛主权和海洋权益的范围线，因而从南沙争端的谈判磋商、南海权益的维护等多方面考虑，南海断续线是一条绕不开的权益主张线，甚至还有人称九段线是中国在南海的生命线，其在南海问题法理维权中的重要价值由此可见一斑。在当前南沙争端不断升温的大背景下，尤其需要对南海断续线进行明确的法律定位，主要是基于如下考虑。

首先，1948 年中国官方虽然对外公布了南海断续线的具体位置，但对于该断续线在确定中国南海岛礁主权、海洋权益方面并未作出具体说明。1949 年新中国成立后，百废待兴，海洋基本法立法起步也比较晚。1958 年中国政府颁布《领海声明》，1992 年《中华人民共和国领海及毗连区法》出台，1996 年批准《联合国海洋法公约》，1998 年颁布《经济专属区和大陆架法》，以上立法实践虽然对维护中国南海岛礁主权及海洋权益起了巨大的作用，但仍未对断续线作出权威的官方阐释，甚至还产生了“线中线”的问题。此外，20 世纪 50 年代中国政府取消了北部湾内的两条断续线，也给外界这样的印象，即断续线是可以变动的，甚至是可以被取消的。由于中国政府（包括“国民政府”）始终未对九段线做过任何明确或间接的法律层面阐释，所以九段线的主张很自然让人联想为该线之内皆为“王土”。而按照中国政府对南海主权的立场声明，认为九段线内的岛屿及其附近海域是中国领土的一部分，含有受中国的管辖和控制的意味。具体体现在1958年《中华人民共和国政府关于领海的声明》，该声明规定了中华人民共和国的12海里领海宽度，并宣布此项规定适用于“中华人民共和国的一切领土，包括中国大陆及其沿海岛屿，和同大陆及其沿海岛屿隔有公海的台湾及其周围各岛、澎湖列岛、东沙群岛、西沙群岛、中沙群岛、南沙群岛以及其他属于中国的岛屿”。

其次，自20世纪70年代南沙争端出现以来，南海周边有关国家对中国南海岛礁主权的侵占，海洋权益的侵犯，既严重破坏了南海断续线的严肃性，也使得法律地位一直不明确的南海断续线在维护中国南海主权、权益方面的作用不彰，加之“中越北部湾划界”谈判完成后，中越在南海其他海域的谈判以及中国与其他有关国家之间的海上问题谈判已经或即将提上议程，这都将不可避免地要涉及南海断续线问题。

最后，《联合国海洋法公约》对中国南海断续线形成冲击。在《联合国海洋法公约》出现之前，南沙争端虽已发轫，但影响面有限。南海周边有关国家承认或默认中国南海断续线的合法性，但自20世纪70年代以来，南海周边有关国家纷纷侵占中国岛礁，侵犯中国海疆权益。虽然促使有关国家改变对南海断续线立场的因素很多，但其中重要的一点就是，第三次联合国海洋法会议的召开以及《联合国海洋法公约》的讨论与通过。南海周边国家借用《联合国海洋法公约》关于经济专属区及大陆架的规定，纷纷划定200海里的专属经济区，从而与中国南海断续线海域所包络的海域发生明显的重叠。按照法不溯及既往的原则，虽然《联合国海洋法公约》不能否定中国南海断续线的合法性，但南海周边有关国家以《联合国海洋法公约》为依据破坏中国南海断续线，在实践上已经对断续线构成冲击。如何阐释《联合国海洋法公约》与断续线的关系，驳斥有关国家的无理主张，也是需要对南海断续线进行法律明确定位的原因①。

二、南海断续线的法律定位

迄今为止，学术界对断续线的法律内涵有过持续的研究与探讨，并且形成了几种不同的主张和解释，尽管各有其合理之处，但也均存在一定的缺陷。比较有影响的理论学说包括：海上疆界线说、岛屿归属线说、历史性水域线说、历史性权利线说、资源归属线说等。

“海上疆界线说”认为南海断续线就是“国界线”，认为断续线划定了中国在南海的领土范围，线内的岛、礁、滩、沙以及海域均属于中国领土，中国对其享有主权；线外区域则属于其他国家或公海。将断续线解释为“国界线”，其最重要的依据是，断续线是一条用国界线符号在地图上标绘的线。虽然该说会使中国的海疆权益名义上最大化，但是，将断续线看成是“国界线”法理上难以成立。首先，南海断续线是一条断续线，如若将其看作国界线，则表示一条还未划定的断续国界线，以此推之，断续线不是一条已确定的国界线，还需与有关国家谈判协商；其次，自从20世纪初中国私人出版的地图划出断续线及中国政府正式公布断续线的位置以来，中国历届政府从来没有以一定的方式宣布过断续线内的整个海域是中国的内水或领海，也从未对线内海域行使过相应权利，对线内全部海域拥有主权的证据不充分。因此，难以将断续线看作中国南海的海上疆界线。

“岛屿归属线说”认为断续线内的岛、礁、滩、沙、洲等是中国领土的组成部分，中国对其拥有主权，并可依《联合国海洋法公约》为其划定内水、领海、专属经济区等管辖海域。这种说法虽然有一定道理，但对断续线含义的概括还不全面，因为断续线绝不仅仅是“岛

① 吴士存等．从中国海上力量发展认识维护南海“断续线”的重要性［J］．南海问题研究研讨会论文集，2002.

屿归属线”，主要在于该说忽略了断续线产生的历史背景。1945 年，美国总统杜鲁门宣布建立美国渔业保护区及大陆礁层。美国发表的《杜鲁门宣言》在当时的世界范围内引发了海洋圈地的风潮，中国政府顺势而为，确定并正式公布断续线的位置，就绝不会把断续线仅仅看作是一条岛屿归属线，其中必定包含对线内海洋权益的主张；其次，断续线乃“未定线”，倘若将断续线单纯解释为岛屿归属线，则断续线内岛屿主权即有“未定之嫌”，因而岛屿归属线说有可能使中国失去线内部分岛礁的主权；而且更重要的是，由于南海诸岛面积普遍过小，根据《联合国海洋法公约》中有关“不能维持人类居住或其本身的经济生活的岩礁，不应有专属经济区或大陆架”的规定，只有个别岛屿可能拥有专属经济区或大陆架，该主张可能导致断续线内中国海域的管辖范围大为缩小。因此，总体上看并不完全符合中国的利益。

“历史性水域线说”认为中国不仅对线内的岛、礁、滩、沙、洲享有主权，而且线内整个海域都是中国的历史性水域，适用内水或领海制度。20 世纪 90 年代初，台湾当局在维护南海主权的问题上态度相当积极，陆续公布了《南海政策纲领》等政策性文件，并且曾给予断续线内水域以历史性水域的地位，表明了台湾当局有关断续线法律性质的正式立场。但是，将断续线内的海域称为“历史性水域”面临着以下几个方面的困难。首先，在国际海洋法的实践中，个别国家主张和建立历史性水域的实践一直引起重大争议。迄今为止，历史性水域一直没有像领海、专属经济区、大陆架等一样成为国际社会普遍承认的国际海洋法律制度；其次，中国主张“历史性水域线说”可能将产生“线中线”这一自相矛盾的问题。有外国学者曾就这一问题专门评述：“假如南海是中国的历史性海域，那么中国实际就不必在 1996 年划定领海基线。即使要划分，这些基线也应围绕历史性海域线划出，也就是沿着九条断续线划分，而不应该另行划出”；再者，历史性海域是专属的，声称国可将之作为内水或领海予以看待和行使管辖权。而南海断续线自公布以来，中国政府很少在线内海域行使过这种权利，即使偶尔有行使，也只是集中在线内的岛屿，而不是海域，各国船只在线内海域仍可自由航行或自由捕鱼，因而把断续线内的海域定位为历史性水域与具体实践并不相符；最终，“历史性水域线说”还会受制于中国先前的外交声明文件的约束。例如 1982 年，越南在领海基线声明中，把北部湾属于越南一方的海湾部分声称为历史性海域，认为属于越南的内水。在中国明确的反对和外交压力下，越方最终放弃了该主张。因而，中国主张面积数倍大于北部湾的南海水域为历史性海域显然前后矛盾，注定要受到越南方面的反对。

“历史性权利线说”认为中国对线内的岛、礁、滩、沙、洲和整个海域拥有历史性权利。这一权利从本质上说是一种优先权，在提中国拥有断续线内历史性权利时，必然会将岛礁和海域分开，而并非混为一谈。中国对断续线内岛礁享有的是主权，具有专属性和排他性，而不仅仅是优先权。中国对断续线内岛礁附近以及其他特定的专有海域以外的海域，则不具有专属性和排他性的权利。因此，相比历史性水域线理论而言，“历史性权利线说”的提法显得更为温和，相对不易引发周边国家和区域外国家的强烈反弹。

“资源归属线说”与“历史性权利线说”存在一些相似之处，该提法认为，依据历史证据，中国对断续内资源享有专属权利。该说显然受到了专属经济区或大陆架概念的启发，但理论层面并不成熟。很显然的是，基于 20 世纪 40 年代末的历史条件和海洋科学发展水平，对南海资源的认识仅限于鱼类、珊瑚、鸟粪等生物资源，并不一定能囊括到海洋石油、天然气等非生物资源。而且，从实际操作层面看，当时的国民政府不可能在南海画一条线来标明南海的资源归属，定位为“资源归属线说”显然有牵强附会之嫌。此外，“资源”一词含义并不明确，容易引发歧义。

总而言之，以上有关断续线的各种主张、观点尽管都有其合理性，也存在一定的局限性，但对最终确立南海断续线的法律地位却或多或少有着借鉴价值。随着近年来有关涉南海问题的国际话语权较量日趋加剧，学术界普遍对南海断续线的关注度日益提升。尤其是自

2009 年以来，有关南海断续线的问题已经成为国际学术场合探讨和争论的焦点问题之一，外方学者要求中方澄清南海断续线法律含义和性质的呼声不绝于耳，也有越南、新加坡学者质疑断续线的法律地位，否定中方在南海断续线内的部分主张，甚至还有部分学者抛出主张，认为中国应放弃南海断续线，收缩在南海的主权声索范围。因此，需要适时对南海断续线进行明确的法律定位，以便逐步消除外界的质疑，进一步回应国际社会的关切①。

长期以来，海峡两岸对南海断续线的基本立场是相同的，认为断续线内的各大群岛及其附近海域皆属中国领土的组成部分。时至今日，两岸南海研究学界对于南海断续线的性质和定位，学术上仍存有争论，尚未形成一致的共识，从而影响了官方对断续线的明确定位。考虑到南海断续线的形成与发展跨越了民国时期和新中国两个阶段，同时也本着最大限度地维护中华民族在南海的整体权益的考虑，海峡两岸南海研究学界应联合起来，共同研究并形成对南海断续线的准确法律定位，以期最终达成一致的共识。21 世纪以来，随着海峡两岸经济不断融合、交往日益广泛，两岸关系发生了重大而积极的变化，为两岸学者开展研究与合作创造了良好的机遇和氛围。在南海问题学术研究领域，两岸学者近年来在境内外诸多国际场合已经表现出很大程度的合作与默契。两岸学界整合研究资源，深化南海合作，有助于进一步协调海峡两岸在南海问题上的立场，共同维护中华民族的长远利益。

第四节　南沙争端：从 DOC 到 COC

中国对于南海诸岛拥有无可争辩的主权，但鉴于南沙争端极为复杂和敏感，同时中国一直积极致力于以和平手段解决有关争议问题。

① 张良福．中国与邻国海洋划界争端问题［M］．北京：海洋出版社，2006.

因此，《南海各方行为宣言》（DOC）的签署和“南海行为准则”（COC）的探讨与制定，可以说是因应于形势发展需要的产物。

一、《南海各方行为宣言》的缘起

从20世纪80年代末开始，中国政府主张将南海问题暂时搁置起来。倡议在有关争议解决之前，在争议区实现资源共同开发，以便维护南海地区的和平稳定大局，发展睦邻友好关系。随着冷战后东亚地缘格局的深刻变化，区域内外很多国家开始从战略上重视和关注南海问题，认为南海问题已经成为影响亚太地区和平与稳定的几大安全问题之一。20世纪90年代以来，有关各方在南海地区摩擦不断，危机频发，南海的主权争议长期以来横亘于中国与东盟有关国家之间。南海问题被置于中国与东盟政治经济合作不断深化、外部势力谋求介入之错综复杂的国际背景中。加之东盟作为东南亚国家的联盟组织，对中国的发展壮大存在较大疑虑，担心中国“填补亚太地区，特别是东南亚地区的安全真空”，同时也担心中国在南沙争端问题上采取强硬的政策。尤其是1988年赤瓜礁海战和1995年美济礁事件发生之后，引发了东盟国家的普遍疑虑。为使各方间就南海的主权争议不至影响地区合作之大局，中国同东盟各国开始寻求稳定南海局势的努力。从20世纪90年代初开始，东盟把南海问题提上了东盟的议事日程，并积极介入南沙争端。1992年7月，在菲律宾马尼拉召开的第25届东盟外长会议上，东盟国家首次把南沙争端问题列入地区安全问题，并且重点进行了讨论，会议之后还专门发表了《关于南海问题的宣言》（即《马尼拉宣言》），首次提出制定“南海行为准则”的建议。该宣言指出“南海地区的任何不利的发展将直接影响到这个地区的和平与稳定”，强调“南海问题牵涉到直接有关各方的主权和管辖权等敏感问题”，建议“有关各方以《东南亚友好合作条约》的原则为制定南海国际行为准则的基础”。此后，东盟一直宣称南海问题是“地区性安全问题”，历届东盟外长会议、首脑会议都要讨论南海问题，积极推动制定南海地区行为准则。1996 年 7 月，东盟第 29 届外长会议公报称：东盟各国外长“支持签订南海行为准则的主张，这种行为准则将为本地区长期稳定奠定基础，并促进提出主权要求的各国的谅解”。1998 年 12 月，第六次东盟首脑会议通过的为落实《东盟 2020 展望》而制定的《河内行动计划》宣布，东盟国家将“努力推动直接有关各方之间建立南海地区行为准则”。此外，东盟在与中方的外交接触和磋商中，多次向中方提出制定“南海行为准则”一事。东盟反复强调，希望中方加入东盟外长会议专门发表的《马尼拉宣言》。1997 年 12 月，中国与东盟国家领导人举行首次会晤，应东盟国家领导人的要求，会晤后发表的《中国—东盟首脑会晤联合声明》包含了有关处理南海问题的基本原则。在历次中国—东盟高官磋商中，东盟国家都表达了谋求制定“南海行为准则”的意图。从东盟的角度来说，东盟希望通过制定“南海行为准则”，直接干预南海问题，将南沙争端的现状“合法化”，迫使中国承认并“维持现状”，放弃使用武力等，阻止中国在南海采取任何新的行动。考虑到东盟一直希望与中国制定“南海行为准则”，为增信释疑，稳定南海局势，阻止美国等西方域外国家的插手，也为防止有关国家进一步蚕食中国领土主权，1999 年 4 月，在云南昆明举行的第五次中国—东盟高官会期间，中方首次表示愿与东盟共同探讨制定该准则（Code of Conduct，即“COC”）。在此间的磋商过程中，东盟内部则在 COC 的适用范围上出现分歧，越南主张所谓的西沙“主权”，因此要求扩大到“南海”的范围，而马来西亚则要求严格限制在“南沙”，越南和马来西亚相持不下，有关磋商谈判工作一度陷入停滞。

2002 年 7 月，在文莱斯里巴加湾召开的第 35 届东盟外长会上，马来西亚提出了折中的方案，提议将 COC 的标题改为“南海各方行为宣言”（Declaration on the Conduct，即“DOC”）。尽管与 COC 相比，内容上并无太大变化，但其目的在于突出政治文件而非法律文件的性质。只有在这种条件下，马来西亚才可以接受越南的“南海”提法。对于马来西亚的提议，越南表示原则上可以接受，但额外要求在

DOC 中增加一条内容，即：“确认制定 COC 将进一步促进本地区的和平与稳定，因此 DOC 是朝该目标迈出的一个步骤”的内容。东盟外长会议就此达成一致，在重申继续致力于制定和通过“南海行为准则”将进一步促进南海地区和平与稳定的同时，决定先制定法律约束力弱于 COC 的政治性文件，即《南海各方行为宣言》[1]。中方对上述东盟外长会的决定表示同意。经过不断的协商，其间既有双边磋商，又有多边协调。包括中国、越南、菲律宾、马来西亚、印度尼西亚、文莱在内的有关国家终在 2002 年达成初步一致。2002 年 11 月 4 日，在金边举行的中国与东盟领导人会议期间，中国与东盟各国政府共同签署了 DOC。从上述过程不难看出，中国与东盟国家最初的目的是签署 COC，但东盟国家内部在适用范围等问题上存在严重分歧，最终，COC 变成了 DOC。此后，在一系列与东盟有关的国际重要场合，中方始终表达了致力于维护南海和平，制定“南海行为准则”的意愿。2011 年 11 月，在印尼巴厘岛举行的第十四次中国与东盟领导人峰会上，中国领导人公开表态，中国愿与东盟有关各方探讨制定“南海行为准则”。可以说，十多年过去了，有谈判磋商又回到了原点。当然，责任不在中方，而在于东盟内部的利益分歧和意见不统一。

二、《南海各方行为宣言》的内容和意义

分析 DOC 的内容，可以看到，DOC 在结构上看，包含序言和十个条款。其中，序言部分阐述了该宣言的核心目标，突出各方的政治意愿。从内容上看，该宣言的核心内容是第五款，即各方“不采取使争议复杂化、扩大化和影响和平与稳定的行动”。即使是如此核心的内容，也只是各方“保持自我克制”的行为，而不是要求各方“必须遵守”的行为。从字数上看，该 DOC 是一篇“千字文”；从用词上

① Joint Communique Of The 35th Asean Ministerial Meeting, Bandar Seri Begawan, 29 – 30 July 2002.

看，多是“愿意、承诺、希望、应该、探讨、努力探讨、自我克制”等约束力不强的用语。该宣言的上述特点表明该宣言不是一个具有法律约束力的文件，而是旨在强调各方有致力于维持南海地区和平与稳定的政治意愿、政治意志、政治取向，仅有政治约束力而没有法律约束力的文件。

DOC 是在“搁置争议”的精神指导下达成的，没有涉及如何最终解决争议，更没有把“最终解决争议”作为宣言的宗旨、目标或目的。DOC 为自己确定的目标是“促进南海地区和平、友好与和谐的环境”，是“希望为和平与永久解决有关国家间的分歧和争议创造有利条件”，也就是说，“建立互信，管理冲突”是 DOC 的目标所在。与此同时，DOC 对某些行为作出了禁止性或限制性的规定，这是 DOC 的核心条款。突出体现在宣言的第五款，该款规定“各方承诺保持自我克制，不采取使争议复杂化、扩大化和影响和平与稳定的行动”。这是该宣言的核心内容。其中，核心内容中的核心是关于“不再占礁”的规定，即“不在现无人居住的岛、礁、滩、沙或其他自然构造上采取居住的行动”。此外，该宣言是由 11 国政府签署的，而非中国与东盟签署的，并且宣言明确区别对待争议方和非争议方。鉴于南海问题并不与签署该宣言所有各方都有直接关系，宣言明确区分了“各方”与“有关各方”，而且，宣言规定南海问题应由主权国家之间来谈判解决，也就是说东盟作为东南亚国家间的一个合作组织，不是主权国家，不应插手南海问题。同时，台湾作为中国的一部分，不是主权国家，在开展南海地区合作及谈判解决南海问题时，台湾只能作为中国的一部分，在一个中国的政策框架下参与。《南海各方行为宣言》自 2002 年 11 月签署以来，就成为影响南海地区形势演变的重要因素。

DOC 是中国与东盟国家就南海问题共同发表的首份政治文件，明确表达了南海有关各方以和平方式最终解决分歧的愿望，在各国围绕南海问题之解决所进行的努力中具有里程碑式的意义。各有关国家在政策性的宣示、声明、公报等官方文件中皆以遵守和落实 DOC 作为重要的内容和政策目标。从 2002 年 DOC 签署之日起，南海地区保持了很长一段时间的稳定期，不能说与 DOC 无直接关系。DOC 本身强化了上述有利于保持南海地区局势稳定的趋势。可以说，由于有了 DOC，南海周边国家间的相互信任有所增加，相互猜忌有所减弱，维护南海地区局势稳定的政治意愿和政治信心有所增强。南海周边国家在签署了 DOC 后，如果继续抢占无人岛礁的话，就是直接违背该国在 DOC 中作出的明确的政治承诺，其所付出的政治代价已远大于 DOC 签署之前。南海周边国家在南海采取的任何单方面行动，都有可能被指责为“使争议复杂化、扩大化和影响和平与稳定的行动”。对于中国而言，通过签署和积极推动落实该宣言，进一步树立了中方致力于和平、合作、友好的国际形象。中国从与东盟国家关系的大局出发，与东盟国家从 1999 年起启动谈判进程，并于 2002 年 11 月签署《南海各方行为宣言》，由此向外界发出了中国与东盟国家共同维护南海局势稳定的积极信号，显示了中国与东盟国家之间不存在无法解决的分歧，产生了良好的政治效果。《南海各方行为宣言》签署后，中国积极推动东盟国家启动落实《南海各方行为宣言》后续行动进程，推动与东盟国家签署《南海各方行为宣言》后续行动指针，进一步树立了中国致力于和平、合作、友好的国际形象，有助于消除“中国威胁论”在国际社会特别是南海周边地区的影响。总而言之，《宣言》对于南海地区的和平稳定，促进中国与东盟关系的深入发展具有积极意义。

三、《南海各方行为宣言》的不足之处

DOC 尽管有积极的一面，但亦存在一些不足之处。首先，就 DOC 的性质而言，其仅仅是一份“宣言”而已，复杂的海上问题远未解决。究其实质，该宣言不属于国际法律文件，而只是南海有关国家间的政治承诺书。国际承诺的维系，较多的依靠国际道德力以及所谓的“君子”精神，其约束力远弱于国家间的条约。也许正基于此，

DOC 最后意味深长地表明："有关各方重申制定南海行为准则，将进一步促进本地区的和平与稳定。"其次，DOC 对其所能覆盖的地域范围并未明确界定。在准备 DOC 文本时，有关国家就 DOC 所适用的地域范围分歧明显。如马来西亚反对使用"南海争端区域"的措辞，原因在于其认为"争端区域"本来就是马来西亚历史上声称的"领海"，其所认为的宣言的覆盖地区必须被限制在西沙群岛和南沙群岛；印尼则认为，不应以准则的适用范围为借口，把争端扩展到纳土纳地区；越南同意这些意见，认为有必要把西沙群岛和南沙群岛争议的解决，与越南主权及管辖权下的南海和大陆架的防御问题区别开来。由于上述分歧暂时无法弥合，DOC 的正式文本放弃了对其所覆盖的地域范围予以明确界定的尝试，而仅仅代之以"南海"这一笼统的措辞。而且，DOC 签署后南海地区形势也出现了消极发展。由于 DOC 本身有一些内在缺陷，DOC 也不可能迫使越、菲、马等国从根本上调整其立场和行为，DOC 签署后南海地区形势出现了一些消极动向和发展。尤其是 DOC 签署后，南海周边国家在南海地区由抢占岛礁转向既得利益的巩固和资源争夺。有关国家尽管没有采取占领无人岛礁的行动，但越南、菲律宾、马来西亚等国普遍加强了对无人岛礁及附近海域的实际监控，伺机占领之意图十分明显。

而且，DOC 签署后，南海周边国家争夺油气资源的步伐也大为加快。南海海域蕴藏的丰富油气资源是引发南海周边国家抢占岛礁、提出领土主权要求的根本原因之一。自 20 世纪 60 年代末起，特别是 20 世纪 80 年代起，越南、菲律宾、马来西亚、文莱、印度尼西亚等南海周边国家凭借地理邻近的优势，以招标形式，伙同西方国家石油公司，大肆单方面勘探开发南海油气资源。这是实质性损害中国主权和海洋权益、直接威胁南海地区稳定的行为。而 DOC 没有明确规定各方"停止单方面勘探开发油气资源"。自 DOC 签署以后，南海周边国家在南海油气资源勘探开发方面，不是"保持自我克制"，而是不断公布其所谓海上油气招标区块，吸引外国油气公司在与中国存在争议的海域大规模地勘探开发油气资源。越南、马来西亚等国纷纷加大油气资源开采力度，加紧在有关争议海域的勘探活动。在此过程中，南海问题的国际化趋势继续发展，域外大国继续加大对南海问题的介入，美、日等明里暗里鼓动菲、越等国在南海问题上对中国采取强硬立场，不时挑拨离间中国与东盟国家的关系。英、美、俄、法、日等国油气公司以参与招标、合作勘探、技术支持等方式，积极介入有关国家外大陆架的调查、油气开发和管道建设等。另外，签署 DOC 之后，东盟国家联合一致对华的态势明显增强。越、菲、马等国自 20 世纪 90 年代起一直谋求联合对抗中国。DOC 签署后，越、菲、马等国进一步加强了相互协调与合作，合力对抗中国的态势更为明显。与此同时，刻意推动南海问题国际化，拉拢区域外大国介入南海问题，造成地区紧张局势，与 DOC 宣示的增进本地区的和平、稳定、经济发展与繁荣，促进南海地区和平、友好与和谐的环境的精神背道而驰。

再者，在 DOC 中，有关台湾因素的处理也是重要的一个方面。作为南海地区争议重要一方的中国台湾地区，未被包括在 DOC 签字方中。其原因主要在于台湾岛虽暂时与大陆隔海而治，但国际社会公认其乃中国领土不可分割之部分。基于一个中国原则，DOC 的制定及签署没有台湾方面的参与。但是，台湾进驻南沙群岛中的最大岛屿——太平岛，客观上是南海问题的一方。台湾对 DOC 的态度及台湾在南海地区采取的行动成为影响南海地区局势的因素之一。1999 年 7 月中国与东盟国家开始启动制定“南海行为准则”进程之初，台湾当局即表明立场：“南海为中华民国之水域，中华民国拥有一切权益，在南海地区之任何活动（包括讨论共同合作开发或签署共同行为准则等）均应经中华民国政府同意。中华民国政府重申上述立场，并强调中华民国权益绝非区域间任何双边协议或东协区域论坛等组织之片面决议所能改变。”2002 年 11 月 5 日，中国与东盟国家签署《南海各方行为宣言》的次日，台湾当局即专门发表声明，对此表达了不满。2002 年以后，台湾当局在南海多次采取行动，曾不断引发越南、菲律宾等国所谓的抗议。例如，2004 年 3 月台湾当局在太平岛附近的中礁上修建观鸟亭，引发越南、菲律宾的指责。台湾驻扎在太平岛的守军对侵入太平岛附近海域捕鱼的越南渔船渔民进行驱赶、枪击，引发越南指责，越南警告“台湾不要在主权发生争议的南沙群岛水域驱赶越南渔船，侵犯其主权”。2006 年，台湾当局决定在太平岛修建机场。2007 年 9 月，台湾在太平岛上修建机场的计划曝光后，越南即就此向台湾提出抗议。2008 年 2 月 2 日，时任台湾地区领导人陈水扁抵南沙太平岛“宣示主权”，也引发越南、菲律宾的抗议。对于台湾不是《南海各方行为宣言》的一方，有外电评论称这是“暴露了 DOC 所忽略的一大漏洞。台湾占据着斯普拉特利群岛中最大的一个岛，但它却不是该宣言的缔约方”[①]。最后，中国对南海四大群岛之主权，拥有充分的历史事实依据和法理依据。在处理南海争议时，中国主张“主权在我，搁置争议，共同开发”。DOC 的签署实为中国以局部利益换整体利益，以短期利益换长远利益之重大善意表示。但从 DOC 的最终措辞来看，中国所表现的善意并未换取足够的回应，DOC 仅仅显露“搁置争议，共同开发”之端倪，并无“主权在我”之体现。

由以上分析可见，从 DOC 到 COC，这是进一步稳定南海局势，推动南海地区务实合作的可行之举。2012 年是 DOC 签署十周年。十年一轮回，柬埔寨又一次成为东盟轮值主席国。在 7 月 9 日至 12 日于柬埔寨首都金边举行的东盟地区论坛系列外长会上，菲律宾、越南、美国等国推动签署 COC 未果。而中方则承诺，愿意同东盟国家在条件成熟时探讨制定 COC，但明确表态：COC 探讨的只是冲突管控机制，而并非争端解决机制。南海争端最终的妥善解决，还是有赖于中国与有关当事国的双边外交谈判。2013 年文莱成为东盟轮值主席国，越南前副外长黎良明开始就任东盟秘书长，可以预期，中方与有关各方围绕制定 COC 的较量未来必将进一步凸显。

---

① 巴里·韦恩．更多的领土要求［J］．远东经济评论周刊（香港），2004 - 4 - 15。

第五章　南海问题的发展趋势

【提要】 南海问题由来已久、复杂敏感，从20世纪60年代末算起，迄今已近半个世纪的历史。在全球几十处涉及领土主权与海洋管辖权争端的案例中，南海问题成为最突出的一个。伴随着21世纪以来东亚地区格局的深刻变革，南海问题更是受到了国际社会的普遍关注。

第一节　南海问题的升温

纵观20世纪后半叶的南海地区局势，由于美苏冷战，东西方两大阵营在南海及其周边地区展开了大规模较量，南海地区一度成为冷战的前沿阵地，然而，南海问题却表现得不温不火。即使中越之间围绕岛礁归属问题曾分别于1974年和1988年发生了“西沙海战”和“赤瓜礁海战”两场武装冲突，但南海局势总体上仍处于可控范围之内，南海问题的国际影响也十分有限，表现为一般性的区域问题。

一、影响南海问题升温的因素

进入21世纪以来，随着周边国家实施海洋战略，海洋立法推进、海上执法力量加强，海洋管辖力度逐年加大，实施海洋管辖成为其巩固占领岛礁、控制争议海域、保证资源开发的主要手段。此外，全球战略格局的深刻变化、域外大国的介入以及南海地区的军备竞赛加剧，使得南海问题进一步升温。南海问题开始逐渐受到国际社会的关注，其演变和发展由此也面临着越来越复杂的区域内外背景。主要特征表现在以下几个方面①。

首先，区域外势力介入导致南海地缘政治竞争加剧。随着美国全球战略重心的东移，以及在西太平洋海域的有关军事同盟和军事前沿部署的加强，南海地缘政治竞争格局明显加剧。区域外大国出于全球和区域战略布局的需要，通过军售、军援、联合军演和非传统安全领域合作等方式提升与部分南海周边国家的合作水平，以所谓“维护南海航行自由”为借口介入南海问题，不断强化与南海周边国家的军事联系。菲律宾、越南等南海周边国家更是刻意拉拢域外势力介入南海问题。例如，菲律宾总统阿基诺三世曾专门发表讲话，公开拉拢美日介入南海问题。而美国和日本驻菲律宾大使也纷纷向菲方重申“与菲律宾保持密切联系”的意愿。越南不仅积极拉拢美国和俄罗斯合作开发南海石油，而且极力加强与美国的军事合作，拉拢域外势力制衡中国的意图明显。新加坡前内阁资政李光耀更是多次表示，希望美国加强在东南亚的存在，抵消中国日益显现的影响力。总体而言，域外大国介入南海问题的目标是适时调整的，手段和形式也是多种多样的。美国在外交上重新重视东盟，经济上应对“边缘化状态”，主打“经济牌”，隐形对抗“中国挑战”，军事上调整战略部署构筑“堡垒”，继续加强对南海地区的军事干预能力；日本加强与东盟签署自贸协

① 中国南海研究院.2009南海地区形势评估报告.50－55.

定，打“经援牌”，提升在东南亚影响力，以非传统安全名义强化与东盟合作，实质进行军事渗透；印度与东盟签署自贸协定，经济影响力继续增强；印度与东盟非传统安全合作日渐增多，军事触角东向延伸进入南海，继续加强与南海周边国家合作，意图加强在南海存在和影响力；俄罗斯与东盟的政治交往与经济合作机制化，俄大举进军东南亚军火市场，欲重返金兰湾以恢复在东南亚的军事存在和影响力。除美、日、印、俄竞相在南海及周边扩大其影响外，欧盟、韩国、澳大利亚、新西兰等也从各自的利益出发，不断加强与东盟的政治和经济联系，作为其参与东亚事务的重要跳板，这在很大程度上导致南海区域政治经济形势更加复杂化。也正是因为南海区域外势力的相继介入，使得南海问题逐步由地区热点问题向国际热点问题转变。

其次，区域内国家强化海洋管辖和资源管控，使得南海问题从主张争议向管辖争议转变。20 世纪 90 年代，南海有关争端方对于争议问题主要停留在外交声索的层面，具体的行动并不多。21 世纪以来，南海周边国家的海洋战略不断推进，逐步加大对所占岛礁和附近海域的实际管辖，强化对争议海域的资源管控，南沙海域的管辖权争议日趋激烈，突出表现在南海油气资源开发方面。由于油气开发巨大利益的驱使，加上菲律宾、越南国内能源需求的日益旺盛，菲律宾、越南纷纷在国际场合招标，以最大程度的优惠条件拉拢域外石油公司介入争议区进行油气开发，推动南沙海域经济资源开发活动国际化。这些活动频频引发资源管控冲突，从而导致南海问题升温。尤其是越南，由于近年来越南国内大力提升炼油产能，而原油的生产供应却在放缓，越南近海的一批主力油气田如白虎油田等产量下降迅速，越南亟待开发新的油气田以弥补原油产能上的不足。菲律宾也企图通过对礼乐滩海域的油气开发，大力提升本国的海上油气产能。因此，菲律宾、越南的海洋油气开发已经从近海沿岸大陆架向南海深水中国九段线内海域推进，未来必将继续加大力度、扩充规模。目前，菲律宾已经联合英国弗伦姆能源公司基本上完成对礼乐滩海域的油气勘探调查工作，一直谋求开始实质性的油气开发作业。越南也联合加拿大塔里斯曼石油公司，积极加紧对南沙万安滩海域的油气勘探活动。一旦菲律宾、越南一意孤行，强行非法开发争议海域的油气资源，那么，中菲、中越之间围绕南沙油气资源管控的矛盾必然会升级。如果中国不能有效地遏制菲、越等国的冒进行动，那么，未来中国在海洋权益维护方面势必将面临更为严峻的挑战和压力。

再者，有关区域内外国家共同推动南海问题多边化、国际化，导致南海问题面临进一步复杂化的局面。越南、菲律宾等有关声索国积极发展与区域外大国的关系，推动将南海问题列入多边协商机制，增强区域外大国和国际组织在南沙角逐中的介入程度；有关争端国不仅通过国内立法强化所谓的南海“主权”声索，还利用向大陆架界限委员会提交“外大陆架划界案”的机会，制造国际舆论和影响，通过频频召开有关南海问题国际学术会议，推动南海问题国际化，这是导致南海地区局势进一步复杂化的根本原因所在。例如，2009 年 2 月 17 日，菲律宾国会通过“领海基线法案”。该法案将中国的黄岩岛和南沙群岛部分岛礁划为菲律宾领土。2009 年 5 月 6 日，马来西亚和越南联合向大陆架界限委员会提交南海 200 海里外大陆架“划界案”，5 月 7 日，越南又单独提交了 200 海里外大陆架“划界案”，中国外交部分别予以了严正抗议。2011 年 4 月 5 日，菲律宾就中国南海“九段线”向联合国提出抗议；2011 年 6 月 13 日，菲律宾企图将南海改名为“西菲律宾海”，以混淆视听，推动南海问题国际化。尤其是在 2012 年 6 月初召开的第十一届香格里拉对话会上，有关南海争端国家竭力拉拢美、日等域外势力，意图推动将南海问题置于多边机制下进行磋商，促使南海问题进一步升温。越南一直试图把南海问题国际化，不断纵容国内民族主义情绪的蔓延，煽动民众游行示威，吸引国际舆论关注。越南还利用各种国际场合歪曲事实，攻击中国的南海政策主张，借南海问题抹黑中国，博取国际社会的“同情”，从而企图在南沙争端中占据道德高地。

最后，南海地区呈现区域军备竞赛态势，导致今后擦枪走火引发局部武装冲突的可能性和变数明显增加。近年来，有关南海周边国家实施“以武谋海”的战略，推动军事现代化战略转型。越南、菲律宾、马来西亚等南海周边国家，纷纷从美国、欧洲、俄罗斯等地采购先进武器，旨在应对南海地区日益紧张的局势。越南从俄罗斯购买军备的金额从2008年的10亿美元提高到2009年的35亿美元，2010年更接近40亿美元。采购的武器包括“基洛”级的常规动力潜艇，苏30多功能战斗机，以及米格17直升机，绝大部分都是进攻型武器。越南海军正按计划增加新型舰艇，逐步淘汰落后的现役装备，以发展海军舰艇和航空兵部队为主。越南计划在2015年前建成一支现代化海军，以便拥有远洋护航能力和海上作战能力。2011年6月9日，越南总理阮晋勇公开声称，越南对西沙、南沙群岛拥有“无可争辩的主权”，越南会继续坚定申明及表明越南全党、全国人民、全军保护这个国家海域和岛屿的最强决心。菲律宾与美国的军事合作不断加强，菲律宾海军2011年已从美国购进了“汉密尔顿”级巡逻舰，进一步加强在南沙群岛附近海域的巡逻。此外，菲律宾已计划花费近2亿美金采购巡逻艇、飞机及航空雷达系统，并且在菲律宾所占的中业岛上扩建机场跑道，强化对所占岛礁的军事控制。除此之外，南海周边地区军演活动接连不断。2010年7月23日开始的由来自14个国家的34艘战舰、5艘潜艇、上百架军机和2万多人参加的多国“环太平洋”演习，目标针对性强，暗中以中国为“假想敌”。2011年6月13日，越南在南沙周边海域举行演习，6月14日起，美国联合菲律宾 、印度尼西亚、马来西亚、新加坡、泰国和文莱等六个东盟国家，在马六甲海峡、西里伯斯海和苏禄海举行为期10天的联合军演。2012年4月中下旬，美菲在南海展开“肩并肩”军演①，旨在进行保卫南沙群岛油气钻井设施的模拟演习。尽管菲律宾军方声称演习不针对第三方，但明眼人都能看出来，演习显然是以中国为“假想敌”。美、日、澳、俄、印等域外势力对南海地区关注和投入力度加大，助推南海周边国家加快军事现代化战略转型的步伐。有关南海周边国家频繁举行

① 李金明．南海问题最新发展和态势［J］．东南亚研究，2010，3.

或参与军事演习，南海区域军备竞赛态势持续发酵，必将使影响南海区域安全的不确定性因素增多，由此推动南海区域安全格局的变化与调整，最终不仅将影响到南海航道的安全，而且将有可能影响南海区域的安全格局，使得南海问题进一步呈现对抗的态势。

二、近年南海问题升温的特点

2011年以来，南海问题进一步升温。2011年3月份，中国海监在南沙礼乐滩海域维权执法，中菲海上力量发生对峙；5月下旬，中国海监执法船对越南在南沙争议区的非法勘探行为进行维权执法，割断了越南“平明二号”勘探船的拖缆，中越之间发生了备受国际社会关注的“5·26割缆事件”。6月初，冲突事件进一步发酵，越南民众“组织”小规模游行，引发了中越之间的激烈论战。2012年4月10日以来，中菲在黄岩岛海域持续对峙，菲律宾蓄意挑起事端，其图谋扩大南海非法侵占所得的野心可谓昭然若揭，尽管黄岩岛冲突在2012年6月以后得以阶段性平息，但引发了国际社会的高度关注。事实上，近几年来南海问题升温的背景和诱发因素是综合性的，既有国际大背景的影响，也有区域小环境的影响。在区域内外力量的共同作用下，南海形势出现了新动向和新特点。

从宏观的国际背景来看，美国全球战略重心东移，继续谋求在亚太地区的主导地位，有关战略规划处于实际操作、落地阶段。加之美国从伊拉克战争、阿富汗战争两场旷日持久的消耗战中得以完全脱身，因金融危机而导致的经济困局得以阶段性扭转，经济复苏过程有所起色，而且美国主导的反恐战争以击毙本·拉登为标志取得了阶段性胜利等因素，国际局势某种程度上向着有利于美国的方向变化。美国在一定程度上得以从经济、反恐等棘手问题中抽身出来，有更多精力，也有更多战略资源把关注点投射到亚太地区和涉华事务上来。加之台海局势稳定，两岸经济关系不断融合，《海峡两岸经济合作框架协议》在2010年签署实施，美国挑动台海局势紧张不得人心。南海问题成为继台海问题后美国消耗中国战略资源、遏制中国崛起和主导操控东亚地区安全局势的又一个抓手。美国于2011年下半年在西太平洋海域加强军事前沿部署，强化与菲律宾的军事合作，在澳大利亚北部的达尔文驻军，均可以看作是美国强化其亚太存在，进而“遏制”中国的战略计划的一部分。美国通过鼓吹中国威胁论，制造国际舆论，引起亚洲国家对中国的警惕和忧虑；高调宣称美国在亚太的国家利益存在，拼凑联盟大搞价值观外交；施展所谓“巧实力”挑起中国与周边国家的矛盾，将区域性及历史遗留问题国际化，借此将中国推入没完没了的纷争中。随着美国不断介入南海问题，日本、澳大利亚、印度等域外大国也趁机来“趟浑水”，跟随美国的步调谋求强化存在，直接插手南海问题，意图浑水摸鱼，在其他相关领域“拿捏”中国。美国、日本媒体等也借机炒作“中国南海威胁论”，炒作“南海核心利益说”，在国际社会煽风点火，为炒热南海问题推波助澜。可以说，区域内外力量交叉借重应对所谓的“中国因素”，借南海问题对中国进行战略防范、牵制与平衡，由此导致了南海地缘政治竞争加剧，推动了南海问题明显升温。

从区域因素来看，随着以经济、科技、军事等为代表的中国综合国力的快速提升，中国与域外大国的利益和战略冲突加剧，南海区域外大国和周边国家普遍对中国的发展抱有戒心，对中国的战略疑虑加深。尤其是中国经济总量位居世界第二、“蛟龙号”深潜器接连在南海和西太平洋海域大深度下潜、“海洋石油981”钻井平台出坞并在南海北部海域试钻、中国空军歼20飞机成功试飞、“辽宁号”号航母下水训练、“天宫一号”飞行器成功实施空间交会对接等一系列标志性事件的出现，使得越南、菲律宾等南海周边国家对中国抱有的防范和警惕心理增加，紧迫感上升，中国海军、空军实力的快速发展让南海周边国家如坐针毡，急于在南海问题上打破现有的格局和态势。谋求先下手为强，企图在中国将强未强之际，中国军力羽翼未丰之时主动出击，以便掌握所谓的“主动权”，造成南海争议和现有利益的最大化，让非法获取的利益既成事实化，同时也谋求让他们的非法侵占所得“合法化”，这是有关周边国家的小算盘。另外，越南、菲律宾近年来相继实施海洋战略，他们无法抑制开发油气资源、获取巨大经济利益的现实冲动，因而加大对南海资源的声索和觊觎力度，加紧对南海油气、渔业等资源的开发。与此同时，中国海监、渔政等海上行政执法力量加强了在南海的维权执法力度，与越南、菲律宾围绕南沙争议区海洋管辖权的摩擦或冲突事件有所增加。需要看到的是，这一问题的根源仍在越南、菲律宾一方，冲突主要是越南和菲律宾单方面挑起的。况且，对于越南、菲律宾在南沙海域非法进行的油气开发活动，中方如果不通过维权行动加以遏制，而任由其愈演愈烈地发展下去，未来则将面临更大的执法压力，冲突源的扩散只会导致未来的维权形势更加严峻。因此，从维护南海地区稳定大局的角度出发，中国海上的执法力量应不断加大在南沙海域的维权力度，阻遏越南、菲律宾等国的冒进行为。此外，越南、菲律宾等国挑起有关争议问题，不仅旨在希望引起国际社会对南海问题的关注，而且也有着转移国内因经济、腐败等问题累积的矛盾，将民族主义情绪向外排解的深层次考量。通过操纵和渲染南海议题，某种程度上既可以纾缓国内民族主义者的压力，同时也可以转移国内民众的不满情绪，炒作南海威胁论，矛头转向中国就是这样一个选项。在南海问题的应对策略方面，越南、菲律宾等国为了与中国对抗，一方面拉拢域外国家介入，推动南海问题国际化，另一方面利用背靠东盟的便利条件，积极推动将南海问题纳入东盟多边对话机制，企图裹挟东盟所有成员国采取一致行动“抱团”对抗中国。而对于东盟而言，由于近年来东盟国际影响力持续上升，战略回旋空间不断增大，与中国讨价还价的筹码增多，在南海问题上东盟国家彼此协调立场，“共同发出一个声音”面对中国，既可以壮大声势，提升东盟的话语权，也可以起到东盟内部整合、联合自强的作用。综上所述，越南和美国分别是南海问题升温的域内外两大主要推手，加上与域内的菲律宾、域外的日本等国家相互借重，相互串谋，共同推动了南海问题的升温。

第二节　美国南海政策的变迁

如果说南海问题产生并持续半个世纪以来，面临的最大变化是什么？毫无疑问就是美国立场的转变。这使得南海问题从原本就不是中美之间的课题，演变发展为有可能导致中美“有限较量”，进而在东南亚地区一决高下的突出问题。中美之间绕开南海问题显然是不现实的，其注定要成为中美关系中的一个“新结”。

一、美国南海政策服务于其全球战略

美国政府的南海政策服务于其东南亚政策，与美国对华政策相协调，从根本上受美国亚太战略的支配。美国对南海政策，其演变过程先后受到了国内新孤立主义、中立主义和干涉主义三大思潮的影响，与亚太战略的调整相适应，美国在南海问题上的立场有着几次明显的转变和调整。冷战初期，无论是遏制“共产主义”在东南亚的“进攻”态势，还是在越战期间美国为维持东西方两大阵营之间的势均力敌，南海始终没有离开华盛顿的战略视野。南海凭借其战略要冲地位，一度是冷战的前沿阵地，也是美国亚太战略上的重要一环。此时美国涉入南海的程度要远高于“二战”前期。南海对美国的重要性日趋增加，由此也牵涉了更多的美国利益，使得美国为此承担了更多的安全责任。20 世纪 50 年代到 60 年代，尽管这一期间美国的南海政策声称是保持中立，但却是偏向同一阵营盟友的中立，美国通过《旧金山和约》等多种手段设法阻止中国大陆恢复对西南中沙群岛的权利和控制，与此同时却放手其盟友如南越政权、菲律宾等在南海的活动。冷战后期，美国因越战失利而在东南亚地区实行战略收缩，同时美国在全球战略上也有着联合中国抗衡前苏联的客观需要，中美关系在 20 世纪 70 年代初至 80 年代末进入了并不长的“蜜月期”，这些因素促使美国在南海问题上“默许”了中国在南海的进取作为。美国着眼于抗衡前苏联的大局考量，在南海问题上采取了不偏不倚的中立主义立场，即不介入有关南海问题的局部纷争。可以看到，尽管这一期间相继发生了西沙海战（1974 年）、赤瓜礁海战（1988 年），两次均以中国完胜而告终。尤其是西沙海战，战斗规模并不算小。但由于美国采取了“袖手旁观”的中立态度，使得南海军事冲突的余波仅局限在区域层面内，国际影响十分有限。冷战结束后，尤其是 1995 年的“美济礁事件”后，美国认为中国在南海问题上有“野心”，开始对中国有所防范和警惕，美国的中立主义立场有所改变，转而采取一种“有限介入”的政策。表现在“美济礁事件”发生后，美国国务院在 1995 年 5 月 10 日发表了《关于南沙群岛和南海的政策声明》[①]，其核心内容包括：“美国对南海地区紧张形势表示关切，在南海地区的单方面行动和反应加剧了本地区的紧张，美国强烈反对使用武力和武力威胁解决领土争议；呼吁所有争端国保持克制，避免采取导致动荡的行动。并认为维护航行自由是美国的基本利益，所有船只和飞机在南海不受阻碍的航行，对于包括美国在内的整个亚太地区的和平与繁荣是必不可少的。”美国政府声称在南海有持久的利益。其中，维护航行自由是美国的基本利益，美国愿意为解决有关争端提供外交协助，与此同时，美国政府在声明中也明确表态，美国对南海域内不同的岛、礁和暗滩的主权争议不采取任何立场。美国的南海政策声明首次明确表达了美国在南海地区的利益存在和可能的战略反应，成为了美国开始关注南海问题的开端。

美国在南海问题上的立场转变，为后来高调介入南海问题埋下了伏笔。1997 年在美国出版的《即将到来的美中冲突》一书中，作者理查德·伯恩斯坦把台湾问题、南海问题以及争夺东亚经济主导权的问题并列为 21 世纪可能引发中美冲突的三大因素之一[②]。尽管此书不

① Christine Shelly, US Policy on Spratly Islands and South China Sea, May 10, 1995.

② Richard Bernstein. The Coming Conflict with China. Vintage. 1997. 2.

乏断章取义、危言耸听的成分在其中，但却无疑给不少美国民众上了一堂南海问题的普及课程，以至于2001年4月中美两国在海南岛东南方向的南海海域发生撞机事件的时候，美国有不少媒体都在揣测，中美之间可能会“发生点什么”。因为美国的全球战略重心在世纪之交已经开始计划向亚太地区转移，中美在战略上出现分歧或矛盾是迟早的问题。但随后不久“9·11事件”爆发，很大程度上干扰了美国的既定战略部署，消解了小布什政府上台伊始在涉华事务上咄咄逼人的强硬势头。由于美国要集中力量在中东地区扫除恐怖主义，并且需要包括中国在内的诸多国家的配合，加上美国先后发动阿富汗战争和伊拉克战争，无意更无暇东顾，由此使得中国在诸多层面包括在南海方向上面临的战略压力空前释放。此后，从2002年11月《南海各方行为宣言》签署到2009年7月美国加入《东南亚友好合作条约》这七年间，南海局势总体上风平浪静，南海问题也表现得波澜不惊，并不为国际社会所特别关注。需要看到的是，尽管美国受突发事件的干扰和影响而将注意力转移到中东，但美国全球战略重心东移和利用台海问题、南海问题遏制中国的大趋势并没有发生变化。“9·11事件”的发生只是延缓了美国决策的进程，并没有从根本上改变这一战略的走向。当2009年7月23日时任美国国务卿希拉里在第十六届东盟地区论坛上签署加入《东南亚友好合作条约》时，美国事实上就正式吹响了“重返”东南亚的号角。同时也表明了美国在1992年将苏比克军事基地移交菲律宾并全面“退出”东南亚后，再次“重返”这一区域的战略意图。而在此前，美国一直不愿意签署这一条约。促使奥巴马政府迫切签署这一条约的根本原因，就是中国在整个东南亚乃至东亚地区影响力的显著提升，某种程度上填补了美国离开后留下的势力空白。美国“重返”东南亚，标志着对小布什时期东南亚政策的重新修订，旨在扩大在该地区的影响力，“收复”小布什政府丢掉的“失地”，同时也可制衡包括中国在内的其他大国。美国如若在南海确立了军事主导地位，那么朝向东北可穿越台湾海峡，伸入到日本海；向南可覆盖南太平洋地区，强化美澳南太平洋同盟体系；向西可穿越马六甲海峡，有利于维护美国在印度洋和波斯湾地区的利益；向北更可直接遏制中国向南拓展，可起到一石多鸟的战略威慑效果。而且更为重要的是，美国加入该条约，加强与东南亚国家的伙伴关系，也有着为最终加入东亚峰会铺平道路的意味。因为对于这一包括中国和日本在内的重要地区组织，如果美国不能介入其中，那么美国的影响力将可能受到损害，存在着被分化的隐忧。而作为东亚峰会的发起者，东盟提出的参加东亚峰会的三项基本条件是：已加入《东南亚友好合作条约》；应该是东盟的全面对话伙伴；与东盟组织有实质性的政治和经济关系。因此，美国需要做的就是“达标”而已，两年后的 2011 年 11 月，在印尼巴厘岛举行的第六届东亚峰会上，美国以东亚峰会成员国的身份正式参加。美国总统奥巴马亲自出席峰会，并且主张将南海问题纳入到多边机制解决的框架之下。这与 2010 年 7 月 23 日时任美国国务卿希拉里在越南河内召开的东盟地区论坛外长会上的公开表态一脉相承。正是在这次会议上，希拉里宣称“南海问题涉及美国国家利益”。除了大谈南海航行自由是美国的根本利益之外，希拉里还宣称，美国反对任何国家使用武力或胁迫使用武力解决南海有关争议问题，实际上暗含中国在“胁迫”南海周边国家的意味。对于南海争议如何解决的问题，希拉里特别提出美式的框架，主张形成一个解决南海问题的“国际多边机制”，当然包括美国在内。这与中国反对将南海问题国际化、多边化，而主张当事国一对一双边谈判的立场明显相悖，针对中国的意图十分明显。

二、美国南海政策转变的分水岭

从美国南海政策的演变过程来看，2010 年希拉里的“河内讲话”可以说是美国南海政策转向的重要拐点，也是美国南海政策变迁自 1995 年以来保持介入态势的一个新的分水岭。其首次高调谈及了中国与有关当事国的岛礁主权争端问题，同时暗含了对中国的批评，以及对南沙岛礁主权归属中国这一初始立场的否定①。而从讲话的字里行间不难分析出，希拉里曲意解读了国际法和《联合国海洋法公约》，实际上已经明显地站在了东南亚有关争端国的阵营一边。而从希拉里当时在会议上发表声明时照本宣科地念稿这一做法来看，希拉里的声明显然不是一个即席谈话，而是事前充分评估、反复磋商的结果。但希拉里在会议上突然抛出这样一份声明，还是让国际社会包括中国在内的诸多分析人士颇感意外，部分外电甚至评论称美国在南海问题上对中国搞“突然袭击”。当然，从政策连贯性上看，美国南海政策的走向脉络毕现，显然是奥巴马政府亚洲政策调整的一部分。美国在南海地区施展“巧实力”的做法就是，让这片水域成为美国可以主导局势并平衡各方力量的舞台。而实现这一目标的最廉价方法，就是挑动东南亚有关南海争端国对中国的敌意，把这些国家都变成阻碍中国影响力扩展的筹码。中国与南海周边国家的麻烦越多，美国遏制中国崛起的过程就越省力。美国希望中国与东南亚有关国家之间的岛礁主权和海域管辖权争端成为国际干预和国际谈判的对象，美国既可以加强存在和影响力，也可以通过“调停者”的身份而左右逢源、利益均沾，这可以看作是美国南海政策的隐性诉求。

尽管美国领导人一直宣称美国对南海主权争议不持立场，无意卷入其中，希望看到南海局势保持稳定，但其背后的潜台词其实不难揣摩。其实质是指，美国在南海岛礁主权归属问题上不打算偏向中国，但也不想很“露骨”地开罪中国。在南海及东南亚地区的重大战略问题上，美国当仁不让地要参与。在具体的涉及岛礁主权问题的笔墨官司和口水仗上，美国表示兴趣并不大或无意插手。对于美国而言，南沙岛礁主权归属于有关当事的哪一方并不重要，对其利益不构成显著影响，反倒是南沙岛礁主权归属不定、纷争不断、久拖不决对美国最有利，因而美国强调维持现状，这样就意味着有充分机会仲裁和插手。21 世纪以来，美国的一系列动作和举措已经反映了其在南海问题

---

① Hillary Rodham Clinton, Remarks at Press Avail ability. , Hanoi, Vietnam , July 23, 2010.

上对东南亚有关当事国所采取的“偏袒”态度，这势必将进一步“鼓舞”有关当事国在南海主权争端上的“野心”，致使它们可能继续采取相对危险的激进行动。从这个层面上来说，过去几年南沙海域发生的海上摩擦事件，表面看似是中越、中菲之间的冲突，其实质是美国战略重心东移的大背景下，越南、菲律宾趁机进行“战术投机”的结果，与美国对有关当事国的“纵容”和私下的安全承诺不无关系。南海问题固然不是中越、中菲关系的全部，当然更称不上中美关系的全部，但南海问题中的美国因素正日益凸显，却是不争的事实。美国利用南海问题作为遏制中国崛起的抓手，看起来已经成为其南海政策的基本趋势。

2008 年美国金融危机爆发以后，随着国际形势和战略格局的深刻变化，特别是亚洲新兴经济体的加速崛起，美国加大了对亚太地区的战略经营，其战略部署重心逐渐向亚太倾斜，旨在硬实力相对减弱的形势下，运用巧实力压制中国，确立在亚太地区的主导地位。美国在东亚太地区军事战略中所规划的三大潜在的冲突热点，分别是朝鲜半岛、台湾海峡以及南海。而美国认定，这三个热点中，最有可能爆发军事冲突的就是南海。美国决策高层认为，能否取得对东南亚地区事务的领导权以及在南海问题上的“仲裁权”，核心内容在于能否确保美国在南海地区的军事存在和战略部署，特别是前沿的军事存在。因此，奥巴马政府在 2012 年新年伊始推出的新军事战略明确宣布，未来将把亚太地区作为军事上重点经营的地区，而西太平洋海域正是美国前沿军事部署的重点。

鉴于在今后相当长的一段时期内，美国将会把南海问题作为其遏制中国的手段之一，而主动、扩张、威慑将成为美国未来南海政策的主要特点，同时也不排除它利用边缘政策以试探中国在南海问题上的底线。为此，美国会继续宣扬“中国威胁论”，加强与南海周边国家的双边和多边军事合作，这种合作包括扩大在此地区的驻军、派军舰护航以炫耀武力、进行各种形式的军演活动等。未来几年，美国南海战略的主动性、扩张性都将有所加强，各种威慑手段比如单边军事威慑、双边军事同盟、对华接触和遏制、多边机制等都将会更加突出。从本质上看，介入南海问题是奥巴马政府调整亚太战略、影响中国战略走向的一个手段，而不可能将这一手段运用到超越目标利益的程度。因此，美国在南海问题上与中国发生严重对峙的可能性并不大，美国也不可能支持东南亚国家将中国南海政策压迫到没有回旋余地的程度。在美国、中国、南海周边国家三方互动中，美国最终的目标是主导东南亚地区事务。今后美国在南海是扮演“调停者”的角色，还是直接插手南海争端，根本上说取决于它如何看待和平衡中国日益增加的影响力，如何应对中国的崛起。今后随着美国战略布局和国内政治的需要，不排除美国继续渲染南海问题，进而大做文章，为美国强化在东南亚的影响力造势。美国实质介入南海问题，导致中国在南海方向上的战略安全压力大为增加，客观上将引发东南亚地缘政治格局的重新调整。

第三节　中美南海博弈

南海问题演变发展至今，不仅日渐受到国际社会的关注，而且愈发成为中美两个大国之间绕不开的问题。不少国际分析人士甚至断言，南海问题实质为中美关系问题，南海之争其实就是中美关系的一个缩影。当然，这种认识是否正确还有待商榷，但确实不乏其合理之处。毋庸置疑，作为具有全球影响力的超级大国，美国以其特有的方式，长期以来在东亚地区发挥着举足轻重的领导作用，对东南亚和南海地区事务有着直接的或潜移默化的影响力。无论承认与否，美国在东南亚的影响力几十年从未消失，自然也不容忽视。从这个层面上说，中美关系问题解决了，南海问题也就容易解决了，否则南海问题只会表现出树欲静而风不止的态势，争议也会因多方势力的合谋而变本加厉、愈演愈烈。

一、美国介入南海问题的战略考量

那么，中美关系目前最大的问题是什么呢？简而言之，就是中国综合实力相对上升了，美国相对下降了。伴随着中国的自信和美国的焦灼，中美之间的战略冲突也由此进一步显化了。俄罗斯地缘政治学家特宾曾直言不讳地说："很长一段时间，地球上的地缘政治节点位于欧洲，是巴尔干半岛。在苏联解体后世界地缘节点是中东；现在，可以确定新的地缘政治节点是南海[①]。"美国学者罗伯特·卡普兰也曾断言："21 世纪地缘政治的战场是南海，主角只有两个，美国和中国[②]。"在其看来，中美南海之争已经初现端倪。那么，中美在南海争什么？尽管可以分不同层次来看待，但本质上还是区域主导权之争。以全球视野和历史观来看待这一问题，或许对认识当下南海之争不无启迪。

美国的亚太战略不是孤立的，既有对传统地缘政治学理论的继承，也有对它的超越。地缘政治学的鼻祖麦金德在经典论文《历史的地理枢纽》中，曾把世界划分为枢纽地区、内新月形地区和外新月形地区[③]。其中，枢纽地区包括东欧及前苏联的腹地，内新月形地区则主要涵盖了欧亚大陆及其近海的陆海边缘地带。后来的美国国家安全顾问、地缘政治学家布热津斯基继承并发展了该理论，将内新月形地区进一步细分，确立为远西、远东和中东"三条战线"[④]。在美国全球称霸世界的战略棋盘上，欧亚大陆始终是全球的地缘战略中心，而"三条战线"则是命门所在，是美国发挥力量的关键着力点。

---

① 普罗科霍·特宾. 南海成为世界地缘政治新节点［N］. 亚洲时报，2011－10－14.

② Robert Kaplan. The South China Sea Is the Future of Conflict. Foreign Policy. 2011. 8.

③ Mackinder. H. J. The Geographical Pivot of History. The Geographical Journal. Vol. 23，No. 4，Apr.，1904.

④ ［美］兹比格纽·布热津斯基. 竞赛方案——进行美苏竞争的地缘战略纲领［M］，中国对外翻译出版公司，1988 年.

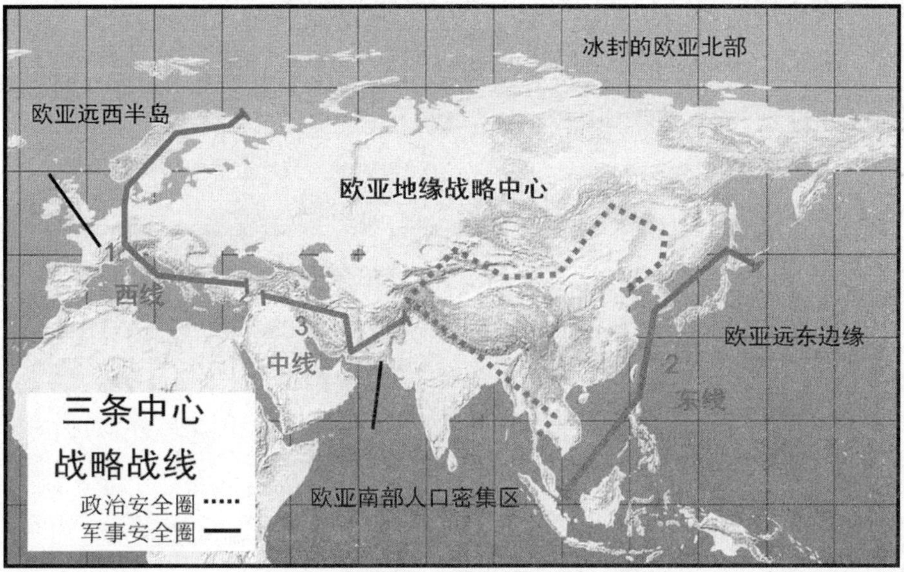

图 5－1　美国三条战线理论示意图

冷战期间，以美国为首的西方阵营正是在三条战线上分别构筑了旨在遏制东方阵营的封锁线：西线有北大西洋公约组织的围堵，中线有“美国—以色列同盟机制”及中东各军事基地的策应，东线则有“美日安保机制”及第一岛链的封锁。冷战结束后，欧亚大陆的霸权角逐重新洗牌，美国在中西两线的封锁有所松弛，但在东线则不断加强，很显然，中国“荣升”为美国重点看防的对象。尤其是内新月形地区的东端，也就是美国极力加强存在的东线，涵盖了从日本列岛到东南亚，再到南亚次大陆的陆海边缘地区。从海洋方向来界定，就是沿中国黄海、东海、南海，经马六甲海峡，再到印度洋的这一片海域，而南海正是贯穿东西南北的枢纽海域，以南海和东南亚地区为主要组成部分的泛南海地区，自然要成为国际政治博弈的焦点区域。鉴于该地区人口众多，占世界人口的50%以上，加上全球经济轴心正在从“欧亚岛”的西端转移到东端。因此，对比三条战线而言，亚洲世纪的来临使得东线的地位明显超出了西线，颠覆了“欧洲中心论”的旧有格局，美国的全球战略重心转移到亚太地区也就理所当然、顺理成章了。

布热津斯基的“三条战线”理论是冷战的产物，是西风要压倒东风的冷战思维催生的结果。但这种以分化、围堵和遏制为要义的理论套路并没有随冷战结束而改弦易辙，也没有因国际时局的变迁而式微，而是不断发展、推陈出新。21世纪以来，美国在中线以及西线南端，也就是西亚、北非地区实施的一系列“摧城拔寨”的军事打击，挑动或者刻意纵容的多米诺骨牌式的“颜色革命”，正是这种大战略框架下的具体行动，目的在于巩固和强化所谓的“民主之弧”。而美国在东线频频出手，加强美日韩军事同盟，拉拢菲、澳、印等国，企图在西太平洋打造“亚洲版的小北约”，某种意义上也与这种理论套路的指引密不可分。美军削减在大西洋沿线军事投入、完全撤出阿富汗和伊拉克，表明了美国在中西两线乃至全球范围的战略收缩。与此同时，美国加强了西太平洋海域的军事投入和前沿部署，显示了美国在亚太地区的重点扩张。一收一张，彰显了美国应对未来新兴力量挑战的准备和决心。从这个意义上来说，美国介入南海从来都是其全球战略安全和部署的一部分，并不会因总统轮换和政府更迭而有所改变。

相较于20世纪以欧洲大陆为主战场的地缘政治竞争格局，21世纪的亚太战场显得迥异不同，东亚的地理轮廓预示着一个海权竞争的格局日渐清晰。南海是东亚最重要的半闭海，更是中国的海上生命线。中国一旦失去南海，则不可避免要沦落为内陆国家。更进一步来说，南海是中国未来走向海洋强国的起锚点，也是最有可能与美国力量发生正面对撞的地缘交汇点，可能构成未来几十年的军事前沿。20世纪后半叶，中美之间分别在第一岛链的起点朝鲜半岛、终点中南半岛，先后有过两次军事较量，朝鲜战争是中国直接参战，越南战争则是“隐性”战争。北纬38度线和北纬17度线构成了当时东西方两大阵营的势力线。中国在两大半岛分别对朝鲜和越南的支援行动，很大程度上抑制了美国势力的蔓延，也将美国的势力禁绝在两条势力线以南，由此为中国赢得了相对长久的和平发展空间。如今，朝鲜半岛依然是冷战的“活化石”，中南半岛硝烟已散。如果中美在南海的战略疑虑加深，进而导致地缘冲突加剧，那么身处漩涡中心的南海周边国家恐怕并不乐见，因为没有哪个国家能独善其身。早在1973年，时任新加坡总理李光耀就发表过著名的“大象与草地论”，寓意大象打架，脚下的草地必定遭殃。他用这番话描述小国在大国争斗中的生存状态。就小国的利益而言，谋求在大象打架中获得利益，有可能，但风险极大，稍有不慎就有可能引火烧身。只有致力于推动大象间的和平与合作，才能保障小草不被践踏。从这个意义上说，中美南海之争反映出来的无外乎是一场崛起与打压、突围与遏制的大国较量而已，与东南亚国家的立场和核心利益并无太多交集。对于中国而言，南海是和平崛起的战略支点，整个东南亚地区是中国发展的重要外部依托，是中国走向世界的跳板。中国要和平崛起，首先要屹立于南海，崛起于东南亚。环顾四邻，中国唯一有望能取得主导地位的地区就是东南亚，而中国—东盟自由贸易区就是中国经略南海乃至东南亚的重要舞台。随着中国与东盟经贸关系的日益融合，东南亚地区将不止是未来中国最大的贸易伙伴，而且将是中国可以充分倚重的大市场，是人民币走向国际化的试水之地。从长远意义上说，加强与东南亚国家的关系，将对中国的和平崛起起到至关重要的作用。之所以做出上述论断，这与整个东南亚地区的现实发展状况有着密不可分的关系。

在经济全球化的大背景下，中国崛起的支点和语境是什么呢？显然要着眼于全球一家，要以整个世界作为参照体系。中国崛起的基本标准首先是要能“走向世界”，这并非是说中国作为“世界工厂”，制造出产品输往全球各地那么驾轻就熟，而是中国要不仅能向世界输出产品，而且能输出资本、输出体系、输出价值观，并且能够为受众国家所欣然接受。中国目前能够向全世界输出产品，充其量只是搭了“欧美体系”的便车，成为了这个体系中的一个有价值的“打工者”罢了。即使中国制造的产品看起来流向了世界各个角落，但在整个体系中起支配作用并不是中国，因为绝大部分环节中国并不控制。中国仍处在价值链的低端，而各高端价值显然被支配者所分享。中国未来需要做的就是向价值链的高端进军，从欧美体系的食利者那里分抢一杯羹。道理很简单，一个国家要想在“经济全球化”之下不成为他国的长久附庸，不长期陷于“举国打工出卖资源”的境地，必然需要有完整自主的国民经济体系，并且要具备不断改造、升级的能力，能够在全球维持并扩张输出本国的战略产业和“体系”。遵循这一思路，中国要崛起并真正走向世界，必须是“中国体系”走出国门，要实现在海外有控制的工厂和商业利益，自身要有安全可控的海外贸易线路，要能够使用人民币自由进行业务结算等。简而言之，即要形成由中国企业或者中国国民主导的资本—贸易流通循环，换句话说也就是把“中国体系”从国内扩展或者说输出到国界之外，乃至全世界。对于中国而言，让中国企业走出去，让人民币走出去，让中国体系走出去，这是未来中国发展的不二选择，也是必然要经历的过程。但是，这一过程显然会与美国的利益出现直接对撞。近代以来，西方国家的崛起，首先是依靠工业革命和现代科技，建立起了先进的大工业体系。这样就可以借助坚船利炮“撬开”落后地区和国家的大门，要么使它们成为工业贸易品的输出地，再要么干脆就使它们成为殖民地，以便最大限度地掠夺原料和倾销工业制成品。美国在一战期间之所以能大发横财，“二战”后之所以能成为超级大国，从根本上仰仗的还是其业已形成的最为庞大、最为系统化的大工业体系。现如今，美国尽管仍执高科技的牛耳，但与中国等潜在竞争对手之间的差距不断在缩小却是不争的事实。而且，中国因“移植”了世界上最大规模、最多门类的工业体系而成为了世界工厂，而美国却存在“产业空心化”的困境，以至于实体经济无力背负庞大的债务赤字，从而使虚拟经济泡沫化，最终酿成金融危机。事实上，美国并非没有意识到问题之所在，奥巴马政府提出的所谓应对危机、创造新增就业岗位的法宝之一就是“再工业化”，即要从振兴美国的制造业、提升实体经济规模的根子上来解决问题。这也意味着奥巴马政府在修正从里根时代便已经开始的“去工业化”历程，为美国经济再平衡寻求出路。但问题是谈何容易，冰冻三尺非一日之寒，远非白宫喊一喊口号所能解决。事实上，如果不是金融危机的刺激和倒逼，美国高成本产业链的继续向外转移仍将加速，这是美国工业发展的必然趋势。因为美国在大多数工业制成品的市场竞争力方面，已经无法与中国、印度等新兴市场相抗衡。中国能用更低廉的成本制造出同样品质的工业产品，美国却做不到。美国“高成本”的工业体系“败给”中国“低成本”的工业体系，这看起来是不可阻挡的现实趋势。美国只能在高端的研发领域花大力气，与德国、日本展开激烈竞争。这也是为什么过去多年，大量的美国公司将生产部门转移到新兴市场国家，却往往将核心研发部门留在美国总部的重要原因。美国实体产业的“空心化”，将使得美国作为超级大国的工业支柱变得不再坚不可摧。美国要实现对全球的领导力，只有依靠作为全球资本流动“总蓄水池”的金融地位以及对全球货物流通体系的控制，而这皆以美国一超独大的军事力量作后盾。事实上，深入剖析奥巴马关于“再工业化”的政策内核，这种“再工业化”并不仅仅限于美国本土。因为美国工业体系的结构已经发生了根本变化，遍布全球各地，而集中布局于中国大陆的美国劳动密集型产业短期很难“回流”到美国本土，奥巴马政府的政策意图可能很长时间都不会见效。因此，美国的“再工业化”的另一层含义是在美国本土巩固高端制造业，在全球范围内重新对工业体系布局进行配置，防止过度集中于中国，要尽量向中国以外的、对美国潜在威胁不大的发展中国家分流，美国不断施压，敦促人民币升值，无益于从根本上解决中美之间的贸易不平衡问题，改变的只是外资工厂在发展中国家间的布局。美国对此并不言明，但这正是美国的真正用意。

二、中美关系中的南海因素

重新把目光投回南海，便可以认识到南海在中美之争中的重要地位。从日本海、中国黄海和东海，再到南海的这一片陆海边缘区域，就是麦金德所提出的内新月形地区的东端，也就是布热津斯基所强调的“三条战线”的东线。如果再将这条线前后延伸，则北可抵鄂霍次克海、白令海乃至北冰洋，西可经马六甲海峡到印度洋、波斯湾，这将是一条贯通北冰洋、太平洋和印度洋的陆海黄金带。由于这一区域石油、可燃冰等能源储量极为丰富，加上人口规模十分庞大，因而集中体现了全球的资源潜力和未来发展活力。以南海及东南亚为主要组成部分的泛南海地区作为这一区域的枢纽，显而易见要成为全球地缘政治博弈的焦点区域。由于南海四通八达的航道价值，对中国而言，其实只要走出南海，就将意味着直接走向了世界。而南海周边的东南亚地区由于与中国人文相近，地缘相通，历史上与中华文明有着根深蒂固的纽带关系，既有可能成为中华文明世界化的突破口，也有望承接“中国体系”的输入。因为这里有世界上尚可进一步进行产业转移的区域中最密集的人口，也有新加坡和香港两个一南一北分布于南海航运要道的离岸金融中心，由此决定了这里必将是中国走向世界的跳板。以人民币国际化及其经济扩散效益为例，继香港之后，新加坡有望成为第二个人民币离岸交易中心。依托南海周边两个亚洲重要的金融中心的地位和影响力，人民币的国际化进程将有望进一步加速。随着中国工业化进程的继续推进，中国与东盟经贸关系的进一步加深，中国体系势必会向南海周边国家和整个东南亚扩展。而与此相伴的，必然是人民币在东南亚地区开展的跨境贸易结算，这相当于由中国在这一地区所主导的产业体系和货币体系的区域整合，人民币投资所带来的庞大商机，不仅将再一次提升南海区域经济的影响力，而且也将极大地提升中国的影响力和外围辐射能力。这一切不仅与美国继续谋求主导东亚地区事务的战略目标相冲突，也与美国“再工业化”所要选择的核心产业转移区域形成直接对撞。照此发展下去，影响的不仅仅是美国在东南亚的地区利益，而且可能撼动美国以及美元的霸权地位。

因此，为了避免中国崛起对美国利益所带来的直接和间接的巨大冲击，美国必须在布热津斯基所强调的“三条战线”的东线上全面集结，拉拢盟友和周边国家“拼凑”所谓的统一阵线，通过挑拨离间、插楔子、使绊子等多种手段给中国制造麻烦，干扰中国的发展步伐，延缓中国崛起的进程①。从这个层面上说，中美南海之争的本质就是

① 美国新军事战略瞄准中国［N］．联合早报，2012-1-6.

区域主导权之争，通俗来说，就是中国要在东南亚崛起，美国不愿意“腾地方”。

从历史的视野来看，大凡一个国家要崛起，多随着国力上升而提出自己的利益诉求，要求改变原有的体系和不合理的国际秩序，这难免就会引发矛盾和分歧，自然要受到原有大国的遏制。双方由此矛盾加剧，导致冲突的爆发，其结果不是崛起中的大国被遏制，就是原有大国被代替。其间不可避免引发新旧大国间的激烈对抗，甚至有可能导致战争并付出惨痛的代价，德国、日本可谓是前车之鉴。中国的崛起过程也面临着类似的选择，所不同的是，中国能够幸运地选择一条全新的道路，因此很大程度上有望避免重蹈历史覆辙的风险。从理论上来说，以经济为导向的现代国际体系，能够避免以安全为基础的旧有体系中的零和效应问题，由此带来了互利共赢的局面，降低了对抗的可能性和烈度。中国崛起的立足点主要体现在经济层面，通过贸易方式融入了西方国家主导的世界经济体系，谋求与全球国家的合作以及互利共赢，这正是中国成功的秘诀之一。30 多年前，改革开放的总设计师邓小平在谋划中国发展蓝图时郑重指出，中国一要坚持以经济发展为中心不动摇、坚持改革开放不变；二要在国际事务中坚持韬光养晦，不当头。过去几十年中国正是因为坚持了这两大原则，使得中国融入了全球经济体系，经济上飞速发展，一跃成为全球第二大经济体，同时更为中国赢得了相对和平的国际环境氛围。这一切无不体现了邓小平同志当年的高瞻远瞩和务实精神，而中国在新时代践行的和平发展战略也正是对这一思想的继承和弘扬。必须承认的是，美国目前是世界上最发达的国家，是现有世界体系的主导者，同时也是中国和平崛起能否成功的外部决定性因素。中国崛起实际上是融入现有以美国为主导的国际经济体系的结果，是这个体系的搭车者。随着中国的崛起，中美关系已从两国关系成为全球关系，不仅对两国至关重要，而且双方关系将影响全球格局，特别是决定中国与周边国家的关系。如何避免与美国正面对抗，如何以最小的代价确保和平崛起，这是中国面临的至关重要的战略选题。

在南海问题上，中国社会和民众过去一段时间显得很焦虑，这其实是一种很正常的反应。这种过程可能还会持续很长一段时间。一些我们无法控制的进程，带给了我们持续的威胁感，甚至是很强烈的“被包围感”。但回过头来看，只要我们真正掌握了自己的前进方向和节奏，事实上就已经处在了历史进程的上风。我们看起来无法控制别人不做挑衅，但我们完全可以不断地增加让这个挑衅付出代价的能力。毫无疑问，因为美国的插手，越菲等国的挑衅，南海今后还会出这样或那样的问题。我们需要管控它，同时不能被它牵制。只要我们能坚持，善作为，形势并非不能从被动向主动的方向转变。这句话只要针对亚太地区更大的挑战是有效的，那么，它针对南海问题就一定更加有效。

第四节　南海是加勒比海吗？

对于中国外交政策的解读，目前出现了两种对立的倾向。国际上的流行看法是伴随着国力的上升，中国外交政策正趋于强硬，越来越敢于说“不”，2012 年中国在联合国就叙利亚问题投反对票就是一个新的例证；而国内老百姓则普遍觉得，中国外交缺乏底气，甚至某些时候还比较软弱，希望中国外交保持强硬姿态的呼声不绝于耳。尤其是就南海争议问题而言，这两种倾向表现得淋漓尽致。一方面，西方舆论一边倒地指责中国“恃强凌弱、以大欺小”，呼吁美国介入南海地区事务以平衡中国的影响力；另一方面，国内民众则认为中国是南海问题的受害者，中国政府在南海问题上不能过于克制，要有“亮剑”的气魄和准备。对于同样的一个问题，国内外的认识却如此迥然不同，确实值得深思。诚然，这其中既有中国的南海战略和政策相对模糊的问题，也有国内外对中国立场作为进行不同解读的问题，但最重要的是，恐怕还是源自于对中国崛起的疑虑和战略互信的缺失。这使得西方社会自以为是地将自己置于一个正统的地位，站在一个所谓的道德制高点来主持“公道”，本质上无非是难以容忍一个后发的大国去做自己应该做的合乎权益的事情。在过去几十年来唱衰中国而屡屡落空，反倒是中国日益强大的现实背景下，西方舆论对中国的崛起越来越没有“雅量”，这表现在中国尽管强调“和平崛起”，但外界依旧疑虑重重，不善于也不乐于“倾听”。中国在南海问题上哪怕是捍卫主权的正当行动，西方媒体也会大造舆论，诬称是以大欺小。对于中国维护南海和平稳定大局的行动和意愿，则曲意解读为中国故意采取拖延策略，以图国际局势有利于中国时绝地反击，从而一劳永逸地解决所有问题。因此，中国在南海问题上无论表现得是强硬还是克制，都被看作是中国在实施扩张或者谋求扩张的“罪状”，以此从战略上强化对中国的牵制和束缚。归根结底，还是对中国的崛起抱有偏见，不希望看到一个强盛的中华民族立足于世界民族之林。

西方地缘政治学家曾把南海比喻成“中国的加勒比海”，抑或是“亚洲的地中海”，以此来强调南海对中国乃至整个亚洲的重要性[①]。南海由于拥有通往印度洋和马六甲海峡的重要海上航道，加上马来半岛和苏门答腊群岛合为一体，形成一个巨大的地峡，与位于美洲中部的加勒比海有着惊人的相似之处。就像当年英国对苏伊士运河的控制要以地中海为基地一样，海权之父马汉也曾多次重申，为发挥政治和商业潜力考虑起见，美国必须控制加勒比海，因为它是获取对巴拿马运河控制力的天然来源。对比南海的地缘价值，在于控制了南海，马六甲等一系列海峡通道必然要落入拥有南海主导权的国家掌控范围。而且，纵观历史，如今南海之于中国与昔日加勒比海之于美国，两者间类比度颇高，比如：两个地区都存在一个明显的大国和若干小国；此大国将强而未强，尚未建立起支配优势；都存在区域外势力的干涉，对大国的行动构成制约和掣肘作用；部分弱势小国与地区大国之间存在利益冲突，并意图引入外部势力制衡后者。很明显的事实是，

---

① 尼古拉斯·克曼．从美国视角看为什么中国需要南海．美国有线电视新闻网．2011－7－21.

中国和南海周边国家存在不同程度的海上争议问题，这些国家在中国尚未主导地区局势之前，推动南海问题国际化，谋求引入域外大国来制衡中国，这与100多年前美国在加勒比海所面临的状况如出一辙。正因为在小国林立的加勒比海地区建立了主导地位，美国由此开启了国家崛起的先声。需要指出的是，当年美国取得在北美大陆的支配地位之后，无论是在事实上还是意愿上，美国都无法在加勒比海发挥和其在该地区的利益规模相匹配的影响力。很长一段时期内，美国都不得不承认欧洲海上强权在加勒比海的存在和要求，英美之间的地缘博弈呈现此消彼长的态势。直至后来在修建巴拿马运河的过程中，哥伦比亚试图引入英法势力来制衡美国，最终遭到美国的强烈抵制并惨遭肢解。美国这时才逐渐占据了地区主导优势，并显示出了独霸加勒比海的雄心。一个世纪过去了，国际格局变迁已然今非昔比。外部势力的角色界定早已轮转，昔日的被制衡者——美国，如今变成了制衡者的角色，以至于美国能够更深刻地认识到南海对于中国崛起的意义，也使得海权论这一美国立国与强国之本的理论在实践层面上与时俱进、历久弥新。诚然，中国在南海地区的现状在许多方面很像从19世纪到20世纪初美国在加勒比海所面临的情况，当年美国认可欧洲列强在加勒比的存在以及它们对势力范围的要求，但最终还是夺得这片海域的主导权。至于说从美国寻求控制加勒比海，就轻易得出中国目前在南海也在寻求同样的支配地位，意欲将南海变成“中国湖”，这种逻辑推断貌似自然而然，但实际上只是想当然的看法。从诸多方面可以看出中国并不打算沿袭美国的崛起之路。

首先，中美两国的主导战略明显不同。美国当年在加勒比海积极进取是基于“门罗主义”的政策牵引，力图消除欧洲势力在该地区的存在，由此彰显“美洲是美洲人的美洲”这一理念。而中国如今更强调和平发展，尽量避免与周边邻国及区域外大国交恶。中国也没有提出“南海是南海周边国家的南海”类似的口号，所谓的中国在南海践行“门罗主义”的帽子，是西方舆论加在中国头上的，并不符合中国真实的意图。中国并不谋求对南海及其更广阔海域的全部控制权，只是争取历史赋予其的固有的南海权益，这与美国当年在加勒比海实施扩张有着本质的区别。中国之所以反对域外大国介入南海问题，有排斥外部势力染指的考量，但更重要的是着眼于争议问题的有效化解和妥善解决，因为域外大国导致多方利益的牵绊，只会使争议问题论而不休、悬而不决，类似这种不成功的干涉案例在国际事务中不胜枚举。

其次，中美两国所面临的内外部环境也今非昔比。马汉时代的美国不仅拥有幸运的地理位置，而且在外围环境方面也很幸运。那时的美国远离大国威胁，它可以或多或少地不对大西洋或太平洋海岸线进行防卫，集中力量应对一片独立的水域。总体而言，尽管美国海军仍落后于欧洲海军，但美国海军在美洲海域获得了对欧洲的主场优势。而且，美国当年在加勒比海进取之时，最有利的情况就是英国作为最大的海权强国，其作用于大西洋西岸的实力其实十分有限。英国在北海要面对日益强大的德意志海军，在地中海要提防蠢蠢欲动的意大利等国。因此，英国皇家海军悄悄地从西半球撤退，以保卫不列颠群岛，应对日益壮大的欧洲海上强权构成的威胁，这对英国来说都是攸关安全的核心利益。而分兵大西洋西岸牵制日益崛起的美国，对于英国来说，逐渐显得力不从心。对比美国的实力基础，加勒比海对于英国，已不存在不可或缺的绝对利益可言，英国因此也不再谋求在北美基地长期保留海军力量，进而给美国海军的纵横驰骋腾出了空间。中国目前则没有这么幸运。美国当年的有利条件恰恰就是中国今天的不利条件。中国不能指望其他国家强大的舰队分散美国海军的注意力。美国战略重心的东移，既意味着大西洋和印度洋两线不会形成对美国超级大国地位强有力的挑战，同时也意味着美国可以在更大范围内调集另外两线的力量配置于太平洋一线。北大西洋方面的美国海军越来越多地被调往西太平洋，看起来就是一个佐证。2012 年年初美国公布的新军事战略更是明确宣布，美国要在西太平洋无限期地驻扎“确实有效的作战力量”，旨在巩固美国已有的联盟关系，同时有效地防范中国，至此，以威慑中国为本质的所谓美国新军事战略已经图穷匕见。

另外，中国周边地区大国林立，日本“南顾”和印度“东向”，使得南海地区成为“众矢之的”，维护南海区域的和平稳定显得更为重要，中国有必要继续发挥在该地区的影响力。从历史上看，1898 年美西战争和 1914 年巴拿马运河的开凿，奠定了美国成为世界强国的基础。美国在取得对加勒比海地区的支配权后，就等同于控制了整个大西洋西线，甚至会影响到欧洲的势力均衡，进取的意图十分明显。而中国目前仅仅是要求收复固有的海疆领土，并没有扩张的意图。退一步讲，即使中国完全收复了南海岛礁主权，就一定意味着中国要控制整个南海吗？答案显然是否定的。如果中国为了控制南海而把海军力量完全集中南海，那么有可能会打破在黄海和东海的战略布局平衡。尤其是隔海相望的日本，其拥有世界级的舰队以及横跨中国海上交通线的战略位置，而台湾海峡的僵局也需要密切关注，这在无形中会牵制和消耗中国的战略资源，使得中国从全局层面看待南海在国家发展中的地位。最后，问题的关键在于，中国的崛起之路没有现成的实例可循。纵观五百年来的世界舞台风云变幻，没有哪个大国的崛起过程是以和平的方式实现的。而国际时局的变迁，又不允许中国按照非和平的路子走下去。面对南海的复杂争端，中国表达了合理的关切，采取了局部海域的维权行动。对一个区域大国而言，这是再正常不过的做法，也得到了国内民众的认同与支持。但是，这种维权行动在国际上却被解读为中国在南海咄咄逼人、实行扩张的“罪证”，并且归罪于中国民族主义和大国沙文主义膨胀的结果。由此可见，西方舆论时不时地把南海与加勒比海画上等号，需要渲染并放大的，就是所谓的中国谋求扩张的行动和意图，而这恰恰能激发美国维护全球霸权的意志和雄心。中国未来发展进程中所面临的国内外环境错综复杂、前所未有。中国既是目前世界上唯一一个既没有解决统一问题，也没有解决分裂问题的大国，也是与周边国家面临岛礁主权和海洋管辖权争端最激烈的国家。这些问题中的任何一个都复杂难解，不能指望在短期内妥善加以解决，如果处理不善，就有可能成为中国崛起进程中的绊脚石。尤其值得一提的是，日益凸显的南海问题给中国提出了一个重要问题，那就是中国的邻国能在多大程度上默许中国实力的不断提升，并且乐见中国在地区事务上发挥领导性作用呢？事实上，南海问题不是个案，放眼近年来中国与周边国家存在的领土主权和海洋权益争端，不仅是历史遗留问题的呈现，更是中国崛起过程中自然而然带来的问题。纵观世界历史上所有的大国，在其成长的过程中都会遭遇类似内交外困的难题，这本身无须用过去悲情的眼光来看待。在学会更妥善和更准确地处理此类危机的过程中，逐步适应新的力量现实，并构建运用力量的正当准则，这才是成熟的表现。大国成长总是烦恼的，但这也正是大国崛起的必修课。没有大国是天生的，而没有困难的挑战，则不会有真正坚实的大国权力。

中国在经历了几十年的改革开放之后，处在这样一种有些错位的格局中。经济上，中国比较成功地发展了市场经济，与西方市场经济国家形成了密不可分的合作关系，深入地参与并改变了经济全球化的进程；在政治上，中国基本上处在与西方发达国家相对的另外一个阵营，这不同于冷战时期的东西方对垒，但中国在政治和意识形态上仍然与西方有着显著的差异。毋庸置疑，历史、文化、价值观上的民族差异是永远存在的，也不可能完全统一，但在现代社会，基于人类共同价值观的合作已成为大趋势，并且会越来越多。中国的未来会走向何方？中国崛起后将怎么样？这既是我们应该扪心自问的问题，也是外界对我们怀有深深疑虑的地方。但可以肯定的是，中国在未来的国际舞台上最不需要也不应该以“苏联替代者”的形象出现，更不应以“秩序破坏者”和“西方终结者”的形象出现，这些关乎大方向的问题，都会影响到中国在南海问题上的战略选择。南海问题只是一个缩影，从一个侧面折射出中国崛起的困境。正因为南海问题波诡云谲，也预示着相对于历史上的其他大国，中国崛起的进程可能将更复杂，也更曲折。

第五节 南海问题的未来走向

在美国全球战略重心东移，有关战略规划开始进入实际操作阶段的大背景下，区域内外力量交叉借重应对所谓“中国因素”，借南海问题对中国进行战略防范、牵制与平衡，由此导致了南海地缘政治竞争加剧，进一步推动了南海问题的升温。未来南海问题将呈现多边化、国际化、复杂化、长期化的趋向。多边化的主要特征就是东盟化、区域化。中国主张南海争议以一对一的方式由当事国和平谈判解决。但是东盟却成了东南亚有关南海争议当事国上演“外交合纵”的平台，使得南海问题扩展到整个南海区域。1992 年 7 月，针对中国当年通过的领海法和与美国克里斯通公司签订万安滩的石油合同，东盟外长在马尼拉召开会议，通过《关于南中国海问题的宣言》，这是东盟首次在南海问题上进行合作。在 1995 年越南加入东盟后，中国更面临东盟扩大和集体“抱团”对华的局面。越南与菲律宾一道，成为在南海问题上挑战中国的急先锋。目前在南海问题上，中国既面对着“单兵作战”的诸小邻国，又面对着“集体作战”的东盟组织。中国需全面谋划，做好应对，努力化解东盟的集体外交攻势。国际化存在两方面的因素，一方面是以美、日、印为代表的域外大国谋求直接插手南海问题，美国更是以“离岸平衡者”自居；另一方面是域内某些争端国和非争端国希望引入域外大国，进行所谓的大国平衡，从而使得中国投鼠忌器，难以按照自身的意图和主张解决南海问题。这说到底还是东盟某些成员国对中国缺乏必要的政治安全信任，它们对中国倡导的和平崛起心存戒意，担心中国的“扩张”打乱东南亚原有的安全平衡。美国是南海问题国际化最大的域外推手。美国介入南海问题不是短期政策作为，而是受其亚太战略的支配。南海问题成为继台海问题之后，美国遏制中国的又一个抓手。这说到底还是美国防范和排挤中国渐进式地扩增地区影响力，谋求在东南亚地区事务中的主导权。过去几十年在全球化浪潮的推动下，借助西方社会建立的贸易规则和体系，中国实现了经济社会的快速发展。这主要是中国正确决策和作为的结果，但一定程度上也有“搭便车”之利。问题是，美国不愿意再让中国这样“搭便车”，因为中国的块头已经越来越大了，越来越显眼，西方媒体渲染中国已经锋芒毕露。尽管美国在中美角力过程中一直采取攻势策略，看起来也总是处于上风，但美国也发现了一些问题，那就是中国越来越不好“对付”。以美国媒体为代表的西方传媒唱衰中国几十年，“中国崩溃论”都听得令人耳朵快起茧了，但中国却越来越强，不断与美国缩小差距。美国人开始自我怀疑，甚至开始焦虑就比较有迹可循了。因此，进一步下大力气围堵中国，拿出真正管用的“招数”遏制中国，就成为战略布局的重头戏之一。简单来说，美国对付中国通常有几种招数。第一种是直截了当式的，就是不断罗列各种由头如贸易不平衡问题、知识产权问题、军事透明问题等打压中国，如进行反倾销之类的贸易制裁、限制武器和高科技产品对华出口、军事上抵近侦查和封堵等，这类都是长期的动作，中国是否反击，不影响大局，中国也已平淡对之了；第二种是阴谋诡计论式的，就是试图通过在中国内部培植势力、宣传各种自由主义理论、借助中国人权问题及民主问题等打压中国，意图通过和平演变的方式达到不战而胜的目的，或者通过压制人民币升值等方式谋求从经济上搞垮中国。这种策略一开始有点成效，但用得多了自然就被识穿了，逐渐不奏效了；第三种是挑拨离间式的，就是通过挑拨台海关系、藏独、疆独、钓鱼岛争端、南海争端等问题搞乱中国边海地区，消耗中国战略资源，让中国疲于应付周边事务。这已成为美国施展所谓的“巧实力”的具体实践。南海问题就是美国所借力的这样一个抓手。2012 年年初，美国五角大楼推出了一项新军事战略，体现了“强化亚太、维护北约、警惕中东”的三条战线侧重分明的战略导向。美军加强在菲律宾、澳大利亚以及新加坡的前沿军事部署，旨在提升美国在南海地区、巽他海峡和马六甲海峡的军事影响力，从而构成对以中国为首要防范目标的东亚新兴大国的战略威慑力。日本介入南海问题图谋已久，其政策总体上与美国的亚太战略相呼应。日本自卫队成立之初，其防卫区域是以本土为中心200海里范围以内及宗谷、津轻和对马海峡。20世纪80年代，美国逐步收缩全球战略，要求日本承担更多的防务任务。日本1983年的《防卫白皮书》首次明文表述："日本周围数百海里、海上航线1000海里左右的海域为日本防御的地理范围。"1997年9月，日本和美国修订了"日美防卫合作指针"，提出了"周边事态"概念，首次将南海地区纳入美日安保范围，日本"南下战略"进入实质化的阶段。1999年4月，日本通过《周边事态法》，明确将包括南海在内的亚洲大部分地区划入"周边事态"范围。2009年7月，日本宣布将驻军"与那国岛"，由此将日本自卫队的部署向靠近中国的方向推进了500公里，达到台湾和钓鱼岛附近海域。2010年6月，日本单方面将防空识别区从东经124度向西扩移到123度，大大压缩了台湾和我东南沿海的防空识别区。2010年和2011年日本防卫省发布的《中国安全战略报告》渲染中国威胁，为日本强化海洋战略造势。2012年年初，日美谋求再次修改"防卫合作指针"，剑指中国的意图十分明显。日本通过经济援助、打击海盗、油气开发等多种方式介入南海，以非传统安全名义强化与东盟合作，进行实质性的军事渗透。印度在20世纪90年代制定了"东向政策"，不甘于做印度洋地区一个有声有色的大国，谋求向东看，拓展在南海及西太平洋地区的战略利益。印度通过与东盟非传统安全合作，将军事触角深入到南海。印度声称，印度洋固然不是印度的洋，但南中国海也并非中国的海，借此为印度介入南海地区事务编织借口。除了上述几个国家外，俄罗斯、英国、澳大利亚、加拿大、韩国等国在南海地区均不同程度上有着经济存在和商业利益，南海作为国际重要的海上航道的特殊地位，都使得域外国家对南海问题日益关注，南海问题国际化的趋势短期内难以得到根本扭转。关于南海问题的解决方式，无非是和平谈判、国际仲裁和诉诸武力几种。从国际局势发展来看，和平解决争端问题是大势所趋。中国通过军事手段解决南海问题的机遇期在20世纪70年代已经错失，目前采取武力措施解决南海争端所受到各方面的掣肘也不小。现在这个时代不是完全靠武力就能解决问题的，并且这与中国政府的和平外交政策并不合拍。如果不是到了万不得已的时候，一般不会考虑动武，毕竟矛盾还没有激化到国家间关系不可调和的地步。最有可能的途径就是两国双边外交谈判妥善解决。在可预见的未来，鉴于有关争端当事国在南海问题上做出实质性让步的可能性很小，由此也注定了谈判进程的艰巨性和长期性。南海争端将很可能长期存在，指望在短时间一劳永逸地解决争端其难度是极大的，也是不现实的。最终解决南海问题还是要靠谈判，要靠硬实力和软实力说话。

第六章 南海问题的宏观思考

【提要】 南海争议演变发展至今，已经成为涵盖政治、经济、军事以及外交等多层面的综合较量，必须要用战略思维来宏观统筹这个问题，既不能乐观到短期内完全予以解决，也不能悲观到除了战争就别无他法，要在斗争与合作两个矛盾选项中寻求战略平衡。如何让南海问题成为中国和平发展进程中的垫脚石，而不是绊脚石，这是看待南海问题所应有的大视野、大抱负。

第一节 南海问题：远虑与近忧

南海是中国国家安全的天然屏障，是21世纪中国能源的接替区，是中国海上战略通道。南海问题复杂敏感，关系中国主权、安全和发展利益。目前，越南、菲律宾等周边国家在南海持续进取，美、日、印等域外势力介入态势明显，南海问题地区化、东盟化、国际化进一步发展。中国必须继续坚持维权与维稳相统一的方针，继续高举和平合作的旗帜，立足于国内外两个大局运筹和谋划。俗话说，人无远虑，必有近忧。在南海上，目前也存在这样的问题。

一、中国在南海问题上的近忧

南海是半闭海，周边国家众多，而中国处在并不十分有利的位置。用长条桌效应来描述南海周边国家的地缘态势最为恰当。所谓长条桌效应是指：处于长条桌顶端位置的人，总是对桌子的另一部分鞭长莫及。而处于长条桌中央位置的人，可以很方便地触及长条桌的两端。南海就是这样的形似长条桌的狭长海域，中国处于长条桌顶端最北面的位置，而越南、菲律宾则处于长条桌的中央位置。正是这样的

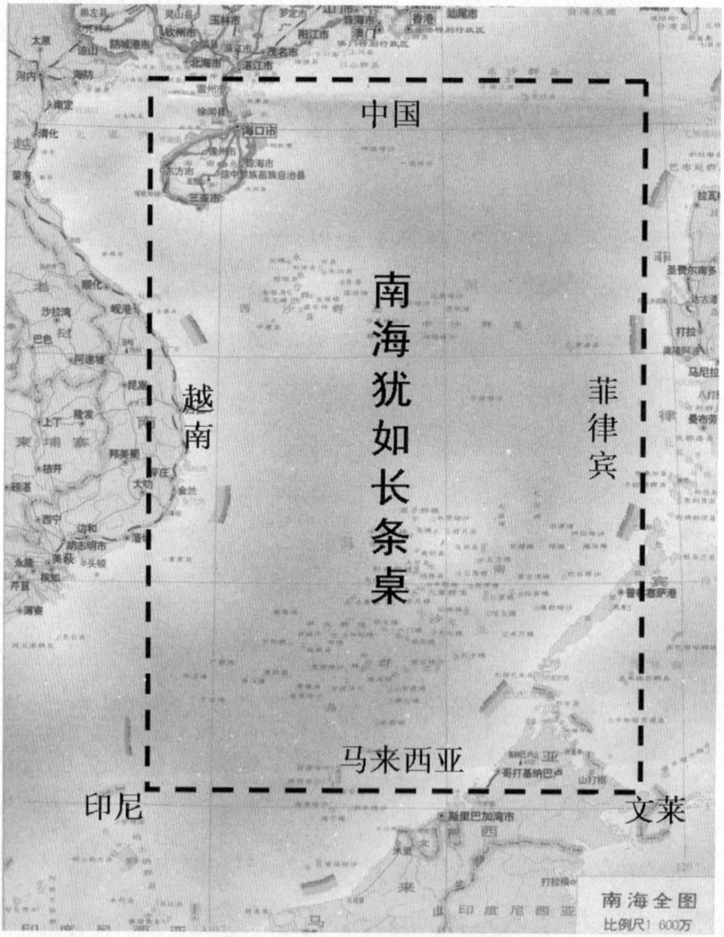

图6-1　南海的“长条桌”效应示意图

地理方位的分布，使得中国对南海中南部海域的维权行动的困难程度和成本相对更大，中国必须在南沙群岛前沿部署足够的力量，才能有效彰显存在，进而维护远海区域的海洋权益。

南海周边国家无论是民间还是军方涉足这一海域则相对便捷，越南和菲律宾等国渔民使用破旧的船只也能很轻易地抵达整个南海的大部分区域。基于这种天然的优劣势对比，中国在南海如若想有作为，则必须具备明确的战略目标和强有力的海上维权执法力量，只有这样，才能克服长条桌效应所带来的地理短板。但现实情况却并不尽如人意。中国在应对南海问题上存在不少问题，主要表现在几个方面。

首先是南海战略问题。2007 年美国出台的《面向 21 世纪海上合作战略》认为，在世界上所有国家中，美国和中国是海洋利益最大的国家。中国作为拥有 18000 公里大陆海岸线和 300 万平方公里主张管辖海域的海洋大国，拥有广泛的海洋利益，但同时应看到，中国仍然面临严峻的海上形势，维护海洋权益和海上稳定的战略任务依然艰巨。美国詹姆斯顿基金会在一份报告中明文指出：“中国有海军战略但无海洋战略[①]。这使得北京在其周边海域行为显得飘忽不定、反复无常，在一定程度上可能是因为中国缺少一项统合各种国力手段的海洋战略。”事实上，我们既无海洋战略，也无南海战略。而反观世界各沿海发达国家，大多数国家均有清晰的海洋战略。尤其是 21 世纪以来，制定和实施海洋战略已经成为世界性潮流，众多海洋国家大幅扩张海洋战略利益，谋求在 21 世纪这个海洋世纪积极作为。南海周边国家如越南、菲律宾、马来西亚和印尼等，近年来纷纷出台海洋政策或海洋战略，在南海进取态势明显。平心而论，尽管中国在海洋立法、海洋执法和行政管理等方面取得了相当大的进步，但不可否认的是，还存在着政出多门、职能交叉、权责不清等问题。这在宏观层面上反映出中国由于海洋战略缺失，一直面临着海洋领域的诸多问题和挑战，尤其是在与周边国家发生海上突发事件时，有时处于被动状

---

① 詹姆斯顿基金会．中国缺乏海洋战略［N］．中国简报，2011－4.

态。因此，总体上来说，我们处于一种战略模糊、战略妥协、战略克制的状态。由于宏观战略的缺失，往往也带来战术选项不到位的问题。相比美国、日本、越南、马来西亚等域外域内有明晰的海洋战略的国家而言，出台我国的海洋战略、南海战略乃是当务之急。当然，海洋战略不仅是宏观层面上的战略指导纲领，还应在工作层面上配套细分领域的战略和具有可操作性的细则。比如，海洋军事战略、海洋经济开发战略、海洋权益维护战略、海洋生态环境战略、海洋法律体系战略、海洋航运与交通战略等。党和国家领导人不断强调“一定要从战略的高度认识海洋”，“要大力发展海洋经济，科学开发海洋资源，培育海洋优势产业”。国家“十二五”规划提出“坚持陆海统筹，制定和实施海洋发展战略，提高海洋开发、控制、综合管理能力”。因此，制定并实施包括政治、经济、军事、外交等内容的海洋战略，制定各种应对预案，已经是一项重中之重的工作。短期内，即使由于客观因素无法出台南海总体战略，也可制定出台南海问题内部工作指导方针，以便集中力量，调动整合多方资源，全力应对南海方向的挑战①。

其次是海上执法力量整合的问题。中国涉海职能部门众多，号称“五龙闹海”，也有称“九龙闹海”。不管是五龙闹海还是九龙闹海，我们目前都面临海上执法力量的协调和统一问题。中国是一个海洋大国，主张管辖海域面积达300多万平方公里。长期以来，由于中国缺乏一支强有力的海上综合执法队伍，使得中国在海洋维权执法方面存在多头管理、力量分散、效率低下等诸多弊端，越来越难以满足现实需要和形势发展的需求。当前南海维权形势十分严峻，南海有关周边国家进一步加大了对海洋资源的声索和开发力度，对中国南海权益造成了严重侵犯。反观我国海洋维权作为，由于力量分散，导致形成不了一个有力的拳头，使得中国在海洋管辖方面处于“三面漏风”的境

---

① 李金明．南海问题的最新动态与发展趋势［J］．东南亚研究，2010，1.

地[①]。

为了改变这种不利的局面，过去十多年来，国内不少专家、学者也呼吁借鉴国外的模式，组建成立中国海岸警卫队。目前，海岸警卫队是当今世界上许多国家设立的负责本国海岸线上的警戒、巡逻、执法等综合任务的职能机构。尽管在不同的国家，海岸警卫队所担当的角色和承担的任务有一定的差别，但一般而言，主要职能包括：海上执法和维权、海上治安管理、海上交通安全管理、海难救助、海洋环境保护和海上防灾等工作。其职能类同于中国海军、公安边防武警、海监、海事、渔政以及海关等部门的部分业务，相当于一支准军事化的综合执法力量。

当今世界上，美国、加拿大、英国、德国、法国、日本、印度及菲律宾等100多个国家拥有海岸警卫队，俄罗斯近年也效法组建了海岸警卫队。目前，联合国安理会五个常任理事国中，除了中国外，均拥有本国的海岸警卫队。美国是最早组建海岸警卫队的国家，是美国海上唯一的综合执法机构。美国海岸警卫队由美政府财政部开支和管理，不属于美国海军，是一支海上执法维权的准军事力量。作为海岸警卫队的鼻祖，美国海岸警卫队拥有大量的各类舰船。其中现役大中型舰约200余艘，现役小型舰艇约1400余艘，另外还拥有200余架各类固定翼飞机和直升机。美国通过海岸警卫队出面处理涉及美国海洋权益的事件，减少了军事力量介入的意味，又给外交斡旋留下余地，可谓一举两得，既能集中本国所有的力量高效、统一地维护海洋权益，又能避免由海军参与执法而有可能带来的尴尬局面，引发了很多海洋国家的模仿和效法，成为许多国家海上执法队伍建设的典范。中国台湾地区的“海巡署”也属于一支集军事和执法于一身的海上力量。它是“行政院”下属的执法机构，但在战时可能会作为武装力量的一个组成部分。“海巡署”分为“海岸巡防总局”和“海洋巡防总局”两大部分，“海洋巡防总局”官员是执法人员，但“海岸巡防总

① 何忠龙等．中国海岸警卫队组建的可行性分析［J］．海洋开发与管理，2007，3.

局”官员是具有有限执法权力的军人。目前，中国南沙太平岛就由台湾“海巡署”驻防。

日本海岸警卫队叫海上保安厅，隶属于日本国土交通省。其主要职能是海上治安管理、海上交通安全管理、海难救助、海洋环境保护和海上防灾。其拥有各类巡视船艇 50 多种，共计 700 余艘，另外还拥有各类型固定翼飞机 35 架，各类直升机 46 架，装备性能十分先进。日本海上保安厅组织分工严密，装备规模和质量水平优良，远远优于中国海监、海事、海警、渔政等海上执法力量的装备水平，甚至不亚于越南、菲律宾等国的正规海军的实力水平。尤其是海上保安厅隶属于国家行政执法管理部门，这样即使在执法中出现过度使用武力的情况，也不至于引发武装冲突和战争，与海上自卫队相比有一个战略缓冲的余地。除了美国、日本等发达国家较早地组建了海岸警卫队以外，中国周边一些发展中国家如菲律宾、印尼也纷纷组建了本国的海岸警卫队，并且在海上执法、海上救灾等涉海事务方面冲在前列。菲律宾近年来为加强在南沙争议海域的海洋权益争夺，大力提升海岸警卫队的装备水平，从美国分别购置了多艘舰艇，谋求维持并继续扩大其非法利益所得。越南尽管没有设立海岸警卫队，但海上执法力量高度统一。在越南边界委员会的统筹管理之下，往往可以集中力量、灵活机动地采取行动。为应对日益复杂多变的海上形势，着眼于有效维护中国海洋权益、与国际上海洋执法管理体制相接轨等多方面考虑，统一中国海上执法力量、建设一支与形势要求相适应的海洋综合执法力量已经迫在眉睫。借鉴发达国家和周边国家组建、发展海岸警卫队的成功经验，组建中国海岸警卫队，既符合当前需要，也适应未来发展，具有现实和长远的意义。组建海岸警卫队将有望根除中国长期以来形成的“群龙闹海”的体制和机制弊端，有利于理顺海上执法关系，优化配置资源，有效形成合力；也有助于实现权责分明，提高海洋执法效益的目标，从而切实维护国家的海洋权益，体现对涉海执法部门、海上执法力量的有效统一和“精兵简政”的执政理念。而且，组建海岸警卫队体现了海上执法行为的民事特征，在处理涉外涉海问题时具有高度灵活性，能够有效规避外交危机。海洋执法是一种政府行为，属于民事范畴。中国海岸警卫队在有关争议海域维权执法，即使出现冲突，也能在国际社会显示中方对该海域无可争辩的管辖权，又能避免中国海军介入引发冲突升级的可能，在外交上能够保持应有的弹性空间。最后，组建海岸警卫队有利于开展对外交流合作。《联合国海洋法公约》颁布以来，建立海岸警卫队，整合海上执法力量成为了海上综合执法的主流趋势。全世界已有100多个海洋国家相继成立了海岸警卫队，许多没有设立海岸警卫队的国家也在积极筹备组建之中。以海岸警卫队的名义开展海洋管理、联合执法、搜救演习等活动，可以与国际通行惯例相接轨，便于与周边国家及世界各国进行深入的交流与合作①。

此外，还有基层行政建制的问题。目前南沙形势依然严峻，越南、菲律宾等国在所占岛礁上强化基层行政建制，向岛礁上不断移民，建设民用设施和经济开发设施，实际管辖和有效管辖的程度不断强化。越南、马来西亚纷纷在侵占的南沙岛礁上建立旅游设施，组织旅游活动，体现所谓的实际管辖。因此，从维护主权权益、体现行政管辖的层面来考虑，设立地方行政建制是实施有效管辖和宣示主权的重要方式。2012年6月，国务院批准设立地级三沙市。这既是对原有行政管理体制的调整和完善，也是经略南海的必然举措。此举有利于进一步加强我国对西沙群岛、中沙群岛、南沙群岛的岛礁及其海域的行政管理和开发建议，保护南海海洋环境。而且，设立三沙市也有助于推动海南由岛屿型经济向岛屿—海洋型经济的转变和跨越，具有特殊的战略意义和深远的影响。

最后，在保障海上战略航道方面，我们存在的问题也比较突出。对中国而言，经过30多年的改革开放，中国的经济总量已跃居第二位，综合国力大大提高，外向型经济发展尤为迅速。加入世界贸易组织10年，已经让中国成为世界进出口贸易大国，中国进出口贸易量

---

① 马道玖．美国海岸警卫队的优势［J］．中国海事，2006（2）．

的80%经由南海航道来承担。随着中国海外利益的扩展和经济对外依存度的增加，对外贸易与货物运输依赖海上运输的程度不断加深。若南海通道及马六甲海峡受到威胁，将严重影响经济发展。无论是海上通道、对外贸易、海外市场还是海洋产业，中国都必须有强有力的海上安全力量来维护和保障。随着北冰洋冰盖融化，西北航道逐步浮出水面，这将对全球航运格局带来颠覆性的改变。我们能否保障印度洋到南海，到西太平洋，再到北冰洋的战略大通道，这是一个重大的课题。就南海航道的日常安全来说，我们面临的威胁也不小，包括他国在中国专属经济区的军事活动、南海频繁的军事演习、域外大国借口航行自由问题加强存在以及谋求在沿岸国驻军等，这都对中国在南海方向形成了战略压力。

二、中国在南海问题上的远虑

如果说上述问题是中国目前在南海问题上面临的近忧，那么如何“去东盟化”和收复南沙40多座被占岛礁则可以说是远虑。随着时间的推移，东盟“抱团”对华的态势逐步加强，有关国家对南沙岛礁占据的年限越长，中国在南沙海域强化管控的难度将越大，特别是越南、菲律宾等国在侵占的南沙岛礁上加强民事建设，对最终中国收复南沙被占岛礁构成了严重障碍。

冷战结束后，东南亚各国的安全关系重新组合，东盟在南海问题上实施“抱团”对华的策略，南海问题也成为中国与东盟关系中不可回避的问题。特别是在1995年美济礁事件发生后，中国更是明显地感受到东盟抱团和扩大后的力量。越南于1995年加入东盟后，与菲律宾一道，成为在南海问题上挑战中国的急先锋，中国也由此陷入了与东盟多边辩论或讨论南海问题的局面。1999年4月在云南昆明召开的中国与东盟高官会上，东盟提出要与中国签订“南海行为准则”，希望中国给予“认真而迫切”的考虑。面对东盟一致对中国的形势和美国在南海问题上不断地渗透施压，中国开始与东盟进行磋商。2002

年 11 月，中国与东盟国家在柬埔寨签署《南海各方行为宣言》(DOC)。双方承诺依国际法和现代海洋法，包括 1982 年《联合国海洋法公约》，通过友好磋商和谈判，以和平方式解决领土和管辖权争议，不诉诸武力；自我克制，不采取使争议复杂化、扩大化的行动；建立信任措施和开展共同利益的合作；继续对“南海行为准则”的制定进行谈判等。2009 年以后，东盟成员国的一些举动耐人寻味：越、菲、马等国针对中国向联合国提出的标有南海九段线的地图一事试图联手行动，马来西亚媒体鼓吹建立“南沙集团”以及新加坡政要希望美国介入南海问题的言论，越南高调举办南海学术研讨会等。这些动态持续反映出东盟联手对华、使南海问题区域化和国际化的努力①。

从 20 世纪 90 年代初美国政府适当削减在东南亚的影响力以来，东盟国家明显感受到中国的快速崛起。他们面对这种国际格局的改变忧喜参半。喜的是中国经济的增长，使中国东盟经贸活动敞开，互补互利；忧的是中国作为地区唯一的大国，由于历史恩怨、海洋领土争端、社会制度和意识形态等的差异，使东盟对中国缺乏必要的政治安全信任，他们对中国践行的和平发展战略心存戒意，担心中国的“扩张”打乱东南亚原有的平衡。尤其是东盟中的几个主要国家，还声索或非法占据着中国南沙部分岛礁，他们对中国的壮大更感不安。这种认识催生了东盟在南海的合作安全和大国平衡的两大基本战略。东盟在加强彼此间政治和军事领域安全合作的基础上，在南海问题上联合一致，彼此借力，共同制衡和对抗中国，从而增加他们在南海争斗中的胜算把握，增加与中国谈判的筹码，否则就如同“蚂蚁对大象”。与此同时，东盟某些国家进行所谓大国平衡，引入美、日、澳、印度等域外势力，从而使中国投鼠忌器难以按照中国的设想解决南海问题。在南海问题上，中国既面对着“单兵作战”的诸小邻国，又面对着“集体作战”的东盟集团。2003 年 10 月东盟提出“东盟共同体”

① 台湾政治大学国际关系研究中心，中国南海研究院 .2010 南海地区形势评估报告，2011，8.

的目标，预期在2015年建成东盟共同体。2007年11月，东盟峰会签署《东盟宪章》，将原先松散的东盟组建成一个法律实体和效率机制。从东盟成立40多年的历史看，东盟努力克服各成员国间的差异和矛盾，积极推动一体化进程，集体认同感不断加强。在这一趋势下，基于东盟的连横战略，东盟各国在地区安全，包括在南海问题上的合作和认同也趋向加强，东盟正在形成一个对中国而言更加稳固而有力的集体。从长远角度来看，南海问题是中国与东盟关系的潜在隐患。中国既要发展与东盟的全面关系，又要维护南海权益，既要坚持南海主权争端的双边解决，又要应对东盟的多边努力和举措。面对南海问题东盟化趋势，如何“去东盟化”将是中国必须考量的问题。

另外，从当前国际法的发展来看，判定岛屿主权归属越来越倾向于实际控制和有效占领。比如，2008年5月23日，荷兰海牙国际法庭对备受关注的白礁主权归属问题作出裁决，结果新加坡赢得白礁岛主权①。国际法庭指出，虽然加入马来西亚的柔佛州，原本拥有白礁岛的主权，但在过去上百年以来，却没有行使其主权，这使得新加坡因长年“有效控制”该岛而处于有利地位，并因此而最终获得了白礁的主权。从这个角度来看，尽管中国声称拥有南沙群岛的主权，但很多岛礁由于没有能够有效占领和管辖，未来在国际法上并不一定就占有优势。而且，在当前南海军备竞赛加剧的态势下，菲律宾、越南对我国南沙驻守岛礁形成的威胁越来越大，这些岛礁最大不超过5000平方米，可谓弹丸之地，一枚炮弹飞过去有可能就化为焦土或沉没水下。因此，加强南海防控体系建设，建立更为完备的南海岛礁安全保障体系显得尤为重要。

① 王秀梅．白礁岛、中岩礁和南礁案的国际法解读［J］．东南亚研究，2009，1.

第二节　南海问题的解决模式

从国际上解决领土争端的法律机制来看，一般有几种模式，主要包括分割模式、共管模式、南极模式以及斯瓦尔巴德模式。在国际领土争端中，这几种模式均有具体的司法实践[①]。

一、国际上领土争端的解决机制

分割模式，通俗而言就是领土分治模式。一般指提出领土主权要求的国家对有争议的领土拥有主权，实行分治，并对该地区的资源开发活动实行管理和控制，享有从这些活动中所获取的经济利益。例如，位于印度尼西亚南部的帝汶岛曾为荷兰和葡萄牙所分割。根据两国 1859 年签订的条约，帝汶岛东部和西部的欧库西归属葡萄牙（现归属东帝汶国），西部并入荷属殖民地（现归属印尼西帝汶）。分割模式的好处在于有关领土主权和管辖权的问题可以得到完全的解决，但问题的关键是如何公平进行分割，以便确定各领土声索国应得的份额。否则，分割不公将可能导致连绵不绝的冲突和争端。

共管模式指两个或两个以上的国家对某一领土共同行使主权。在国际法实践中有不少共管的案例，如奥地利和普鲁士在 1864 年至 1855 年对苏丹实施共管；英国和法国在 1914 年至 1980 年对新赫布里底群岛（现属南太平洋岛国瓦努阿图）实施共管；英国和美国从 1939 年起至今对坎顿岛和恩德伯里岛实行共管等。共管模式对于相邻国之间解决领土争端最为适用，如比利时与德国协议共管两国边界上的莫勒内地区。共管模式也适用于对一些地位未定的领土所采取的一种临时措施，在争端解决之前，各有关国家都不得对这些领土行使单独主

① 辛柏春．论国际法上的解决争端机制［J］．求是学刊，2002（3）．

权，而需要同意在他们的联合主权下进行共同管理。共管模式的显著缺陷在于，国家关系的亲疏会影响到实施共同管理的效果，历史上英国和法国之间因政治分歧严重而一度影响到了对新赫布里底群岛的共管。两国间关系越密切，则实施共管的有效性就越高。

南极模式也即领土冻结模式。南极洲是全球第五大洲，具有重要的战略地位和资源价值。20 世纪初以来，英国、法国、挪威、澳大利亚、阿根廷和智利等七个国家分别对南极提出了领土主权要求。其中英国、阿根廷和智利三国的领土要求因互相重叠而产生争端。而美国作为超级大国则不承认上述几国的领土要求，但同时保留了提出领土要求的权利。为化解南极争端，《南极条约》在 1959 年应运而生。条约规定了南极应永远专用于和平目的，不应成为国际纷争的场所与目标，条约也冻结了对南极任何形式的领土要求，并实行国际监督以确保条约的实施。南极模式以实用和现实的方式协调了各当事国的利益，从而有效地控制了由领土主权问题可能产生的冲突。但南极模式只是冻结了领土要求，并没有从根本上解决南极的领土主权问题[①]。一旦《南极条约》失效，围绕领土主权问题的利益冲突有就可能如影随形。因此，它实质上还是一种权宜之计，尽管这种权宜之计 50 年来被实践证明是行之有效的。

斯瓦尔巴德模式是解决领土主权争端的一种特殊模式，它发轫于斯瓦尔巴德群岛争端，最终得以借此命名。该群岛位于北冰洋巴伦支海和格陵兰海之间，由斯匹次卑尔根群岛、巴伦支岛等组成。自 17 世纪开始，荷兰、英国、德国、法国等多国的民众纷纷来该群岛从事渔业、捕鲸等生产活动。19 世纪末，这里发现的煤炭资源引起了国际社会的关注。很多国家的民众在此开发煤矿而引发了一系列争端。第一次世界大战结束后，为了确立该群岛的管辖权，1919 年签署的《凡尔赛和约》将该群岛的主权赋予一战时的中立国挪威。但次年签署的《斯瓦尔巴德条约》则规定，各缔约国有权享有利用条约区域内的一

① 郭培清．“南极模式”能用于南沙群岛吗［J］．海洋开发与管理，2004（3）．

切资源的自由。换句话说，挪威拥有该群岛的主权，但实际的经济开发利益由各缔约国共享。从这个角度来说，斯瓦尔巴德模式实质上是一种“软化主权”的形式，只要有关当事国取得共识，那么领土主权争端才可以得到解决。斯瓦尔巴德模式带给国际社会的启示是，它能妥善地协调不同的利益，在承认一国领土主权的同时，对其主权权利加以限制，并赋予其他有关各方以特殊的权利①。

就南海问题而言，其争议问题是涵盖领土主权争端和海洋管辖权争端的一个复合性问题，主要表现在两个方面：一个是因一些南海周边国家对中国南沙群岛全部或部分岛礁提出领土要求，并非法侵占部分岛礁而产生的领土主权争议；另一个是因南海周边国家提出的海洋管辖权主张重叠而产生的南海部分海域的划界争议。因此，上述几种国际法实践下的争端解决模式尽管对解决南海问题不无借鉴意义，但并一定能照搬照套。比如，有研究学者提出，为化解南海争议问题，可参照南沙模式，在南沙争议区要冻结开发，也即“搁置争议，共同不开发”，或者“维持争议，搁置开发”。显而易见，在南沙海域早已竖起了1000多口油气井的现实状况下，这种愿望只能是缘木求鱼。再如，也有研究学者提出，可借鉴共管模式来解决南沙部分岛礁的争端问题。但一个不容忽视的背景是，已经抢占了诸多南沙岛礁的越南、菲律宾等国首先谋求的是“固化”本国的既得利益，进而寄希望于扩大自身的利益所得，令其放弃既得利益并不现实。而且，共管模式对中国在南海的主权权益造成了严重的侵害，注定不会得到中方的认可。

二、南海问题的解决模式及前景

鉴于南海问题的复杂性，解决过程并不一定仅局限于上述几种模式，很可能解决问题的过程其实就是开创新模式的过程。从操作层面

---

① 何苗等.《斯瓦尔巴德条约》及南沙问题对其的借鉴［J］. 苏州大学学报，2011，4.

上来看，南海问题的解决还有多种思路。如果将出现在南海地区的有关争端事件归纳为活生生的案例，那么可总结划分为东沙模式、西沙模式、白礁模式、南沙模式几种争端解决机制[①]。

东沙模式指经济赎买模式，也就是通过赎买的方式索回被侵占的岛礁。这种方式在国际上有失败的案例，也有成功的实践。比如日本曾谋求通过经济赎买的方式取得对日俄争议的北方四岛的归属权，但多年来一直未果。再如，1909 年清政府的两广总督张人骏通过采取强硬措施和灵活的外交谈判策略，通过一定的经济补偿从日本人手里索回东沙岛，表现得相当可圈可点。东沙岛面积约 1.8 平方公里，是中国东沙群岛中唯一的岛屿。1901 年，一位叫西泽吉次的日本人因商船遭遇风暴而误打误撞地登上了东沙岛，他本人被岛上丰富的磷质矿沙资源（鸟粪）所吸引，便于次年率船前来挖掘了大量磷质矿沙到台湾贩卖。此后西泽吉次决心大规模开发东沙岛，并于 1907 年夏带领 120 名工人登上东沙岛，将这块东沙岛命名为“西泽岛”，并升起了日本国旗，计划长期在岛上驻守。清政府闻讯后展开了严正交涉，在最初的外交交涉中，日本政府坚持认为该岛是“无主荒岛”，但当两广总督张人骏提供了大量资料及人证、物证后，日本人不得不承认中国对于东沙岛的主权。随后，日本政府提出要对西泽吉次已经建设好的基础设施进行补偿，中国方面则针锋相对地要求，日本商人必须向中国政府补缴偷漏的渔业和矿砂税。经过多轮的谈判，中日双方终于在 1909 年 10 月签订了条约，明确东沙群岛为中国固有领土，日本人立即撤出。与此同时，中方以广东银毫 16 万元收购岛上日本人已建设施；日方则补缴各项税款及损坏庙产等的赔偿合计广东银毫 3 万元。整个岛礁收回过程未耗一枪一弹，以中方净支出广东银毫 13 万元（今折合 240 万人民币左右）为代价，和平地“赎回”了被占的东沙岛。

西沙模式指通过武力方式收回被侵占的岛礁。西沙群岛位于海南

① 袁古洁. 国际海洋划界的理论与实践［M］. 北京：法律出版社，2001.

岛东南约300公里的海域，由永乐群岛和宣德群岛组成，共有22个岛屿，7个沙洲，另有10多个暗礁暗滩。其中，西沙群岛中的珊瑚岛自1956年起就被南越当局占领。1973年8月，南越当局趁机加强在西沙海域的活动，南越军舰在西沙海域不断地驱赶、冲撞和抓捕中国渔民，同时攻击中国正常巡逻的舰只，企图将中方挤出该地区，进而独占西沙群岛。1974年1月17日，南越当局派军占领了甘泉岛和金银岛。1月19日中国和南越之间爆发了西沙海战，最终以中国海军完胜并收复上述三岛而告终。西沙海战正值中国“文化大革命”动乱期间，其意义在于一举消灭了盘踞珊瑚岛近二十年之久的南越军队，彻底将越南势力赶出了西沙群岛。如果战事当时推迟一年，则北越和南越1975年统一后，中国武力收复越南所占岛礁的阻力将大为增加。至此之后，西沙群岛完全由中国控制。尽管越南仍不断声称对西沙群岛拥有所谓的“主权”，并且以各种方式谋求对西沙海域的渗透，但中国从来不认为西沙群岛存在所谓的主权争议。

白礁模式指通过国际仲裁的方式来确定岛礁主权归属。白礁岛位于新加坡以东40公里的南海海域，总面积2000平方米，是比一个足球场还小的无人荒岛，因岛上终年被白色的鸟粪覆盖而得名。白礁岛原为柔佛王国的领土，英国人于19世纪40年代在该岛上建造了一座灯塔，并在后来将此灯塔交由新加坡管理。在随后的130多年中，新加坡在“公开、连续而又众所周知”的情况下占有白礁，柔佛王国或马来西亚并没有对新加坡行使主权及负责管理岛上的灯塔提出抗议。新加坡政府负责管理与维修岛上的霍士堡灯塔，体现实际管辖。直到1979年12月21日，马来西亚公开出版的地图首次把白礁划入它的领土范围，白礁之争由此产生并一度甚嚣尘上，新马两国对白礁岛的主权归属各执一词。马来西亚认为该国从16世纪起就开始管理白礁岛，理应对其拥有主权；而新加坡则认为，自1851年新方开始管理岛上灯塔后的130多年间，马来西亚从未提出过该岛主权归属问题，新加坡才应该是白礁岛的真正主人，两国长期的外交论战对两国关系也造成了负面影响。1994年在双边谈判不能取得任何进展的情况下，新加坡和马来西亚签署特别协议，一致同意将白礁岛以及其他两座岛礁的主权争端提交到国际法院进行仲裁解决。2008 年 5 月 23 日，荷兰海牙国际法庭对备受关注的白礁主权归属问题作出裁决，结果新加坡“赢得”白礁岛的主权。

南沙模式特指共同开发模式。这是中国致力于和平解决南海问题的政策主张的组成部分。“搁置争议，共同开发”这一中方一贯的解决与周边邻国间领土和海洋权益争端的立场主张，其萌发于钓鱼岛争端，深化于南沙争端。1979 年 6 月，中方通过外交渠道正式向日方提出共同开发钓鱼岛附近资源的初步立场。1986 年 6 月 17 日，邓小平在会见来华访问的菲律宾副总统兼外交部长劳雷尔时，明确指出：“南沙问题可以先搁置一下，先放一放，我们不会让这个问题妨碍与菲律宾和其他国家的友好关系。”1988 年 4 月，邓小平在会见来访的菲律宾总统阿基诺夫人时再次阐述了这一主张。他说：“从两国友好关系出发，这个问题可先搁置一下，采取共同开发的办法。”菲律宾方面对他的主张当时作出了积极的回应。邓小平也明确表态：“南沙群岛，历来的世界地图是划给中国的，属中国，我们有很多证据，世界上很多国家的地图都可以证明这一点。”[①] 他还向阿基诺夫人说明，中国对南沙群岛最有发言权，南沙群岛历史上就是中国领土。至此之后，中国政府在解决南沙争端方面逐步形成了“主权属我，搁置争议，共同开发”的政策主张，并且一直沿袭至今。需要看到的是，邓小平提出这一主张是在中国改革开放的初期，是在国内经济改革和发展特别需要有利的国际和国内环境的重要时刻。邓小平从酝酿这一主张到经中国官方正式提出，前后经过了近 10 年的时间，可以说是基于当时国内、国际形势通盘考量、深思熟虑的结果，具有鲜明的时代特征，成为中方通过和平方式解决领土争端的新思路。深入权衡和对比上述几种争端解决模式，各有其历史渊源和时代背景，当然也面临现实条件下的适用性问题。

---

① 邓小平文选［M］. 第 3 卷 1. 北京：人民出版社，1993.

东沙模式之所以在100多年前能够成行，与当时人们对岛礁价值的认知度不高有莫大的关系。那时候人们对岛屿的认识很多时候还停留在弹丸之礁、不毛之地的程度，对海洋价值的认识也仅仅限于舟楫之便、渔盐之利，这在无形中减小了岛礁易主的阻力。1867年，美国能以720万美元的花费从俄国人手里买下阿拉斯加150万平方公里的土地，由此成就了近代史上最大的一笔土地买卖。而现在日本即使花费成百上千个“720万美元”，恐怕从俄政府手里也买不回面积仅5000平方公里的北方四岛了。况且，岛屿的价值绝对已经今非昔比，尤其在1982年《联合国海洋法公约》颁布之后更是如此。且不说有关侵占国是否有意愿“出售”南沙岛礁，仅就中国而言，回购本应属于己方的岛礁领土显然是滑天下之大稽的，无疑会被认定为“卖国行为”。因此，东沙岛的经济赎买行为注定是一锤子买卖，前有古人，但后绝无来者。至于国内某些学者声称，南海油气开发参与权可以出钱买回，无须大动干戈，由此引得国内民众一片热嘲①。这种思路显然可以看作是东沙模式的“变种”，在当前现实条件下几乎没有任何可操作性。

西沙模式是在特定历史条件下成行的。虽说西沙海战是一场小规模的战斗，但其背景却相当复杂而微妙，牵涉了当时中、美、苏三个大国的战略博弈。当时美苏冷战正酣，中美关系破冰初开，中苏关系一波三折。中美两国出于联合遏制前苏联的战略考量，缓缓开启了和平交往的大门。与此同时，美国受困于越南战争，急于结束战争从南越撤军，中方抓住这一千载良机而果断出手，彻底将南越当局势力赶出西沙群岛。而美国对西沙海战的态度相当暧昧，基本上是袖手旁观，表明了美国对于当时的西贡政权去意已定，完全符合中方事先的战略判断。回顾这段历史，不难看出，1974年武力收复西沙几个岛礁是在特定的历史条件下实现的，中国当时受到的利益牵绊和战略掣肘均比较小。在21世纪的今天，再寄望于通过武力方式解决岛礁归属

① 张建刚．用围棋战术开发南海［N］．环球时报，2012－1－6．

问题，不是没有可能，但受到的国际阻力和利益羁绊已经不可同日而语，毕竟中国的发展早已超越了当年那种特定的历史时代，深深地融入进了国际社会，已经发展成为了全球第二大经济体。为了南海几个岛礁与周边国家大动干戈，不仅与中国和平崛起的国际形象背道而驰，也与中国一贯主张以和平方式解决争端问题的大政方针不符。未来能否通过武力方式收复南沙部分被占岛礁，不是取决于中方的战略选项，而是取决于越南、菲律宾等对手是否给中国创造“机遇期”，如果越南、菲律宾等国误判形势，蓄谋攻击中国驻守的南沙岛礁。那么，中国也有可能顺势而为，乘胜追击而一并收复被占的其他岛礁。但问题是，越南、菲律宾会“主动配合”中国的这种利益需要吗？情况显然不言而喻，越南人对中国的学习和研究深入而透彻，会犯这种战术错误吗？对于中国而言，这种机会只能“积极等待”。

白礁模式是解决南沙争端的方式之一。通过国际仲裁方式来解决领土争端，不仅有着诸多成功的实践案例，也符合国际社会和平解决有关争端问题的基本原则和主流愿望，近年来更是有加强的趋势。1969 年德国、荷兰、丹麦三国间的“北海大陆架案”、1984 年美国和加拿大之间的“缅因湾海洋划界案”、1996 年也门和厄立特里亚关于哈尼什群岛的领土争端、2001 年卡塔尔与巴林围绕海瓦尔群岛等地区的领土争端等，均是通过仲裁的方式有效加以解决的，最终也没有造成争端国之间或不同国家国民之间的对立与仇恨，为和平处理国际纷争创立了良好的示范。但是，实践表明，尽管国际仲裁在解决领土争端中具有特定的优势，但也不可避免地存在一定的局限性，具有缺少灵活性、权威性，仲裁结果执行力不足等缺陷，影响了国际仲裁在解决领土争端中的适用。

就南沙争端而言，国内一些学者也提出可通过国际仲裁的方式加以解决，认为国际仲裁中所援引的国际法规则以及国际司法、国际仲裁的晚近判例，基本上能够认定中国对南海诸岛享有的主权。因为中国主张南海的权利是受到历史论据的充分支持的，这种论据和其他有关国家的论据相比，有同等的或更大的说服力。因此，通过仲裁方式有利于再次确认中国对该海域的领土主权。但是，为什么这种看似有利的解决方式却得不到中国的响应呢？原因很简单，南沙争端牵扯五国六方，涉及多层面的利益，国际冲裁的难度远超乎想象，最终很可能是争论不休、裁而不决，其时间成本并不见得比中方主张的双边外交谈判成本更低。况且，对于中国而言，南海问题是国与国之间的问题，完全应该由争议的双方来协商解决。中国既然认定了南海的主权归属，何必交由第三方去多此一举地做出仲裁呢？多年来中方一贯主张在当事国之间以一对一的方式解决问题，并且中越之间解决南海北部湾划界问题也有着成功的实践。因此，中国不希望第三方介入争端问题，并由此带来问题的多边化和复杂化。另外值得一提的是，国际法庭尽管有其公正裁决的一面，但毕竟还是西方国家主导的产物，必然要受到西方价值观的影响。对于中国这样一个正值崛起的大国而言，抛开意识形态暂且不谈，仅从“抑强扶弱”的通常心态来考量，国际法庭能否“偏向”中国就已经一目了然，更不消说能否公正裁决。而且，国际法庭并不一定完全了解南海的历史渊源和实际情况，他们很有可能会根据地理位置与国际惯例做出判决，而这样的判决很可能会对中国不利。而且，从近年来的国际判例来看，历史性主张和依据存在“弱化”的隐忧，有“支持”争议领土实际控制和管辖一方的趋向，在越南、菲律宾等国有计划地向南沙所占岛礁上移民，强化所谓的实际管辖的现实背景下，中国强调历史依据在国际仲裁中并不一定能占到上风。因此，从维护国家权益最大化的角度出发，国际仲裁方式并不是中国和平解决南沙争端的优先选项。中国一直以来并不主张通过仲裁的方式解决南沙争端。

南沙模式以“共同开发”为要义。中国提出的“主权属我，搁置争议，共同开发”的主张与国际法实践中的斯瓦尔巴德模式有一些类似之处。比如，岛礁主权归属于一方，前者是争端方的中国，后者是中立方的挪威；经济开发利益归有关争端方共同享有，以赋予有关争端各方特殊的权益；中国得到的是一种“次主权”的岛礁领土，以便对中国主权权利加以限制，从而妥善地协调各方的利益。中国正式提出这一政策主张是在 20 世纪 80 年代中后期，距今已经 20 多年过去了。尽管这一主张提出时有着权宜之计的意味。但从其一定程度上为中国改革开放赢得了 30 年的和平环境和发展进步这一点来看，客观效果是可圈可点的。30 年后的今天，国内外形势更是发生了翻天覆地的变化。最具代表性的事件是中国的崛起，不仅令某些西方国家感到“不安”，部分周边国家也抱有疑虑。也正是在这一大背景下，南海问题才变得如此棘手和紧迫。就南沙争议区资源共同开发而言，迄今为止尚未有真正意义上的实际案例。有鉴于此，国内一些学者和普通民众对“共同开发”这一政策主张颇有微词。有人说这一政策过时了，与形势发展已经脱节；也有人说这一政策束缚了中国的手脚，让我们吃了大亏，表现在中国“搁置”了争议，而别国“开发”了资源。当然，不能说上述意见没有合理之处，大多数意见都集中展现了维护国家海洋权益的爱国情怀。但是，从更深层次上来说，这些意见确实也存在片面的地方。中国的政策主张是否过时，不能动辄以十年、二十年的周期来衡量，而应该以更宏大的视野，超越几代人的眼光来认识和处理有关问题，尤其对于领土主权争端更是如此。小平同志之所以被称其为大政治家、大战略家，根本原因在于他的远见卓识。一般老百姓订计划都是掰指头数日子，殊不知很多时候小平同志考虑问题都是以五十年、一百年为准的，香港回归问题、两岸统一问题、经济建设问题莫不如此。因此，从这个意义上来说，“共同开发”的政策目前还不存在过时的问题，关键是要在新的时代背景下赋予其新的内涵。这恰恰是我们继续坚持既定的政策、力求与时俱进有所突破的出发点和着力点。

纵观国际上争端解决的诸多案例和模式，权衡利弊并剖析有关各方的利益诉求，以“共同开发”为要义的南沙模式恐怕是解决当前南海僵局唯一可行的途径。“搁置争议”是在没有找到问题彻底解决办法的情况下，避免尖锐对立的有效途径，而“共同开发”是利益捆绑、维持局面稳定的关键所在。就争议区资源共同开发而言，国际上几十年来有着不少成功的实践。欧洲北海地区正是由于成功地解决了争议区的油气共同开发问题，才成为了和平之海、合作之海，有关争议各方都从中受益匪浅。例如，1976 年英国和挪威通过磋商，就横跨两国海上边界的费里格气田达成联合开发协议，从而成为了国际上跨国界油气田共同开发的首个成功范例。此后，北海地区斯塔福德油田和穆奇逊油田的开发进一步涉及国家投入和利益分成等基本问题，深化了共同开发的内容和层次，成为了油气共同开发实践的当代范例之一。

国际上的成功实践表明，南沙模式并不是空中楼阁，而是务实可行的。搁置争议的关键在于共同开发，共同开发不彰，搁置争议就往往流于形式。这一主张之所以在南沙实效不佳，很大程度上源自于此。南沙争端涉及领土主权，不能指望一朝一夕解决。既然争端短期内无望妥善地解决，那么搁置争议、共同开发就不失为寻求各方共赢的明智之策，甚至在很长一段时期内都将是最明智的择优策略①。联合国大厦外的两尊雕像比较独特，分别是一柄剑造的犁、一把卷曲的枪。21 世纪的今天，处理国家间关系应多一些宽容，少一些指责，多一些合作，少一些对抗。“共同开发”政策就是基于这种的考量而提出来的。国际社会应该铸剑为犁、止戈为武。那些动辄使用制裁，甚至以武力相威胁的冷战思维早已不得人心，更与求和平、谋发展、促合作的时代主流背道而驰。通过对话和谈判等和平手段解决争端和分歧，尊重各国人民自主选择发展道路、自主解决内部问题的权利是理性的选择。现在的问题是，越南、菲律宾等国均不愿与中国在南沙海域开展“共同开发”，那么中国在加大南沙资源维权力度的同时，就应该择机主动开发。只有加强了存在，积累了谈判筹码，才能真正促成共同开发。南海局势未来能否真正稳定，很大程度上看“共同开发”能否行得通，并且实践得好。

---

① 搁置争议的关键在于共同开发［J］. 南风窗 . 2011 – 9 – 2.

第三节　南海问题的宏观视野

南海问题既是历史遗留问题，也是区域性问题，甚至某种程度上可称得上是全球性问题。因此，看待南海问题不仅要有历史的大视野和纵深感，而且需要站在全球战略的高度来研判和考量。如何客观认识南海问题，不妨从几个方面来加以总结阐述。

一、跳出南海看南海

南海问题是中国与南海有关周边国家之间的问题，本来充其量只是一个不大不小的历史遗留问题。由于国际时局的变迁、大国利益的碰撞，使得南海问题承载了太多地缘政治的冲突和纷扰，从而有偏离区域争端这一核心问题的倾向。平心而论，南海问题已经超出了传统的南海区域的范畴，需要在全球战略格局演变的大背景下来考量。美国战略重心东移、中国和平崛起构成了南海问题的矛盾主轴，这牵扯到地区乃至国际权力转移问题，从而加剧了东南亚地区地缘政治竞争格局的重构。

从南海问题表现出来的错综交织的矛盾冲突来看，大致可分为三个层面的矛盾：第一是南沙争端有关当事国之间的矛盾，这是涉及岛礁主权和海洋管辖权的矛盾，具有不易调和的特征；第二是中国与有关非当事国之间的矛盾，主要集中在南海航道畅通、地区存在等利益层面，通过增信释疑，有助于减小和化解矛盾；第三是中美两国之间的矛盾，既受部分当事国的利益牵绊，也与美国强化对部分非当事国的战略聚拢有关，说到底还是中美之间争夺区域主导权以及海权的矛盾。在中国将强而未强之际，美国围堵和打压中国的成本最低，美国必须把握这样一个最后的“窗口期”。否则，等到几十年后美国必须承认中国的势力范围扩张，并且对中国比现在要真正尊重得多的时候，美国要施展上述一系列“组合拳”来遏制中国，不仅代价更高，而且顾忌会大很多。因此，当前的南海问题尽管看似矛盾交错，但美国因素无疑是贯穿其中的主线。中美关系和缓，中国与周边国家的关系就更容易相处，海上摩擦事件相对就少；中美关系不顺，中国与周边国家的关系看起来就会紧张，矛盾似乎就层出不穷。南海问题已经存续了很长时间，局势始终比较平静。近年来突然一下子热络起来，纷争不断，这其中固然有中国积极维权的一面，但更重要的前提，恐怕还是美国宣布要“重返东南亚”，诱使有关周边国家上蹿下跳、借机“寻衅滋事”所致。

南海问题不能就事论事，而需要做到内外兼顾。如果说外交是内政的延续，那么一个国家在外交上的作为显然要受到内政的影响，要以国家实力做后盾。无论是美国所奉行的“霸道”，还是世界人民期待的“王道”，都必须建立在实力的基础上。各个国家以实现本国利益最大化为目标，进行国家间竞争和博弈，国际政治的精髓也就是各方力量相互予以平衡和妥协罢了。具体到南海问题上，外交自然也要受到内政的影响。近年来南海问题在国家总体外交中的地位不断上升，这已经是不争的事实，但南海问题还不能笼统地说是中国的“核心利益”，尽管外媒刻意这样炒作，为“中国南海威胁论”推波助澜。然而，中国官方从未就此问题有过明确的声明。就问题的本质而言，南海问题与台湾问题、西藏问题、新疆问题有不同之处，存在着优先层级的差别，前者更多地属于外交问题的范畴，而后几个问题则根本就是内政问题。上述几个问题对中国的和平发展至关重要。哪一项倘若处理不好，都有可能对国内稳定团结的政治局面带来较大冲击。南海地区如果因海上突发事件而造成局面失控，引发中国与邻国的冲突升级，那么不仅有可能给国内良好的政治环境造成负面影响，而且也有可能导致周边局势动荡不安，给中国的经济发展外围环境投下严重阴影，而这正是美国等域外势力所需要并极力营造的。从这个角度说，南海问题是外交问题，当然也是内政问题，需要统筹内外两个大局来看待和思考。南海局势稳定的支点不在南海地缘圈子内，而在远离南沙争端漩涡中心的北京和华盛顿。只有跳出南海问题，看清中美关系的大势，才能更加清醒地认识问题的本质。南海困局摆在我们面前，国际政治舞台上的丛林法则使得道义的力量在这个世界上显得如此微薄，这要求我们看待南海问题要客观理性，不能意气用事，更不能干扰中央总体外交的大局。越南、菲律宾不断挑起事端，在南海问题上“袭扰”中国固然可气，但南海问题毕竟不是中越、中菲关系的全部，形势发展也远没有到大张挞伐、兴师问罪的地步。如何在适度宣泄情绪的基础上理解和拥护中央政府的作为，不盲动也不添乱，协助政府在南海博弈中赢得足够的政策回旋空间，以便中国获得最大的整体利益和发展利益，想必这是每个理性的国民在当下必须深思的问题，也是跳出南海看南海的认识归宿。

二、咬定青山不放松

1992 年邓小平曾提出了“发展才是硬道理”的至理名言。也正是在那个时候，冷战刚刚结束，一批美国战略家断言，21 世纪前 20 年是美国的战略间歇期，在此期间，世界上没有能够直接挑战美国“领导地位”的大国；但是之后，世界上必然冒出一个或者数个直接从政治、经济、军事等方面挑战美国的大国①。因而，在“战略间歇期”内，美国必须要加快发展，特别是进一步拉开同其他大国的领先优势，以应对未来的重大挑战。与此同时，中国改革开放进一步向纵深发展，对于战略机遇期的基本判断和认识也得以深化。过去十多年的实践充分表明，党中央的战略决策是完全正确并取得了重大成就的。尤其是“9·11”事件发生后，美国暂时转移了在国际战略上的矛头所向，反恐战争也极大地拖累了其牵制中国的能力。正是在这一时期，中国经济实现了突飞猛进的增长。尤其是 2008 年美国金融危机的爆发，宣告了美国的衰落并不只是一种天方夜谭。尽管美国经济

① ［美］兹比格纽·布热津斯基．大棋局［M］．上海：上海人民出版社，1998.

过去十年总体上保持了不俗的增长，但中国显然要出色得多。以美元计价，2001 年美国 GDP 是中国的 8 倍多；2011 年这一数字跌落到 2 倍多，一举改变了中国在国际经济体系中的地位和座次，德国媒体甚至用梦境般的变化来形容。这种火箭般的发展势头不仅远远超出美国的想象，想必连中国自身也不一定完全预料得到。本来完全不成比例的中美经济实力对比，因为“此起彼伏”而大幅接近，中国就这样“蹿升”至美国面前，比预想的时间要早得多。引发国际社会的羡慕也好、猜忌也罢，看起来似乎都在情理之中。

现在的问题是，战略机遇期的第二个十年，也就是从 2011 年到 2020 年，面临的形势则更为严峻，甚至可以说有一点岌岌可危。且不说外部经济环境的恶化，由此对中国出口导向型经济带来根本性的挑战，仅就中国周边安全环境而言，形势也大不如前，进入了所谓的矛盾凸显期。2010 年中国社科院的一份战略评估报告指出，中国与周边国家的“平稳期”已经过去，现在要面对是“不稳定时期”。其中很大一部分原因在于中国的“体格”膨胀得太迅猛了，周边国家或多或少还有些不太适应，对中国并不出格的军力增长也感到惶惑不安。日本如此、东盟一些国家同样如此，这都需要有一个重新磨合和调整适应的过程。而美国腾出手后也加紧遏制中国，在中国周边地区编织符合自身需要的战略体系。通过挑动周边国家与中国对抗或冲突，不仅可以拼凑所谓的“共同利益链”，也可以耗散中国的精力和战略资源，对于美国来说这无疑是最省力、成本最小的策略选择。

如果说实现国家崛起和维护全球霸权是中美之间结构性矛盾的话，那么，“9·11”事件并没有改变矛盾的性质，只是将这一根本矛盾暂且搁置起来罢了。正如美国一些战略学家所宣称的那样：中东的恐怖主义势力对美国构成的是“急迫的威胁”，不断膨胀的中国却对美国构成“根本的威胁”，美国一旦腾出手来，就应该首先重返亚洲，不仅要继续强化与日韩国两个传统盟国的关系，而且还应在东南亚加强经营、扩大影响力，以围堵和压制中国的强劲发展势头。纵观 2010 年以来美国在中国周边地区的一系列动作布局，无论是战略层面还是战术层面，几乎都是按照上述套路进行的，白宫的所作所为不仅在强化着对中美之间这种结构性矛盾的认同，也凸显了美国对于中国快速膨胀所产生的战略焦虑。在这种新形势下，中国能否继续延长和平发展的战略机遇期呢？尽管外部环境更加复杂化，但希望也是有的。这很大程度上取决于中国和平崛起的形象能否自立。一个体格越来越大的中国能否被国际社会所接受，一看中国的行为，二看中国的表达。对于美国而言，中美关系的格局已与十年前大不相同了。如今这两个世界排名数一数二的经济体，一个是最大的发达国家，一个是最大的发展中国家，两国政治、经济利益交缠捆绑，军事互信不断加深，初步形成了一荣俱荣、一损俱损的关系。尽管美国作为“老大”时不时提防着中国这个“老二”，但很多时候又不得不仰仗老二“推老大一把”，这就是两国关系在当今中美二元结构中所面临的现实局面：既要对抗，又要合作；争而不休，斗而不破。因此，只要中国善作为、巧表达，完全有望继续延长和平发展的战略机遇期。在一系列营造有利于和平发展环境的战略举措中，起决定性的关键因素还是中国综合国力的提升。中国综合实力越强大，则中美二元结构就越稳定，中国的安全环境就越有保障。从根本上来说，发展依然是硬道理，继续韬光养晦、潜心发展仍是当前乃至今后很长一段时间的要务。

虽然像西方媒体搜罗以及我们看到的那样，中国还存在太多太多的问题，面临的内外部压力空前积聚，但必须看到的是，中国政治制度的决策和动员能力依然强大，这对维持发展效率极为重要。只要决策上不酿成大错，不产生严重内耗或者内乱，中国的体制基本上是世界上最富战斗力量的政治体系，有能力应对各种重大挑战，中国过去几十年的飞速发展无疑就是明证。如果承认这一现状，那就应该承认西方制度与促进发展之间并不一定完全画上等号，仍然存在着有别于此的不同制度。而中国当前需要做的，就是在不自乱阵脚的条件下，逐步推进政治民主建设。这不仅有利于回应内外部的呼声，也有利于进一步提升这个制度的纠错能力和生命力。显而易见，经济领域的成功为这一尝试提供了自信心和可行性。近年来，伴随着中国经济规模与美国差距不断缩小，中美贸易摩擦也纷争不断，美国看似咄咄逼人、先下手为强，但却掩盖不了中美在经济层面上短兵相接、美国进退失据的事实。100多年前，日本思想家小泉八云曾断言："未来一定不属于西方，而属于东方，因为就人的生存而言，最适应生存下去的人是最能与大自然融为一体，并能满足简朴生活的人"。[①] 这句话放在经济全球化的语境下解读就是，最能学习、最能吃苦、最能节俭的民族往往在竞争中笑到最后。中国能用更低廉的成本制造出同样品质的工业产品，美国却做不到。美国高成本的工业体系输给中国低成本的工业体系，这看起来就是不可阻挡的客观趋势。只要中国按照长远目标发展，美国看起来就"不舒服"。尽管中国不明确针对美国，但中国低成本的工业体系竞争力如此之强，可以与任何对手对抗，以至于谁碰见就是谁的"克星"，更不消说是美国。因此，美国看似主动地通过各种手段来打压、折腾中国，但实际上是中国经济体系渗透、扩张，不断侵蚀美国经济传统领地的结果。只要中国不自乱阵脚、不自我折腾、不自废武功，那么任何国家都奈何不了中国，当然也无法阻挡中国最终崛起的势头。

几个世纪的历史经验证明，一个民族的崛起，首先要求这个民族具备足够的热情和奉献精神，这在中华民族身上表现得淋漓尽致。当然，仅仅拥有这一点是不够的。一个民族在关键的决断时刻，还需要有足够的政治智慧、异乎寻常的理智和定力。关键是要把自己的事情做好，使自己的国家强大起来，这是解决一切问题的前提。纵观近代各个强国先后崛起的历程，都具有一个共同特点，即在有利的时期紧紧抓住机遇，加快自身的发展，在自身的力量没有足够强大时不必为一些其他的事情分心，甚至在涉及自身的一些重大利益时也是如此。道理很简单，因为国家一旦强大起来，则过去失去的利益则可以加倍得到；而如果国势衰弱，则已经到手的利益也有可能被丢掉。这一准则在数百年的国际关系史中历久弥新，对于近代以来历经屈辱的中国

① ［日］小泉八云．东方之魅［M］．长春：吉林出版集团有限责任公司，2011.

人来说既不陌生，也不难懂。作为一个泱泱大国，中国一旦觉醒并找准自身的定位，那么迸发出来的潜力是极大的。中国只要保持目前的发展态势，那么，很多我们目前难以解决的领土争端问题，到时候都会迎刃而解。试想，如果明天的中国就是今天的美国，那么南海问题还称得上是问题吗？而现在要做的，就是咬定青山不放松，任尔东西南北风。中国的坚定和沉着，既是对国家的未来负责，也是对意欲趁火打劫的域外势力最智慧的回应。

三、文韬武略两相宜

2000年前孔圣人曰："有文事者必有武备，有武事者必有文备。"谓之文韬武略，张弛有道，方能相得益彰。中国要妥善解决南海问题，既要立足于现实，也要着眼于长远。我们寄望于通过和平谈判的方式解决有关争端问题，同时也要致力于加强海上防卫力量建设，做到"宣德"与"宣威"并举，为践行维护南海和平的庄严使命，为经略南海诸岛保驾护航。

南海问题既涉及中国领土主权和海洋权益，也涉及与部分东盟国家间的双边关系，更事关中国周边和平稳定大局。因此，通过和平方式和双边谈判途径解决南海问题符合有关各方共同利益。俗话说远亲不如近邻，作为在该地区共享利益和共担风险的成员国，中国和其他地区国家有着广泛的共同利益。邓小平同志曾指出："东南亚国家是中国的近邻，同东南亚各国建立和发展长期稳定的睦邻友好关系，是中国外交政策的一项重要目标。"在南海问题上，相比地区和平稳定的大局，其他问题都是小问题。只要不改变现状，不挑战原先达成的原则和共识，一切问题都可以通过谈判解决。对于中国外交而言，理论层面上早已超越了传统的"远交近攻"的思想藩篱，维护与周边国家睦邻友好已经成为外交工作的重中之重。由于东南亚地区对中国的国家安全、和平发展、最终崛起与民族复兴具有特殊重要性，是中国对外维护与拓展国家利益的关键所在，其局势稳定与否也将直接关系到中国国内的发展。因此，南海局势稳定是周边稳定的重要内容。为了中国集中精力于国内经济发展创造、营造与塑造一个基本安定的周边环境，使其不干扰与分散中国的主要精力，并尽量避免被卷进周边地区的战乱与动荡之中，这是中国周边外交工作的重大利益诉求，也是消解“中国威胁论”，维护有利于中国发展壮大的周边环境和良好国际舆论的客观需要。

面对南海地区的复杂态势，中国多年来基于大局意识始终保持着自我克制。从“搁置争议，共同开发”主张的提出，到《南海各方行为宣言》的贯彻，再到“南海行为准则”的推进，本着合作与谅解的精神，中国始终立足于国内外两个大局运筹和谋划，维持南海局势处于总体可控态势。透过南海风浪，可以切实体会周边外交在整个中国外交战略中的首要地位。正是基于稳定南海局势的多方面考虑，中国与时俱进，大胆地探索解决与东盟部分国家存在的历史遗留问题的新办法。1991 年，中国东盟建立对话关系；2000 年，中国和越南在北京签署《中越北部湾划界协定》及《中越北部湾渔业合作协定》两个重要文件，由此产生了第一条中国海上边界，标志着南海问题朝着和平解决迈出了具有现实意义的第一步。2002 年，中国与东盟国家共同发表了《南海各方行为宣言》；2011 年，温家宝总理在第六届东亚峰会上声明中国着手探讨制定“南海行为准则”，这一切都是有利于增进各方互信，维持南海局势稳定之举。

诚然，南沙争端主要是外交问题、法律问题，要力争通过和平谈判手段、经济开发手段来化解争议问题。同时，和平谈判也是双方的事情。鉴于当前的现实情况，中国南沙群岛目前有 40 多个岛礁被有关争端方非法侵占，要想通过外交谈判的方式将所有被占岛礁都收回，恐怕并不现实。因此，也要考虑通过非和平方式收回被占岛礁的可能性。中国儒家思想讲求“仁义”，讲究温文尔雅，但是也注重文武兼备。因为光有文事，对手会把仁义当作迂腐之举，会把善意当作软弱可欺。所以，文备、武备要兼而有之，不可轻之，更不可偏废。解决南海问题要基于合作、共赢的框架，立足于和平谈判，但同时也要加强海上力量建设，强化军事威慑力，做好应对局部军事冲突的各项准备，防范对手进行军事投机和冒进活动。况且，和平谈判很多时候是以军事实力作为后盾的。一个国家在国际谈判中所处的地位，往往与本国强大的综合国力相匹配。处理南海问题的最佳方式就是外交与军事威慑两种手段并用，以道宣德，以武宣威，恩威并施。唯有如此，才能起到震慑对手的作用。

在南海问题上，中国多年来一直践行“怀柔南海”的思想，呼吁有关争端方要保持克制，不要轻启战端。尽管南海局势有时候比较紧张，但事实上，远没有激化到有关国家间的矛盾和关系不可调和的地步，因此，和平谈判依然是解决争议问题的优先选择和主要手段。中国政府反复宣示南海诸岛的主权归属，强调包括黄岩岛在内的南海诸岛是中国不可分割的领土。并且提出在争议问题解决之前，采取“搁置争议，共同开发”的方式来稳定局势、增进各方的互信，这在很大程度上就是一种“宣德”的体现。与此同时，对于有关周边国家“一意孤行，以武谋海”的行动，中国也要适当予以告诫，在迫不得已的情况下也应该采取军事震慑行动。中国历来解决领土争端都秉持着平等协商、互谅互让的和平思想，并且解决了大部分领土争端问题。但在南沙权益屡遭侵犯、有关争端国挑衅行动不断的情况下，适时采取维权行动、阻遏对手的冒进恐怕也是不可或缺的战术选项。中国人向来讲究先礼后兵，处理争端问题讲求有理、有利、有节。除了怀柔南海以“宣德”以外，实际的“宣威”也可以制止有关国家的狂热和盲动。当然，战争不过是特殊的政治。《孙子兵法》讲：“不战而屈人之兵，是为上策。”当和平谈判的曙光一次次破灭，当外交解决手段希望全无了，那么最终诉诸战争也就是不得已而为之了。中国作为负责任的大国，不会主动挑衅他国，但中国也不会任他国肆意挑衅而无动于衷。宣泄不是解决问题的可行之策，沉默同样不是应对挑战的有效之道。为了守卫中国的万里海疆，也为了不再重蹈近代以来那种海防废弛的悲剧，中国大力提升海上防卫力量建设，保持强大的军事威慑力，既是十分必要的，也是十分紧迫的。尽管在当今的和平年代，海军不宜冲在海上领土争端的第一线，也不宜直接介入海上摩擦冲突事件，但海军作为一种引而不发的威慑力量，在国际交往和冲突交涉中，往往起着重大的作用。中国目前缺乏一支强有力的海上维权执法力量，也缺乏一支强大的海上战略威慑力量，这正是中国今后努力的方向。尽管“宣威”并不意味着能解决所有面临的问题，但没有强大的海军力量，就会在很多问题上丧失话语权，处于被动地位。如何做到绵里藏针、恩威并施，这不仅考验我们的智慧，也考验我们的胆识和魄力。

四、风物长宜放眼量

1949 年，开国领袖毛泽东在一首脍炙人口的诗中写下了“风物长宜放眼量”这一极富哲理的名句。如今南海问题纷扰不止、论战不休，从一代伟人的精神文化遗产中，不乏可获取些许思想给养。南海问题演变至今，历经几代人，夹杂着历史恩怨和民族感情，已经不能用单纯的矛盾和争端来衡量。因此，看待南海要有历史的眼光，同时也必须超越历史的羁绊，要有登高望远的气度。只有着眼于长远，才能冲破矛盾的误区以及现实的局限。

作为党的第一代和第二代领导集体的核心，毛泽东同志和邓小平同志分别决策拍板，在南海打了两次海战，一次是 1974 年与南越当局之间的西沙海战，另一次是 1988 年与越南之间的赤瓜礁海战。两次海战的战果显而易见，西沙海战彻底把越南势力赶出了西沙海域，赤瓜礁海战使得人民海军在南沙最终有了立足之地。几十年后回过头来看，若不是老一辈革命家的英明决断，当年分别在西沙和南沙海域坚决出手，那么我们当前在南海面临的形势或许将更为严峻。尽管以后人的眼光来看，这两场海战或多或少仍留有遗憾，但无论如何，我们都应该对两位运筹于帷幄之中、决胜于千里之外的伟人深怀敬意，对那些在战斗中冲锋向前，甚至流血牺牲的海军将士们深切缅怀。历史虽然早已翻过了那一页，但挡不住人们将其定格，并搜索其现实的意涵。有人说，对比当年两次出手的干脆利落，我们现在变得缩手缩脚了；也有人说，以前我们人穷志不短，不怕别国的挑衅乃至挑战，现在发展壮大了，倒是有些瞻前顾后、投鼠忌器了。当然，这些言论的产生有其客观的根源，但也不乏“布威四方”的大国沙文主义的遗存。如若以此作为批评中国政府“不强硬”、外交部“不给力”的噱头，即使不说是浅薄的，显然也是十分片面的。尤其是几十年的巨变，形势早已不可同日而语，仅举两组数据就能看出其中的巨大反差。

1974 年中国进出口总额为 110. 84 亿美元，1988 年为 1027. 84 美元，2011 年为 3. 642 万亿美元，相比之前分别增长了 300 多倍和 30 倍①；1974 年和 1988 年中国石油消费完全可以自给自足，甚至可以小规模出口，而 2011 年中国石油进口量为 2. 54 亿吨，石油对外依存度达到 56. 5%，意味着近六成的石油资源要从国外进口②。冷战期间，我们与外部世界的经贸依存度低，很大程度上可以说能承受与美国交恶的代价，全国人民勒紧裤腰带扛一扛，基本上能挺过西方世界的全面封锁。但是，现如今我们还能做到吗？且不说政府是否还有这样的动员能力，全国人民还有那种觉悟，体量和拥护政府一起过苦日子吗？我们现在市场油品供应一天跟不上，那些开车的车主们就叫苦不迭，甚至哭爹骂娘、埋怨政府不作为，一旦中美发生严重对抗，美国伙同其他国家封锁马六甲海峡和中国的输油通道，到时候我们能顶得住长期断油的压力吗？恐怕等不到开战，那些司机和车主们首先要怨声载道了。退一步讲，即使我们有丰裕的石油储备，或者干脆弃车不开，我们能否承受得起贸易制裁或海运航道被封锁、外贸产品大量积压、工厂大规模倒闭等一连串代价吗？如果国家乱成一团散沙，个人的命运又能好到哪里去呢？要知道覆巢之下，焉有完卵？说到这里，很多人可能会不以为然，甚至会反驳说，情况有预想的这么悲观或者

① 中国海关总署：《中国海关统计年鉴》，有关各期.

② 亚太地区能源统计年度报告（IEA）. 2011 年 3 月.

不堪吗？国际贸易是互利互惠的关系，一些国家在制裁我们的同时，他们自身也会吃亏，有必要这样不遗余力的打击中国吗？况且，我们也不会无动于衷、束手就擒。中国海军会开赴马六甲海峡等地实施反封锁，引发更大规模冲突也在所不惜。很显然的问题是，我们真的强大到可以远海作战了吗？我们有决心和美国发生一场热战或者展开一场新的冷战吗？答案明显是否定的。中国目前是典型的出口导向型经济体，经济对外依存度之高已经超过日本和德国，转变经济增长方式短期内又十分艰难，一旦因南海局部冲突处理不慎，而引发与美国为代表的西方国家之间的大规模战争，那么后果将不堪设想。美国不仅拥有世界上独一无二的经济、军事实力以及国际影响力，而且中国经济乃至世界经济事实上已经被美国“绑架”。如果中美发生严重对抗或战争，中国工业化、城市化的进程不仅会严重滞后，而且国家多年来积累的财富将付之东流，30 年来的改革成果也会遭受重大损失。这一点，不光是中美非常清楚，南海周边各国也是心知肚明。对于战争，中美任何一方都输不起，有关周边国家也不要指望从中美的冲突中捞取利益。很显然，南海失火，必定会殃及池鱼。

正因为改革开放 30 年，中国发展了，国家财富积累了，海外利益增加了，中国的外交政策相应也做出了根本性的调整，变得更加开放、务实和理性了。以前外国人调侃批评中国，说中国是“穷横穷横的”。的确，那时的中国是光脚的不怕穿鞋的，受到的掣肘和各方面的顾忌小，加之政治挂帅的原因，自然就不用实施“弹性外交”了。而现在则不同了，正因为受到方方面面的利益牵绊，中国外交决策的过程复杂化了，相应外交政策的弹性空间也大了。因此，那些指责外交部软弱的人在认识上明显出现了偏差，一是低估了外交部的智慧；二是高估了外交部的职权。而对于那些貌似义愤填膺，嘴上叫嚣着喊打、鼓动在南沙大干一场的所谓“愤青”们，最好能将其组织一下，放到南沙无人岛礁上守礁一个月，检验一下他们爱国的成色。事实上，嘴上空喊爱国口号是很廉价的，爱国是需要有智慧和行动的。就当前南海问题而言，中国在外交层面上的应对是务实的，也是正确的。作为联合国常任理事国，中国的对外征战实力有限，又没有坚定强大的盟国，而且因不掌握国际话语权，在国际场合也稍显被动。因此，通过外交努力争取时间，赢得广泛的理解与支持，才不至于落入美国和域外大国的政治圈套。

纵观历史，领土问题往往是国家关系的死结，国际上一些领土争端问题一个世纪甚至几个世纪都解决不了。仅就目前的日俄领土争议而言，其最后的解决可以说是遥遥无期，除非有朝一日国际现有的政治格局发生有利于日本的重大变迁，否则日本“拿回”北方四岛的希望比较渺茫。残酷的现实提示中国，只有通过改革发展壮大自己的实力，更宜在中国综合国力再上一个台阶以后从容图之。中国和平崛起的地缘环境确实异常复杂，而中国崛起又摆不脱这种复杂的地缘环境。因此对待南海问题的基本态度，既不是乐观到在短时期予以解决，也不是悲观到除了战争就别无他法。南海问题的解决需要从中华民族的最长远的、最根本的利益来考虑，因此当前可以选择控制战略，对不能彻底解决的问题加以控制，在两难之中寻求战略平衡，用吃亏最小战略把国家利益最大化、长远化。这才是解决处理问题的大眼界、大抱负。只有权衡利弊，顾全大局，深刻而理性地认识南海问题，才能让南海问题成为中华民族克难制胜、实现伟大复兴过程中的垫脚石，而不是绊脚石。

第七章　南海大开发

【提要】 南海自然资源极为丰富，具有十分广阔的开发前景，将是中国未来重要的资源和能源基地。开发南海、利用南海，不仅是中国经济发展的客观需要，更是巩固海防、捍卫国家主权的必然要求。中国只有体现了在南海的有效存在，才能将经略南海的构想落到实处。因此，南海大开发不仅势在必行，而且意义极为重大。

第一节　南海开发需要大战略

中国是陆地大国，也是海洋大国。中国大陆岸线的长度为1.8万公里，面积大于500平方米的岛屿有6500多个，海岛岸线长度为1.4万公里，主张管辖海域面积约300万平方公里，海洋已经成为国民经济和社会发展的重要空间与资源基地。2010年和2011年全国海洋经济生产总值分别达到了3.8万亿元和4.3万亿元，占国内生产总值的比重接近10%，并且提供了3400多万个就业岗位，海洋经济在国民经济中的地位日益重要[①]。尤其是21世纪以来，海洋形势发生了重大

---

① 国字海洋局海洋发展战略研究所．2011中国海洋发展报告．2012年3月．

变化。周边一些国家从战略全局上更加关注海洋，纷纷制定新的国家海洋战略，把建设海洋强国作为根本大计，海上国家的实力竞争日趋激烈。随着外部竞争的日趋激烈和国内海洋经济总量的提升，中国海洋产业开发已经站在了重要的历史新起点上，面临着前所未有的发展机遇。经过 30 多年的改革开放，中国已经步入了一个新的发展阶段。中国的“体格”越来越庞大，亟待扩增新的发展空间，以满足与中国经济发展相匹配的战略空间需求。

一、南海开发应有战略作为

尽管广义上来说，中国幅员辽阔、地大物博，但摊开当代中国的地理版图，事实上可供中国辗转、腾挪、经营的地理空间相对有限。中国向北和向西挺进，均进入俄罗斯的传统领地。这两个地区均属于亚洲大陆的高寒贫瘠之腹地，人口稀少、水资源缺乏，开发难度着实不小。向东扩展则受到韩国、日本等与美国保持密切关系的同盟国的牵绊。因此，综合多方面因素，中国唯一能扩展的方向就是南部方向，而且，向南进入南海后，东顾可进入南太平洋地区；西进可连通印度洋和大西洋，直接进入中东和北非腹地。以全球视野来看，中国如果加强了在南海地区的实际存在，那么未来可供中国经营、运作的空间将十分广阔。鉴于 21 世纪是海洋的世纪，中国强化对南海的开发和管辖，恰恰是把抽象的海洋观念转化为可以具象的实际行动的抓手，由此也成为中国走上海洋强国的必由之路。如果说中国实施的西部大开发战略是为了拓展中国陆上的战略空间，恢复昔日的陆上丝绸之路的荣光，那么，中国实施以南海为具体对象的南部大开发，则可以看作是找回海上丝绸之路的历史印记，扩展中国海上的战略空间。而且，如果说西部大开发是缩小东西部差距，保持经济协调发展和社会稳定的话，那么，南海大开发则是为了维护海洋权益，加强南海实际存在，从陆上强国走向海上强国的必然之举。因此，对于开发南海、经略南海，宏观层面首先应把握好大方向。要着眼于积极贯彻中央制定的内政外交大政方针和战略部署，统筹国内国际两个大局，坚持维权与维稳相统一，最终实现维护权益，稳定周边，共同开发，促进合作的战略目标。具体而言，应该着眼于几个重点。首先，要着眼于有效维护南海权益。这是经略南海的根本出发点。中国对南沙群岛及其附近海域拥有无可争辩的主权，应该坚持这一立场毫不动摇，继续采取有力措施，坚定地维护中国南海岛屿主权和海洋权益；其次，要着眼于保持南海长期稳定。中国正处于和平发展的重要战略机遇期，同时也处在应对全球各种危机和提升中国国际地位的关键期，尤其需要一个和平稳定的国际环境和周边环境。因此，南海各项工作必须服从和服务于中国和平发展和外交全局的需要，努力避免南海问题激化，坚持通过对话协商解决争议，保持南海地区和平与稳定；再者，要着眼于推动南海资源开发，保持经济存在。南海资源对中国经济发展具有战略意义。在中国能源供需日益严峻和南海资源争夺日趋激烈形势下，应通过多种途径加大开发和利用南海资源，尤其要在油气资源方面有所作为，重点推动南海争议海域共同开发，适时辅以自主开发或对外公开招标，加大在南海地区的经济开发活动，扩大实际存在；最后，要着眼于全面开展南海合作。合作是新形势下推进南海工作的重要手段，要使合作成为中国同南海周边国家增进互信、解决分歧、化解矛盾、促进开发的基本途径。应积极与南海周边国家开展各领域合作，推动形成南海全面合作的态势。总而言之，只有统筹兼顾上述几个重要方面，分清轻重缓急，才能不使南海问题成为中国总体外交的难点、周边外交的热点，不成为国内稳定的燃点。而这一切都需要宏观的南海开发战略作为指导方针。

二、经略南海要加强全方位存在

在经略南海方面，中国应坚持几个存在。第一是行政存在。目前南沙形势依然严峻，越南、菲律宾等国在所占岛礁上强化基层行政建制，向岛礁上不断移民，建设民用设施和经济开发设施，实际管辖和有效管辖的程度不断得以强化。如今，越南在 1974 年侵占的南威岛上开发建成了豪华酒店等旅游设施；马来西亚已经将 1983 年侵占的弹丸礁建设成为闻名世界的潜水胜地，并且于 1994 年正式对外开放，成为南海诸岛中第一个对外开放观光的岛屿。近年来，越南分别于 2009 年 4 月和 7 月宣布任命黄沙（中国西沙）和长沙（中国南沙）地方行政长官，通过向所占岛礁上移民、公开组织旅游等活动宣示所谓的“主权”。而且，在国际法上，判定岛屿主权归属越来越倾向于实际控制和有效占领，设立行政建制和开展包括旅游等经济活动是实施有效管辖和宣示主权的重要方式。因此，亟待强化中国在西南中沙群岛的行政管辖，体现基层政权在南海的存在，发挥基层维权力量的特殊作用。海南与南海的关系密切而特殊。海南地处南海，与南海诸岛一起共同组成了中国国家安全的天然屏障。因此，海南在南海维权维稳中负有重要责任，也发挥着独特作用。特别是新中国建立后，中央政府于 1959 年批准成立西南中沙群岛工作委员会（西南中沙群岛办事处）；1969 年 3 月，改称为“广东省西、南、中沙群岛革命委员会”，1981 年 10 月又恢复为“广东省西、南、中沙群岛办事处（县级）”。1988 年海南建省后，该办事处划归海南省管辖，作为海南省委、省政府的派出机构，代表海南省对三大群岛及其附近海域行使管辖权。特别是 2012 年三沙市设立后，将极大地促进和完善南海行政管理体制机制建设。

第二是执法存在。中国要妥善处理维权与维稳的关系，加强南海危机管控能力建设。一直以来，中国在南海面临着“长条桌效应”所带来的劣势。与菲律宾和越南相比，中国处于南海这个“长条桌”的顶端位置，而越南和菲律宾则处于比较有利的中间位置，这使得中国维权执法力量的活动半径相对受限，对南沙地区的管控一直以来显得鞭长莫及。因此，在美国高调介入南海、区域内军备竞赛加剧的大环境下，中国必须加强南海危机管控能力建设，有效地彰显存在，建立并形成完备的南海岛礁防卫体系，提升军事威慑力和安全保障能力。要加强西沙、南沙驻守岛屿力量建设；加强南海方向战场建设，构建大陆、西沙、南沙三位一体的战场保障体系。比如，在西沙的东岛和南沙美济礁上建设军事设施等，扩大在南海腹地的存在和威慑力；要积极开展南海军事合作，加强与东盟国家的军事对话，组织人员和舰艇互访、海上军事磋商以及开展海上联合军演等，增进互信；在维权执法协调方面，要建立维权执法协调机制，完善相关法规，加强执法能力建设，形成现代化的南海维权和应急反应体系。在条件成熟时，可考虑统一海上执法，组建中国海岸警卫队。这不仅是时代发展的潮流，也是海上形势发展的需要，可以充分体现海上维权执法行为的民事特征，避免海军前出引发冲突升级的可能，外交上以保持应有的弹性空间。

第三是经济存在。经济存在主要体现在资源开发方面，以渔业资源和油气资源开发利用为主线，通过经济发展手段与国防建设相辅相成，既可以形成海洋资源开发利用的实际性法理行为，也可以实现维护南海权益的根本目标。通过加快南海资源开发步伐，重点推动南海中南部油气资源共同开发，适时进行油气资源的自主勘探开发，以此彰显经济存在。至于如何有效地保持经济存在，不妨借鉴长期以来中国在陆上开发所实行的屯垦模式。例如，屯田制主要是以国防为主要目的而实行的一种土地开发利用形式。即在国土边疆军事要地，以驻军和移民开垦荒地，种植粮食等作物，发展农牧生产，供应军需给养，实行兵农结合，抗御外敌侵扰。早在秦统一六国前，秦国政府就实行了屯田制，屯垦戍边成为秦国治边政策的主要内容。秦统一六国后，秦朝中央政府在河套地区移民屯垦戍边，为维护边疆安定起到了十分重要的作用。正是看到了秦王朝移民戍边所取得的效果，进入汉代之后，屯垦广布于西北、北疆、东北等地区，一方面为汉王朝解决了军队的补给问题，另一方面也为维持边疆稳定保持了一支重要的军事力量。有了秦汉两朝的成功经验，此后的历代封建王朝都令大批百姓移民边疆，成为“国之士卒”，“有事可征战，无事可家耕”。尤其是到了清朝，不仅将屯垦戍边作为治边稳边的主要政策，而且将屯垦的形式由军屯为主，发展为民屯、遣屯、旗屯、回屯等多种形式。这些形式不仅使这一古老的政策在边疆治理中的作用得到了充分发挥，而且对边疆经济社会的发展也起到了极大的促进作用。新中国成立后，党中央借用屯田制，在新疆、黑龙江、内蒙古等地组建生产建设兵团，对维护边疆稳定、促进边疆地区生产开发起到了巨大的作用。因此，借鉴古代屯田的思路经略海洋，在南海实行屯海制，可以成为扩大并维持南海经济存在的有效方式之一。通过组建不以军队形式出现而实际上亦军亦民的力量实质性进驻一些海岛和海域，长期居住和进行渔业生产、油气开发等生产经营性活动，体现军民结合、寓军于民的开发策略，这不失为一种体现管辖和经济存在的有效形式[①]。在渔业生产方面，可尝试在南海腹地打造具备旅游、补给功能，产业链项目完整的岛屿渔港经济区，做到集中作战、统一部署，从而避免渔民游兵散勇式作业而面临的各种风险，发挥集群效应。在油气开发方面，应在开发机制上适当为国有大型石油公司松绑，鼓励石油公司赴南海中南部海域作业，体现每一座石油平台就是一个“人造岛礁”或者“流动国土”的理念，加大在争议海域的存在。这对昭示和维护中国的海洋权益，发挥“屯海戍边”的作用具有特殊意义。在组织形式上，可以采取公司制形式组建有关开发部门，具体人员可从转业或退伍的海军官兵中调配，赋予其生产性设备，实现守礁和生产相结合的策略，在不同海区也可有针对性地采取差别策略。屯海制作为军民融合、寓军于民的经济活动组织形式，不仅是屯田制的发展和升华，也是全面统筹协调海洋开发与国防建设的重要途径，也有助于加强中国在南海争议区域的经济存在。

目前，中国在南沙虽然强调“主权属我”，但更多的是一种政治宣示，在经济上缺乏更多、更为有效的开发建设主体。因而，现阶段中国的南海战略，除了坚持“主权属我”的政策纲领以外，要着力于在经济层面彰显实际存在，着眼于从渔业、油气资源勘探开发、旅游

---

① 王佩云．激荡中国海［M］．北京：作家出版社，2010.

等多方面加强经济存在，发挥南海作为中国未来能源与资源基地的重大作用。南海目前存在的问题，就中国自身而言，首先是一个战略缺失的问题，这使得我们在行动方面多有被动，甚至有时候会处于投鼠忌器、进退维谷的境地。外界也认为中国的行动显得飘忽不定、反复无常，原因无外乎是有策略而无战略的结果。因此，目前亟待制定南海宏观战略规划，从而为南海的长久发展打下坚实的基础，而南海开发战略正是其中的重要内容。历史上中国在海洋开发方面一度遥遥领先，直到近现代才逐渐落后，在海洋方向错失了许多发展机会，现在终归到该发力的时候了。像西部大开发一样，以南海为目标对象的南海大开发同样需要谋篇，而且同样大有可为。

第二节　南海开发与海南作为

海南与南海的关系密切而特殊。海南地处南海，自然与南海形成了不可割舍的联系。1988 年建省时，全国人大授权海南管辖南海诸岛及其附近水域，总面积约占全国海域面积的 2/3，海南因而成为中国最大的海洋省份，也是中国唯一被全国人大授予海洋管辖权的省份。海南在南海资源开发方面有着长久的渊源，海南渔民千百年来前赴后继，在南海诸岛进行作业生产，亲历并见证了中国人民发现和开发南海渔业资源的悠久历史。从地理区位上看，海南岛处于中国大陆南端，是南海资源开发最能依托的陆上基地。其保障和服务功能条件突出，优势地位得天独厚，将为南海大开发发挥举足轻重的作用，既是南海开发的排头兵，也是南海开发的桥头堡。对于海南在南海开发中的地位、作用和任务，几十年来党中央和国务院曾在一系列文件中有过明确的指导意见。1983 年 4 月“中央 11 号文件”《加快海南岛开发建设问题讨论纪要》中明确提出：“要把我们祖国这个宝岛建设得更加壮丽富饶，更多地提供国家需要的重要资源，更好地为开发南海石油服务。”1986 年 9 月，邓小平同志在与美国记者迈克 · 华莱士的会谈中，指出海南岛的石油天然气资源非常丰富，南海三个大油田，有两个就在海南岛附近海域，国内发现的最大的海上天然气田也位于南海西南部莺歌海盆地。1987 年 6 月，邓小平同志向来华访问的前南斯拉夫高官科罗舍茨说："我们正在搞一个更大的特区，这就是海南岛经济特区。海南岛和台湾面积差不多，那里有许多资源，有铁矿、石油，还有橡胶和别的热带、亚热带作物。海南岛好好发展起来，是很了不起的。"可以说，邓小平同志当年对海南的发展和南海的开发寄予了很大的希望。1988 年 4 月，国务院批转的《关于海南岛进一步对外开放加快经济开发建设的座谈会纪要》，明确要求海南发展经济必须立足于开发利用海南丰富的自然资源，包括海洋资源。尤其值得一提的是，2009 年年末的《国务院关于推进海南国际旅游岛建设发展的若干意见》中，明确提出"把海南建成南海资源开发与服务基地"。这一战略定位不仅充分考虑到了海南地处南海前沿的先天条件，也照顾到了海南对南海经济开发以及南海问题的特殊关切，大大丰富了国际旅游岛建设的内涵，必定进一步加快推进南海综合开发的进程。

诚然，海南在南海开发过程中还存在明显的短板。海南省 2011 年海洋生产总值达到 612 亿元人民币，占全省生产总值的 27%，成为国民经济的重要支柱，但海洋和渔业产值及海洋科技力量均为全国倒数第一，与发达地区差距较大，发展任重道远。另外，从陆海面积比、人均拥海面积、海洋科技实力、船舶保有量等多个指标看，海南在海洋开发和管辖利用方面还存在"小马拉大车"的现象，亟待加大对海洋科技的开发与投入，将海洋产业做大做强①。国家可考虑将海南纳入海洋经济试点省，在体制机制、相关政策等方面进行试验创新，这将有利于释放海洋经济发展的要素活力，充分发挥海南海洋资源优势，增强壮大海南经济实力，促进海南较快实现富民强省的战略目标。另外，也可考虑支持海南加强南海科学研究能力建设，支持国家级科研机构在海南建立或派驻专业的海洋研究分支机构，选派海洋

① 海南要做好海洋这篇大文章［N］. 海南日报. 2011－3－18.

专业高端科研人才到海南从事科研事业，加强对海南省海洋科研人员的培训。而且，从国际海洋开发利用的趋势来看，未来资源潜力在海洋，海洋资源潜力在深海。南海深海面积占到整个海域面积的70%，是典型的深海区。海南地处南海前沿，在发展深海科技和应用技术领域具有先天的优势条件。海南需要借助中科院在三亚建立深海科学与工程研究所的良好契机，加大对深海科技的重视和投入力度，加强深海技术的产业化培育和人才培养，力求提升海洋经济开发的精细化运作水平，争取在南海深海研究和开发领域取得一席之地，使得海南在海洋开发上形成“深耕海、耕深海”的优势局面。全面实现把海南建成南海资源开发和服务基地的战略定位目标。

海南建省办经济特区二十多年来，海南海洋产业发展取得巨大发展，逐步形成了海洋渔业、滨海旅游业、海洋交通运输业、海洋油气产业等几大支柱产业。目前，海南海洋产业布局日趋合理，产业定位和优势日益清晰，已经发展形成了以海口、三亚和洋浦等为区域中心的各具特色的沿海产业经济带。除了具有众多大型的天然良港码头外，海南岛海陆空主体交通体系正在逐步建成。伴随着海洋产业基础设施的不断优化和完善，海南已经具备了作为南海资源开发与服务基地的各项条件。

从国家层面而言，南海开发是一项涉及政治、经济、外交、科研以及安全等诸多领域的系统工程，需要在宏观层面上予以统筹规划和部署；而从海南地方层面来看，海南地处南海前沿，区位优势无可比拟，基础设施条件快速提升，是推进南海开发最可依托的综合保障与服务基地。海南在发展过程中，一方面要切实贯彻落实国家赋予海南的这一战略定位，积极提出建设海洋强省在目标、政策、项目以及资金等方面的诉求，争取国家的最大支持；另一方面也要根据国家的战略部署，充分利用南海资源优势，积极推进临港工业发展，加快推进南海综合开发进程。

根据国家发改委批复的《海南国际旅游岛建设发展规划纲要(2010－2020)》，海南省重点规划建设东部、南部、西部、北部、中部以及海洋六大功能组团。其中海洋组团包括海南省近海和三沙市受权管辖海域。重点是巩固提升海洋渔业和海洋运输业，做大做强海洋油气资源勘探、开采和加工业，大力发展海洋旅游业和海洋新兴产业。在保护好海洋生态环境的前提下，高标准规划建设特色海洋旅游项目。

结合海南国际旅游岛建设六大功能组团规划，海南在建设南海资源开发与服务基地中将大力依托本地优势资源，充分发挥各功能组团的特色定位，加大南海渔业、油气、旅游等资源的开发力度，加强海洋科研、科普和服务保障体系建设，形成带动全省经济发展的临海型工业经济地带，使海南成为我国南海资源开发的物资供应、综合利用和产品运销基地。

目前海南正积极统筹推进“四方五港”（即北部海口港、南部三亚港、西部洋浦港和八所港、东部清澜港）、渔港和专业化码头建设，加快南海渔业与生物资源、油气和矿产资源、岛屿旅游资源等开发与服务基地建设。积极扶持提升壮大海洋渔业、海洋油气产业、海洋船舶工业、海洋交通运输业、海洋生物制药等特色海洋产业，旨在推动海南海洋经济的跨越式发展。

在以南海资源开发为导向的海洋经济产业发展领域，海南将着重加强渔业生产安全体系建设，大力发展深海养殖业和远洋捕捞业，发展海洋生物工程等新兴产业；加大南海石油资源勘探开发力度，提高南海油气资源开发利用水平；加快西沙群岛等岛屿旅游资源的开发与利用，推动海南旅游经济从岛屿型模式向岛屿—海洋型模式转变。在以南海资源开发为导向的涉海产业功能区划方面，海南将结合已确立的六大功能组团规划，分区域、分功能建设南海资源开发与服务基地，具体来说至少包括五个方面：一是建设南海资源的加工、仓储和运输物流基地，为南海资源就近加工利用提供相关服务；二是建设南海资源开发的海洋工程装备制造和维修服务基地，为开发南海资源提供硬件和技术保障服务；三是建设南海资源开发的技术支撑和科研基地，为南海资源的综合开发与利用提供科技和智力支撑服务；四是建设南海资源开发的人力资源保障和后勤生活保障基地，为南海资源开发的企业提供人力资源培训和后勤生活服务；五是建设南海资源开发与利用的金融服务基地，为渔业、油气化工业物资和产品交易提供相关金融及相关交易平台服务。

目前，渔业资源开发与服务基地依托以三亚市为代表的南部组团以及琼海、万宁两岸组成的东部组团来建设。海南将充分利用现有的42个渔港和国家规划的6个中心渔港及6个一级渔港，为南海渔业资源开发与捕捞业提供有力保障。同时规划在三亚、琼海等地建立南海渔业发展综合服务保障基地，以此为基础着力构建产业集群，最终形成海南省统筹一体的渔业及海洋产业综合性园区，为相关企业和产业发展提供了一个涉及生产、生活和生态的广泛交流平台。

旅游资源开发与服务基地依托以三沙市为主的海洋组团、以三亚为主的南部组团以及以海口为主的北部组团来建设。海南将积极加强三沙市基础设施等建设，加大海南岛与西沙群岛之间的岛际交通建设力度，加强西沙旅游综合保障基地建设，完善配套服务设施，充分发挥海南热带岛屿旅游资源丰富的优势，大力挖掘海洋文化内涵，带动开发滨海度假、海洋观光、海岛休闲、邮轮旅游、海上运动等特色旅游项目，力争早日将海南建成世界一流的海岛休闲旅游目的地。

油气资源开发与服务基地依托以洋浦为主的西部组团、以三沙市为主的海洋组团以及以海口为主的北部组团来建设。近年来，海南省通过与中海油、中石油等国内大型石油企业开展合作，逐步实施建设了一系列油气化工项目，建成了以洋浦经济开发区为代表的油气化工产业基地，为海南省进一步发展海洋油气产业打下了良好的基础。目前，洋浦拥有炼油、油气储备、石油化工和装备运输等产业链。特别是随着中石化800万吨炼油项目投产，一大批设计生产规模在国内位居前列的后续化工项目陆续入驻洋浦开发区，洋浦石化产业集聚效应明显，已经初步具备产业集群优势，未来有望发展成为我国最大的油气化工加工、交易和集散基地。

海南省将利用洋浦的区位、政策和填海造地形成的深水岸线、土地资源等优势，大力加快油气加工和储备产业发展。积极做好油气资源下游产业链的项目投资建设工作，进一步夯实油气化工产业基础，将油气资源优势转变成为海南的经济优势和产业优势。同时加快推进南海油气资源开发服务保障基地建设，形成带动全省经济发展的临海型工业经济地带，使南海资源开发成为海南新的重要的经济增长极。

海南将积极配合支持三大石油公司加强南海石油资源勘探开发，努力将海南建设成为南海油气资源勘探开发、加工和服务基地。海南将从三个方面重点推进工作：一是加快推进西沙群岛综合补给基地建设，为海上油气开发提供后勤保障和物资中转服务；二是积极推进洋浦油气化工项目建设，为开采上岸的南海油气资源就近提供后方加工基地；三是加强海南本岛油气开发服务基地建设，为海上石油钻井平台和各类船舶作业提供相关服务。

目前，海南在南海油气资源开发和服务基地建设方面已取得初步进展，比如中海油湛江分公司石油天然气勘探开发平台支持基地南移300多公里，迁移至海南澄迈老城经济开发区马村港。该基地作为海上石油、天然气开采作业的大型后勤保障平台，不仅为中海油围绕海南岛石油、天然气勘探开发提供强有力支撑，更能对海南发展能源配套产业、延伸石化等产业链条产生重要推进作用。海南还在三亚建设了中石油开发服务基地，作为中石油开发南海油气资源的科研和后勤保障基地。“十二五”期间，海南将积极支持和引进国内大型企业在本岛建设修造船、海洋工程设备项目，争取把海南建设成区域性船舶制造基地，为开发南海油气资源提供装备制造和维修服务。综上所述，海南将充分发挥得天独厚的地理区位优势和南海丰富的海洋资源优势，立足于海南省情和产业特点，积极、稳妥地推进南海资源开发。使海南成为南海开发的“桥头堡”和“大本营”。

第三节　两岸携手开发南海

台湾作为南沙争端的一方，自1956年以来一直驻守着南沙最大的岛屿——太平岛，在南海问题上发挥着不可忽视的特殊影响。

一、台湾在南海问题上的立场变迁

台湾当局认为，南沙和西沙群岛与东沙、中沙群岛一并，自古以来就属于中国的领土。总体上而言，海峡两岸在南海问题上有着共同的语言和利益所在，但受台湾岛内政局的影响，台湾当局在南海问题上的立场主张有过几次明显的变化。在“两蒋时代”，台湾坚持南海主权的立场毫不含糊，坚称南沙群岛自古以来就是中国的领土，海峡两岸甚至一度形成了共同守卫南海的默契[①]。20世纪90年代初，台湾当局在维护南海主权问题上态度也相当积极。1993年年初，台湾“行政院”公布《南海政策纲领》。1995年“美济礁事件”导致南沙争端升级后，台湾方面也不断重申南海主权所属。但李登辉执政后期，台湾当局的南海立场从早期的积极进取向消极应付蜕变。2000年民进党上台执政后，台湾当局的南海政策发生了重大变化，对南海主权的立场变得低调与消极，其南海政策始终比较混乱。陈水扁当政八年中，台湾当局在南海问题上自始至终缺乏对南海政策的清晰定位。反而企图以“台湾”名义作为一方，参与南海问题的多边对话与谈判。其战略出发点，并非要维护“中华民国”对南海的主权，而是一切均围绕台湾寻求政治独立而进行，希望以一个独立的“主权国家”身份参与南海对话与合作，扩大台湾在南海问题上的影响力，提高台湾的国际参与度。直到2008年国民党重新执政后，台湾当局在南海问题上的

---

① 冯梁等．两岸南海政策：历史分析与合作基础［J］．世界经济与政治论坛，2010，4.

立场有所调整，重新回到正确的道路上来，总体上回归《南海政策纲领》，推动两岸合作。近年来，台湾舆论界认为，海峡两岸今后要努力确保中国在南海诸岛的固有主权，强调两岸合作开发海域石油资源，对外应协调南海立场。在维护南海主权与共同开发资源问题上，海峡两岸有着共同合作的利益与基础。

二、两岸携手开发南海符合共同利益

早在20世纪90年代初，两岸就南海的油气开发就进行了初步的磋商与接洽。大陆中国海洋总公司与台湾中油股份有限公司就在油气勘探合作方面进行了初步接触与尝试。经过两年的前期调研后，中海油与中油旗下子公司——海外石油及投资公司于1996年7月在台北签署了“台南盆地和潮汕凹陷部分海域石油物探协议”，通过在第三地成立合资公司方式合作勘探油气资源，由此揭开了海峡两岸在南海东沙海域进行海上油气开发合作的序幕①。

东沙海域位于南海北部陆坡的东部，以东沙环礁水域为中心。东沙海域不仅渔业资源丰富，海洋油气资源也相当可观。东沙海域水深从200米至3000米不等，覆盖了珠江口盆地、台西南盆地和笔架南盆地等部分含油气构造区域，具有油气成藏的充足物源条件和有利的地质条件，是潜在的油气资源富集区。而且，东沙群岛的战略位置十分重要，它正好处于台湾、香港及珠江口大三角地带的中心区域，北距汕头港260公里、南距中沙群岛480公里、东北距高雄港440公里、西北距香港320公里、西南距海南岛榆林港670公里。东沙群岛扼守台湾海峡、巴士海峡之“咽喉”，北上可挺进东海和太平洋，南下则可辐射整个南海。东沙群岛从“二战”结束至今，60多年来一直处在中国台湾地区的实际管控之下，有利于排除外方干扰，推进两岸在

① 陈瑞祥．OPIC跨过海峡中线开展两岸合作探油．台湾中油海外投资回顾研讨会，2009.10.

东沙海域合作勘探与开发油气资源。由于东沙海域距离大陆和台湾海岸均比较近，近海油气作业的优势比较明显，方便于后勤保障以及油气转运。加之中海油公司已在东沙海域周边开采油气多年，积累了丰富的运营经验，有助于合作双方的联合作业生产。

从能源供需结构来看，大陆和台湾都面临着能源需求不断增加、石油供给对外高度依存的严峻形势。为了降低石油供给风险，保障能源安全，海峡两岸都在不断开拓能源供给的多元化渠道。由于双方陆上油气资源的勘探开发空间已很有限，而海上油气资源的开发潜力巨大，海峡两岸应加强在海上的油气勘探与开发合作，共同应对能源困局，具有重要的意义。南沙海域油气资源丰富，有关周边国家单边开采多年，两岸合作开发南沙油气资源，不失为维护中华民族在南沙权益之重要途径。但考虑到南沙距离遥远，对两岸石油公司来说属于远海作业，由此涉及作业补给、油气转运以及安全保障等一系列复杂问题，加之南沙争议等敏感问题的存在，总体而言，双方合作开发南沙油气资源面临的挑战不小。东沙海域作为潜在的油气资源富集区，距离大陆和台湾均比较近，区位优势明显。海峡两岸在东沙海域合作进行海上油气勘探与开发，为今后在其他海域合作积累经验，具有先行借鉴意义。

2008 年 12 月 26 日，中海油与中油公司在北京共同签署了“合作意向书”、“台南盆地和潮汕凹陷部分海域合作区石油合同修改协议”、“乌丘屿凹陷（南日岛盆地）协议区联合研究协议”等四项协议。这标志着两岸油气合作有了实质性的进展，两岸石油界的合作由此真正开始深化。2009 年 9 月，双方续接 2006 年以前未完成的任务，实施了在台潮区块钻探第二口井（大埔 21 - 1）的计划。此外，双方在台湾海峡北端南日岛盆地协议区块的合作研究也受到外界关注。中海油与中油在南日岛盆地的协议区面积 9804 平方公里，双方合作模式依照“台潮模式”进行，主要对合作区域内的石油地质数据进行油气资源量研究。一年协议期满后，双方提交共同研究报告，并根据评估报告结论，商定是否签订后续阶段的物探协议或石油合约。

纵观中海油与中油十几年来的合作历程，尽管不是一帆风顺，但双方排除各种干扰，携手一路走来实属不易。海峡两岸在南海资源开发的过程中，达成了诸多合作默契。对于南海问题，双方在寻求“九二共识”的基础上，将政治上的分歧先搁置；在实践中，两岸共同深化在南海主权上业已清晰的“一个中国”的认知，即双方都认为南海诸岛主权属于中国，这是建立两岸合作的基础。面对新一轮全球海洋油气开发的热潮，两岸海洋油气合作勘探与开发遵循先易后难、稳步推进的原则，从东沙海域平稳入手，力争在这一区域获得突破；在合作过程中相互借鉴学习，共同提升技术水平；然后再积极稳步推进，适时将油气开发区块拓展至东海及南沙海域，这是双方比较稳妥有效的合作路径。在政治层面，两岸也应该加强协商与理解，保持积极开放的合作姿态。过去十几年，中海油公司曾多次邀请中油公司参与在渤海、东海的油气合作开发事宜，但受制于政治环境的影响，始终未能成行。2002 年中油公司曾有意参与南海北部珠江口盆地油气开发区块的投标，但由于当时台湾当局的反对，计划最终被迫搁浅，后来在该区域相继发现 3 个储量达上千亿立方米的大型气田，参与勘探作业的欧美石油公司收益不菲。中海油与中油在台潮区块的携手可谓开了一个好局，目前最大的期待就是钻获油气发现，切实推进开采作业，从而提振双方的士气与信心。尽管当前钻探作业效果不如最初预期的那么令人振奋，但双方获取了第一手的油气地质资料，深化了对这一海域油气资源的认识，这却是不争的事实。由于海洋油气勘探是一个高投入、高风险的行业，海上钻井的成功率一般最高维持在 40% 左右，钻井失败的情况时有发生。因此，尤其需要合作方加强协商与理解，切实践行利益共享、风险共担的原则，这样才能真正促进油气资源的勘探与开发。中海油与中油双方不应囿于当前的挫折，而应该放眼于长远。在台潮区块多年合作的基础上，双方更需要扩大共识，保持更加积极开放的合作姿态，把握好来之不易的合作机会。

鉴于近年来越南、菲律宾等加大在南沙海域的油气开发力度，对中国的油气自营开发和共同开发策略构成重大挑战，两岸应加强合作，共同维护和保障南海权益。基于两岸关系出现新的形势，海峡两岸应将南海问题列入两岸协商议程，共同成立“南海事务协调小组”，共同维护中华民族的利益、维护中国的主权与领海完整。这不仅有助于化解两岸的敌意，还可为两岸军事安全互信机制的建立创造条件。此外，两岸应进一步协调南海立场。两岸南海合作可以先从油气资源开发领域入手，实现利益共享，逐步积累合作共识。在两岸实际管辖的南海岛屿，两岸也可以在相互尊重的前提下，合作进行开发。

第四节　南海开发要从全局谋篇

面对南海问题日趋复杂的态势，中国加强南海开发是体现实际管辖、彰显存在的有效方式之一。从经济层面巧做文章，以南海资源开发利用为抓手，以中国驻守的南海岛礁为依托，实现南海主权维护从“守岛”到“用岛”的根本性转变，这既可以形成南海资源开发利用的实际性法理行为，某种程度上也可以维持这种行为的可持续性。如果把南海开发比作中国进军海洋的宣言书，那么这个宣言书一定要做长，一定要做大。不必拘泥于细枝末节的得失，而应该有通盘统筹的大视野。不妨从维护主权、协调两岸、融合周边、经略海洋四个方面，来进一步阐释南海开发所应具有的大视野。

首先，南海开发应基于维护南海权益。在当前南沙地区矗立着上千口油气井，而中国尚未有一口油气井的情况下，寄望于与有关周边国家在争议区进行共同开发恐怕是不现实的。中国只有在南沙地区竖起了自己的油气井，才能有与有关周边国家谈判的基础和筹码，才有望实现搁置争议，共同勘探、共同开发，从而实现南海经济开发的新突破，这也符合博弈论的根本原则。否则，共同开发仍然只是中方一厢情愿的善意希望，得不到其他国家的切实响应。目前，中国陆上油气田大多数开采年限都在 30 年以上，而且大部分油田采出程度已经达到 70%，亟待打造海上油气能源接替区，从而缓解陆上油气资源开发面临的压力。通过自营开发和对外合作的方式有效地开采和利用南海油气资源，特别是南沙地区的油气资源，这是中国尤其开发战略从陆地走向海洋，从浅水走向深水的必然选择。更重要的是，中国的海洋油气开发技术经过多年的进步，已经具备了大规模开发南沙深水油气资源的能力。过去多年以来，中国在南沙开发方面一直贯彻“渔业先行”的战略，在当前的新形势下，应该在巩固提升传统维权开发战略的基础上，将资源开发重心转移到油气资源勘探与开采方面，这是实现在南沙渔业资源和油气资源开发方面“双腿走路”的客观需要。在实施主体上，目前不仅中海油对南沙油气开发上的积极性很高，而且中石油、中石化等国内石油巨头开始加快“下海”的步伐，广东、海南等地方政府参与南海油气资源开发的积极性也很高。中国应借鉴国际经验，采用国际招标的方式合作推进南沙油气勘探开发。加强油气资源勘探开发，及国际海底区域资源勘探开发与环境保护的国际合作，并使国内业务工作与国际海底区域制度相适应。就中国在南海的油气开展战略而言，目前也有着调整和改进的空间，应确定南沙油气开发“先远后近，先南后北，先争议地区后非争议地区”的总体战略，在技术和确保安全的前提下，先开发南沙的油气资源，特别是在南沙争议区域进行钻探作业，实现南沙油气开发井零的突破，从而扭转中国在南沙争端中所面临的被动态势。随着众多的跨国石油公司卷入南沙油气开发，中国在争议海域开发越晚，影响力就越弱，发言权就越小，将来在南沙的维权成本就会越高。因此，在南沙地区开采油气不仅是中国彰显海洋开发实力的体现，也是强化存在、维护海洋权益的必然举措。

其次，南海开发要着眼于协调两岸立场，共同维护中华民族在南海的主权与发展利益。无论两岸在政治领域存在多少分歧，但在南海问题上，两岸却有着共同的利益，这是两岸深化南海合作的基础。从宏观意义上来说，南海问题与台海问题某种程度上有着联动效应，如果台海问题率先解决，则有助于统一后的中国集中精力解决南海问题；同样，南海问题的解决过程反过来也有助于拉近两岸的距离，为两岸解决台海问题加分。因此，南海开发也要照顾到台湾的利益关切，发挥台湾在南海问题中的特殊作用。尽管在现实政治中，两岸南海合作将面临无数困难和“不可能”，但在民族利益面前，两岸决策层需要高瞻远瞩、集思广益，拿出符合两岸共同意愿的合作框架。在当前中方倡导的“搁置争议，共同开发”政策实施效果不彰的情况下，为了扭转被动态势，中国的南海战略是否应该变为“有效存在，适度开发”，尽管目前存在分歧，但如果做此调整，那么台湾因素所体现的重要性则凸显无疑。台湾扼守南沙最大的岛屿——太平岛，长年拥有淡水，并且占据南沙群岛的核心地位，在南沙资源开发方面可以作为最重要的后勤保障基地。而大陆恰恰就是因为在南沙缺乏有效的依托平台，从而使得在经济开发活动方面无法做到游刃有余。如果两岸在南沙开发方面能达成共识，那么，海峡两岸在南沙的开发形势将为之显著改变。从安全保障方面来说，太平岛其实就像是一艘在南沙腹地永不沉没的“航母”，是活跃在南沙地区的“中国存在”，例如各种船舶以及随之而来的石油平台等，都可以得到这艘“航母”的策应和有效庇护，在中国加大在南沙进取强度的情况下，周边国家的肆意妄为也将有所收敛。这种战略效用，远非中国媒体所热炒的“瓦良格号”所能比拟。从协调两岸关系的角度来看，除了通过经济不断融合而使大陆对台湾保持影响力之外，南海问题也是两岸不断增加增信释疑、扩大互信的重要领域。由于南海问题在中、美、台三者之间互动博弈过程中日益显现的特殊影响，两岸在南海问题上的立场表态也成为美国判断两岸关系亲疏的风向标之一，并且逐步为美国所重视。倘若两岸建立合作关系，将为两岸在南海进取作为打下了重要基础。因此，尽管大陆在技术、人力、物力等方面已经具备了很大的优势，甚至很多时候可以独立作为，但作为拉近与台湾距离的一部分，大陆在南海开发上仍应该着眼于加强与台湾的互动与合作。基于共同利益和海峡两岸的互信增加，促进两岸在南海携手开发值得期待。

再者，南海开发要着眼于融合周边，推进区域经济一体化建设。东南亚是美国对外贸易的重要市场，也是中美经济竞争的重要区域。

美国高调介入南海问题，不仅有着地缘政治方面的战略考量，在某种程度上也有与中国争夺东南亚经济主导权的考量，其意在分化中国经济的区域整合力，最终强化美国在东南亚地区的经济地位。2009 年以来，美国力推“跨太平洋战略经济伙伴协定”（TPP），谋求削弱中国—东盟自由贸易区的发展势头，抢夺亚太经济合作的主导权[①]。倘若按照现行的框架规则，一旦美国主导的 TPP 机制最终得以成功建立，那么将对目前中国—东盟自贸区等有利于中国的贸易框架产生极大的弱化作用，甚至有可能使东亚“10 + 3”机制名存实亡。美国因素的凸显，使得中国处理大国关系和周边关系的矛盾在南海问题上出现交叉重叠，统筹大国关系和周边关系的余地变小，空间受到挤压，经营多年的与东盟的良好合作关系有可能受到干扰，东南亚地区在冷战结束以来形成的传统安全格局也面临挑战和重构。因此，中国在南海开发过程中要着眼于大局，统筹并融合周边关系，无须锱铢必较，为一些看似重要的“蝇头小利”而损害中国的整体利益。就美国而言，南海石油开发的经济利益尽管不容忽视，而且美国的石油公司涉足也很深，但其实这并非美国首要的经济考量。其战略意义在于，美国可以将油井作为安插在南海的“楔子”，一旦南海冲突危及地区安全，美国可以借保护本国公司商业利益的名义，强势介入南海问题并施加政治影响力。因此，中国在南海开发方面要有宏观视野。在近期乃至较长时间内，中国的经济影响力将继续增强，南海周边国家在经济上必然要进一步借重于中国，这为中国通过经济手段维护南海权益提供了有利的条件。目前，中国—东盟自由贸易区已如期建成且发展势头良好，而与此的热络程度相比，南海“共同开发”处于相对偏“冷”的状态，但这绝不意味着“共同开发”今后“此路不通”。加强南海区域经济合作，对促进南海周边国家和地区发展海洋产业和相关产业有其可行性和紧迫性，将会从根本上推动南海成为“合作之海”，也将在一定程度上改变海南在区域经济发展中的边缘化状态，在合作过程

① 美国力推 TPP 欲主导亚太经济秩序［N］. 大公报，2011 - 11 - 15.

中求得更大的生存和发展空间。因此，从淡化领土主权及海洋管辖权争议考虑，中国可着手构建“泛南海区域经济合作圈”，成员可包括印尼、马来西亚、越南、菲律宾、新加坡、文莱等周边国家以及广东、广西、香港、澳门、海南五省区。按照 2011 年的相关统计数据，该区域 GDP 总额 3.2 万亿美元，进出口总额约 5 万亿美元；区域陆地面积约 330 万平方公里，人口近 6 亿。整个区域内海上交通发达，大小港口达数百个，加上南海和周边地区丰富的自然资源，为泛南海区域经济合作圈提供了交通便利和资源条件。可倡导将其作为次区域合作机制纳入中国—东盟全面经济合作的总体框架下，充实投资贸易、金融、农业、旅游、基础设施建设等合作内容，大力推动以经济合作为主要内容的南海区域合作，积极支持东盟主导并推进东亚经济一体化进程，通过综合手段丰富中国与东盟国家的利益融合，全力应对 TPP 对中国可能带来的消极影响。除此之外，中国在南海开发进程中也要着眼于文化融合。纵观当今世界的文明竞争格局，亨廷顿所笃信的“文明的冲突”并没有弱化，甚至局部程度还存在显化的隐忧。以儒释道精神为基础的中华文明要实现伟大复兴，自然要受到西方文明的分化和排挤。在当今的全球化时代，全世界的每一个国家和地区在人类历史上从来没有像今天一样联系得如此紧密，相互依存。而中华文明所强调的“天下”以及“大同”的思想淡化了国家、民族和疆界的概念，顺应了这种“地球同一村”的趋势。这种超越国界的文明和文化体系更加能够适应全球化的时代，为实现全世界的和谐提供了可能。环顾中国的邻邦，比起经济强国日本、军事强国俄罗斯和新兴大国印度，东南亚虽无庞大的经济规模，也无对中国构成实质性威胁的军事实力，却实现了世界几大文明的相互融合的实质性存在。泰国的佛教文明，印尼、马来西亚的穆斯林文明，越南的儒释道文明，菲律宾的天主教文明在此实现了高度融合，东南亚地区将成为中华文明世界化的突破口。中国如若对此加以利用，中华文明的生存和发展空间将得到大幅度的提升，融合了东南亚宗教文化多元性的中华文明将展示更加强大的生命力。因此，中国应加强与东南亚国家的政治、经贸往来，以及文化交流等领域的合作，全方位扩大并夯实中国的影响力，这是南海开发所应有的更深入、更广泛的内涵。

最后，南海开发要体现经略海洋的思想。南海资源开发固然重要，对于推动中国今后发展具有显著的意义。但是，也无须将关注的视角局限在“多打几条鱼、多采几桶油”的纯经济因素层面，而应该在多层面齐头并进。对中国而言，成为海洋国家的根基在于南海，而最棘手的问题也在南海。邓小平同志当年在南海问题上提出“搁置争议，共同开发”的主张，是为了给国内的经济建设提供一个相对和平的周边环境。而在今天的现实条件下，这同样十分重要，并且被赋予了新的含义。只有全面体会到南海对于中国发展的重要性，才能认识到把南海建设成为和平之海、友谊之海、合作之海并非是口号，而是需要切实践行的政策方案。

第八章　经略海洋

【提要】 经略海洋，是指国家综合运用政治、外交、军事、经济、科技和法律等手段，对国家海洋方向的利益和安全进行战略谋划和经营管理。早在400多年，明代有识之士郑开阳和胡宗宪，就已提出了“经略海上”的战略思想①。向海则兴，背海则衰已经被古今中外的大国发展史所证明。在海洋世纪业已来临的今天，经略海洋对于实现中华民族的伟大复兴有着至关重要的作用。

第一节　向海而兴，背海而衰

中国历史上曾有过辉煌且长久的兴盛期。只是到了近代，中国才开始变得衰弱，甚至一度处于备受欺凌、任人宰割的境地，以至于让外国研究学者对“老大”中国的盛衰变迁史徒增感慨。对于中国开始衰落的起源，英国学者李约瑟教授曾给出了明确的答案。

---

① 李明春．从海洋文化史看经略海洋［N］．中国海洋报，2005－12－24.

一、“海禁”禁锢了什么

李约瑟本人曾潜心钻研中国科学史，其在扛鼎之作《中华科学文明史》中明确阐述，中国的落后是从明朝后期开始的。而在此之前，中国古代在行政体制、科技、文明等诸多方面曾经独占鳌头，遥遥领先于世界上其他国家。中国在许多领域的成就远在欧洲之上，而且中国人的聪明智慧一点也不亚于希腊、罗马时代的欧洲人。因此，李约瑟得出结论：“中国文明在科学技术史上，曾起过从来没有被认识到的巨大作用。”当然，这样的结论确实不失公允，对国人来说也比较受用。但是，当面对李约瑟在此基础上提出的，至今还备受关注的“李约瑟难题”时，想必不少人都心有戚戚然。所谓“李约瑟难题”，其主旨内容是：尽管中国古代对人类科技发展做出了很多重要贡献，并且在科技发展上长期领先西方，但为什么科学和工业革命没有在近代的中国发生呢？对这一著名问题，学界的争论一直非常热烈，持续了大半个世纪。在此过程中，李约瑟也成为西方世界了解中国古代科技和文明的一座桥梁，成为在西方学界研究中国问题的学者中与美国人费正清并立的让人仰止的两座高峰。但是，即便如此，这个为我们提供了无数有关中国科学史的基本事实的学界泰斗，自己却亦未能对这个问题给予令人满意的答案①。他在《中华科学文明史》及其他相关论著中曾试作种种解答，然而往往语焉不详，以致他的传记作者也不甚信服其说，而评之为“只见树木不见森林”。平心而论，“李约瑟难题”之所以谓之为难题，关键在于它只是提供了一种假设，而不是事实。对于历史上未曾发生的问题，后人恐怕很难找出其根本的原因。因此，我们与其追究“现代科学为何未出现在中国”，倒不如去研究“现代科学为何出现在西方”。从这个视角上来说，民众思想是否被禁锢可以看作是盛衰的分水岭。尽管导致社会保守、民众思想被

① 李约瑟文集. 沈阳：辽宁科学技术出版社，1986.

禁锢的主客观因素有很多，但明太祖朱元璋所力推的“海禁政策”无疑是脱不了干系的。海禁限制了中国沿海以及对海外的贸易活动，无形中也就捆住了人们的手脚，束缚了人们的对外交流的思想追求。

在明朝以前，中国早在汉朝就开辟了海外通商贸易的“海上丝绸之路”，特别是宋元时期的海外贸易发展到了很高的程度。据考证，宋代与五十多个国家和地区有贸易往来。宋王朝疆域狭小，又兵额庞大，单靠农业税无法维持巨额财政支出，迫使宋朝政府将目光投到商业和海外贸易上，宋高宗赵构曾有句名言：“市舶之利，颇助国用，宜循旧法，以招徕远人，阜通货贿。”这很好地说明了当时执政阶层的施政理念。因此，宋朝也是采取了一系列保护和招徕外国海商的措施。到了元朝，尽管海禁时兴时废，其间出现了四次海禁，但并不“十分”严格，元朝统治者积极采取重商主义政策，鼓励海外贸易和对外出口，其市舶管理和征税制度愈加完备，元代的海外贸易由此发展到一个新的高度。海外贸易所带来的收入在国家财政收入中占了很大的比例，成为元朝的“军国之所资”。由于积极发展海外贸易，中国的舰船制造技术也走在了世界前列。到了明代，情况则大为不同，由明洪武皇帝首创的海禁政策最初只是为了应付倭寇之患，但在施行的过程中则愈发显现出首恶的一面。例如，明洪武年间，禁止沿海民众建造三桅以上大船下海与外国贸易，违者以谋判罪斩首论处。明永乐年间，虽然有郑和下西洋的盛景，但这只是官办的“差事”，民间的海上对外贸易活动仍遭禁绝，禁片帆寸板不许下海。这种没有贸易行为作支撑，不算经济账的航海行为从一开始就注定了难以长久维系的结局。面对并不十分强大的倭寇，一个泱泱帝国却要筑起海墙以御外敌，沿海口岸从北到南广设卫所并驻扎大批兵马，严阵以待来犯之敌，但独没想到冲破海岸线，在大海中截杀来犯之敌。明朝的闭关自守，真可谓叫人大跌眼镜。正因为如此，葡萄牙人才说：“一定要感谢中国皇帝孤立的海禁政策所造成的刻意的缺席，从而使得葡萄牙人能在毫无东方海权的抗衡下，以惊人的速度成为印度洋上的主宰者。”这种论调尽管所言不虚，但却如此令中国人五味杂陈。明朝统治者逆历史潮流实施海禁政策，表面上看与当时的海盗盛行有关，但从深层次动因来看，则在于内政而不在于外患。对于封建统治阶级而言，是否实行海禁与其是否动摇封建统治的根基密切相关。明朝以来，即使永乐年间提倡航海，其目的无非是为了显示大明王朝的强大，追求万邦来朝的盛况以及奇珍异宝的奢靡。但当航海活动和海上贸易推动商品经济发展，促进人民思想解放以及社会伦理观念改变时，封建统治者担心无法驾驭人民从而危及自身的统治，因此坚决禁止海上贸易等商业活动。在封建统治者看来，商业贸易者不像农业生产者那样被固定于一地而易于控制，他们往往相对集中地进行生产活动，容易“啸聚生叛”。而且，他们思想活跃、与蛮夷相通，有可能危及教化。长此以往，这种航海贸易活动就超出了以小农经济为基础的封建秩序所能容忍的限度，有可能动摇“以农为本”的自然经济基础。从这个层面上来说，明朝封建统治阶层对其予以反对并大加禁止就有章可循了。由此可见，郑和下西洋的盛景戛然而止，有国家财力上入不敷出的原因，但最根本的原因恐怕还在于封建统治者感受到了航海活动对封建政权的潜在威胁，因此才有了禁止的意愿。而由此产生的结果是，中国在此后的几百年里远离了海洋，当然也远离了勇立潮头的机会。“海禁”禁锢了什么？答案再清楚不过了。

二、海岸线是保守与进取的分界线

大哲学家黑格尔曾说过，大海给了人类茫茫无定、浩浩无际和渺渺无限的观念；人类在大海的无限里感到他自己的无限的时候，他们就被激起了勇气，要去超越那有限的一切。中国古代哲人曾对大海有过灵动瑰丽的描写：“北冥有鱼，其名为鲲，鲲之大，不知其几千里也。”[①] 对于世人来说，“忽闻海上有仙山，山在虚无缥缈间”。大海一直蒙着一层轻纱，吸引着无数探索者前仆后继。而“禁海”的同

① 庄子《逍遥游》.

时，无疑也就禁锢了人们追求超越的勇气和梦想，让人无形中变得呆板和保守。如今有点世界史观的人都知道，明王朝当时所处的14世纪至17世纪，正是一个大冲撞、大变革的时代，世界样貌发生了剧烈而深刻的变化。随着西方航海家接连不断的“地理大发现”，整个世界令人惊讶地“连接”到了一起，丈量了地球后的西方人开始在头脑里逐渐形成了前所未有的“世界观”。当西方不少国家开始认识海洋，并且全面走向海洋的时候，中国还沉浸在四平八稳、天圆地方的历史迷梦里，中国当时的明洪武皇帝朱元璋逆世界潮流而动，率先推行海禁政策，使中国把辽阔的海洋拱手让给西方，关起门来寻找一种虚幻的安全感，由此也痛失了历史发展的先机。

诚然，以历史唯物主义的眼光来看，明朝初期发轫的海禁政策在有明一朝所背负的恶果并不深重。海禁损失的经贸利益对当时世界上仍十分强盛的明帝国来说并不显眼，而明朝人的思想、科技尽管受海禁的影响，但也并非十分落后，基本上保持着与西方世界同步的水平。明朝后期西方传教士的涌入、明朝末期涌现出的一批杰出的科学家思想家，包括明朝廷本身对西方军事和科技的开明接纳和创新，都存在着能把中国带入近代社会的良好契机。但令人惋惜的是，海禁政策的余威沿袭到了清朝，并且施行数百年。尽管清朝康熙年间曾在江、浙、闽、粤设立四处海关，作为对外贸易的窗口，并一直沿袭至雍正年间。但严格意义上来说，这并不能算是开放海禁，而且朝野对此的反对声浪一直不绝于耳，致使乾隆年间清廷进一步严格实行闭关政策，只允许广州一口岸通商，而且对民间海运限制日甚。在清朝后期更是变本加厉，比明朝有过之而无不及。清朝对思想的禁锢达到了登峰造极的地步，使得中国与西方思想文明的融合整整断了两百年。直到19世纪，以魏源为代表的清代先贤们的所谓“开眼看世界”的进步思想，其实早在17世纪的明朝就产生了，只是后来被扼杀了而已。明朝的海禁，禁的只是物质，尚没有从根本上禁锢士族的思想。清朝的闭关锁国，则是愚昧地锁在骨子里，拒绝接受外来的先进事物。由此，也就缺乏了对外部世界的正确认知。如果说明朝的倭患还只是小打小闹，算不上什么心腹大患的话，那么一旦比倭寇强大多的西方列强挟坚船利炮渡海而来，海岸线上那些所谓的坚固的防御工事、威仪的火器炮台顷刻间便会土崩瓦解。华夏大地门户洞开，剩下的只有挨打一条路了。

纵观明清已降与防御外敌入侵相配套的海禁政策，回头看来着实是因噎废食的昏庸之举。数百年“封疆禁海”政策的实施，直接导致了中国与海外世界的隔绝，使中国的命运出现了历史性的转变，中国原本在16世纪前后出现的一些资本主义萌芽没有了发展的空间，它所需要的海外原料、市场，以及资本主义的原始积累和观念等，都被“海禁”这堵围墙生生地给扼杀在摇篮中了。

从地理大发现时代开始，海洋就赋予了人类广阔的进取空间。大海给予了海盗、列强从事征服和掠夺活动的便利，但同时也对鼓励人们追求利润，从事商业贸易活动而打开了大门。平凡的土地、平坦的平原流域把人类束缚在土壤上，把人们卷入生生不息、无穷无尽的依赖境地中，但是大海却裹挟着人类超越了那些思想和行动的有限圈子，创造一个与河流文明不同的崭新的世界和发展历程。航海的发达、贸易的繁荣以及新的生产方式带来的扩张、掠夺、侵略等行为方式和不义所得，这一切加速了资本的原始积累，促进了资本主义生产关系的形成与发展，在人类文明史上创造了辉煌的欧洲贸易文明。它的繁荣与演进，以种种形式影响了整个世界。纵观历史，海洋与经济紧密地联系在一起，开发利用海洋的意识和水平决定着国家的兴衰，对海洋开发利用又推动了人类文明的进程。无论是公元前16世纪时期的爱琴海文明，还是公元前5世纪左右的地中海文明，以及后来的欧洲文明，都是随着海洋商贸的繁荣而产生的。地中海文明之所以辉煌，一个重要的原因是以航海为代表的海洋贸易的发达，使得古希腊、古罗马的文明能够向四周辐射，将地中海、红海、黑海以及大西洋沿岸众多的原住民族纳入到人类文明的光环之中。历史上葡萄牙、西班牙、荷兰这样的小国之所以成为称霸世界的大国，就在于最早认识和利用海洋。海洋巨大的经济利益，同样造就了跨出国门、走向大洋的英、法、美、德、日等经济强国。从人类社会发展的进程看，一个民族只有把自身置于世界市场之中，才能取得资本主义生产方式发展所必需的广阔空间；反之，如果一个民族孤立于世界市场之外，就失去了最适合于资本主义生产方式成长的大气候。在封建体制的躯壳中，资本主义即使破土而出，仍有被窒息的可能。而西方国家海洋活动大规模、持续性的发展，与资本主义生产关系的发展几乎是同步的。通过航海活动，资本主义打开了境外市场，取得了境外原料，为其高速发展提供了条件。正如列宁所说："资本主义即是广阔发展的，超出国家界限的。因此，没有对外贸易的资本主义国家是不能设想的。"而中国漫长的历史长期处于封建社会中，从社会制度上根本限制了中国海洋商贸活动的发展，影响了中国经济走向世界。

"历史的惨重代价是以历史的巨大进步为前提的。"恩格斯道出的这句至理名言已为当代的文明史所证实。在东西方文明的激烈碰撞和冲突中，中华民族在付出了极其惨重的代价之后，先进的中国人开始睁眼看世界，并在痛定思痛中进行了刻骨铭心的思考和鉴别。中国曾经是最早开发海洋、利用海洋和航海事业发达的国家之一，但是在近代却与世界上其他海洋国家相比落后了。正如黑格尔所言，中国"没有分享海洋赋予的文明"。中国海洋文化意识不强，更缺乏经略海洋，全面规划、经营、管理海洋的思想和措施。而事实上，中国有识之士虽然早在16世纪已提出"经略海上"的思想，但海洋文化的理念始终在中华文化中处于附属的地位，因此就不可能建立起海权思想。因此，也就不难理解创造了如此辉煌文明的中华文明为什么衰落，西方蓝色文明为什么勃然兴起。历史在昭示中华民族，西方列强的强大，靠的是那片至大至阔的海洋。在浩浩荡荡世界海洋潮流面前，中国人必须挣脱"黄水心态"的束缚，开始重新认识海洋，重新认识世界。在21世纪的今天，正如许多海洋战略学家和卓有远见的政治家都预言，海洋世纪业已来临，海洋将成为世界各国竞争的主战场。中国如何把握时代的脉搏，如何勇闯深海大洋，很大程度上需要从国家兴衰的高度进行战略考量。沿着广阔的海岸线，面对大海的潮起潮涌，我们俨然能领略到世界潮流的风云激荡。

第二节　经略海洋要陆海统筹

从地理构成上来说，中国是一个陆海兼备的国家。自古以来海洋就与华夏民族的生存与发展、国家的统一强大、社会的稳定繁荣、人民的生产和生活休戚相关。中国位于欧亚大陆东缘、太平洋西岸，这种地理特征决定了中国是陆海复合型国家，陆地和海洋共同构成了中华民族赖以生存与发展的物质基础，海防与塞防共同构成了中华民族安全战略的组成部分。中国近代以来的海防与塞防之争，很大程度上就与中国所处的地理位置密切相关。

在中国历史上，现代意义上的“国防战略”是从鸦片战争以后才逐步形成的。中国传统的国防思想是重陆轻海，所谓“拒之于水不如拒之于陆”。在这样一种战略思想指导下，有海无防的危局显得特别突出，以至于鸦片战争中东南海疆门户洞开。在两次鸦片战争中，英、法等国的军舰在海上纵横驰骋，如入无人之境。西方列强来自海上的严峻挑战，对清政府产生了极大触动，一些有识之士更是为加强海防而大声疾呼。早在19世纪40年代，魏源就提出了“师夷之长技以制夷”的主张。19世纪60年代，闽浙总督左宗棠上疏阐明加强海防的重要性，认为“欲防海之害而收其利，非整理水师不可；欲整理水师，非设局监造轮船不可”。清政府采纳了左宗棠的意见，表明了清朝当政者由过去的偏重塞防开始向关注海防而转变。与此同时，西北和东南边疆却频频告急，中亚伊斯兰汗国（在今乌兹别克斯坦境内）的军事头目利用当时中国西北地区的民族与宗教矛盾，在英、俄等列强的支持下，趁新疆局势混乱之机，于1865年春入侵新疆，盘踞不去。1871年夏，沙皇俄国也趁火打劫，派兵侵占中国边防重镇伊犁，西北塞防形势陡然变得十分复杂和严峻。而在东南沿海，日本借口所谓的“琉球漂民”事件，挑起了侵略台湾的严重事端，并于1874年5月出兵台湾，中日之间的战事酝酿着进一步升级的可能。面对“倭逼于东南，俄环于西北”的局面，两大战略方向同时吃紧的安全形势迫使清王朝必须调整国防战略以确保国家安全。在国防布局上如何处理好海防与塞防的关系，如何把确定长远国防战略与解决突发事件的燃眉之急有机结合起来，就成为摆在清政府面前的一个亟待解决的难题，从而也导致了激烈的海防与塞防之争①。事实上，这两种观点之争焦点在于如何分配有限的国家实力。清朝末期国力日衰，国防能力几乎近于枯竭。面对所剩无几的资源，究竟如何配置才能实现安全效益的最大化，确实令清朝统治阶层倍感棘手，因为无论向西北或东南哪个方向倾斜，都必然导致国防战略整体布局的改变或失衡。面对这种被动局面，左宗棠从国家整体安全的角度出发，提出了海防与塞防同样重要，两者要并举的主张，这实际上是避免了专注海防或塞防的片面性，从全国大局出发的行之有效的国防方针。但是，清朝当时衰微的国力无法支撑东南和西北两个方向的防务。尤其是晚清时期的边防危机，往往由于形势所迫，要对两个方向同时用兵，而且没有充分的战略回旋空间和准备时间。在国力不振、朝政腐败等多方面因素制约的情况下，操作起来自然显得捉襟见肘。因此，左宗棠提出的海防与塞防并重的思想主张虽然十分正确，但实际上在他的有生之年并没有真正付诸实施。回顾晚清海防与塞防之争，其实不难发现，由于中国是一个陆海兼备的国家，因此从中国安全形势格局和国家整体利益出发，必然要求实现陆海统筹，需要从两方面齐头并进、协调发展。2010 年，国家“十二五”规划纲要首次明确提出了“坚持陆海统筹，制定和实施海洋发展战略”。即中国开始摒弃“重陆轻海”的传统思维与做法，转而采取“重陆兴海、兴海强国、陆海统筹”的发展思路。由此也表明了海洋对经济和社会科学发展的重要作用，标志着经济社会发展从以陆为主到陆海统筹的战略性转变。这是中国政府首次在国民经济和社会发展规划中把海洋与陆地同等看待，这不仅是中国政府在国家发展思维上的重大战略性转变，也是在分析中国和

---

① 马大正．中国边疆经略史［M］．郑州：中州古籍出版社，2000.

世界发展的历史经验教训、未来中国发展战略需求及世界发展趋势后做出的正确选择。统筹陆地和海洋的开发与保护，统筹边防与海防，这既是中国兴海强国的现实举措，也是今后经济社会可持续发展的迫切需求。

坚持陆海统筹，首先要在国家发展战略中破除长久以来形成的“重陆轻海”的陈旧观念，要强化国民海洋意识，将海洋和陆地看作一个不可分割的有机整体，加强陆海之间的相互联动、相互促进和相互支援，促进海陆资源互补，力求陆海并举，实现陆海发展一体化。其次，要充分认识维护国家海洋权益的重要性，在注重维护陆地领土主权的同时，把维护国家海洋权益上升到国家战略的高度来加以重视和认识。维护海洋权益不仅事关国家可持续发展、中华民族的长远和根本利益，也事关国家生存、安全和发展的大局，某些时候也涉及民族感情和国家尊严。处理不好，甚至有可能引发国内维稳问题，必须加以高度重视。要在国家长远发展方面选择“重陆兴海”战略。应在确保陆地强国地位的基础上推进海洋强国战略。向海洋进军，必须实施陆权与海权并重战略，要以陆地为基本立足点和战略依托。海洋进军战略只有在与陆地统筹中才能实现最佳效益，否则单纯地强调海洋强国只是盲目作为。纵观近代大国的兴衰，单纯依靠陆权或者海权，均不能维持国家的长久兴盛，只有陆权和海权并重才有可能保持长盛不衰。中国作为陆海兼备的国家，不能“重陆轻海”，但也不能“重海轻陆”，应该陆海统筹，陆权与海权并重。

目前，中国经济社会经过改革开放以来30多年的持续发展，已经进入了一个新的历史阶段。未来中国的发展既面临着一些难得的战略机遇，也遇到诸多极具挑战性的问题。其中，资源要素短缺、环境压力加大、生存空间缩小已经成为最为突出的问题。如何破解这些难题，海洋为中国未来的发展提供了新的出路。海洋是中国国土的重要组成部分，蕴藏着丰富的资源，海洋经济的快速发展已经为中国经济社会健康发展做出了重要贡献。随着陆地资源过度开发、国际贸易深入发展，特别是海洋国土争端不断升级，海洋的战略地位日益显现。

只有开发好海洋资源，特别是开发利用海洋战略资源，才能保障陆地产业健康发展，才能保障整个国民经济可持续运行。而且从全球发展趋势上看，进入21世纪，随着陆地资源因长期的开发利用而日趋减少，人类要维持自身的生存与发展，必须充分开发利用和保护地球上宝贵的海洋资源。对于中国而言，问题的迫切性则更为突出。向海洋争空间、要资源，这是确保中华民族可持续发展的必然选择。况且，中国经过多年的高速发展，已经发展成为拥有广泛海洋利益的外向型经济大国。中国目前是全球第二大经济体，90%以上的国际贸易是通过海上航运完成的，海上原油进口80%以上要从马六甲海峡输入。为了保障国家经济安全，就必须提高对海洋的综合控制能力，确保重要航道畅通无阻。只有坚持陆海统筹，海洋才能为中国战略利益拓展新的空间，为沿海地区可持续发展提供基础条件，为缓解中国能源、资源紧缺提供强大的支撑，为中国外向型的经济发展提供安全通道。

坚持陆海统筹，科学规划海洋各项事业发展，已经成为新时期、新阶段的重大课题。在实施陆海统筹战略中，要加强陆海规划衔接、综合开发陆海资源、协调陆海产业发展、加强陆海生态环境保护等问题，这是中国经济平稳较快发展、社会更加和谐稳定的重要保障。

第一是要统筹陆海发展战略。国家在制定发展战略的时候，要充分考虑到海洋、海岛和海岸带，强化以海带陆、海陆联动的发展意识，努力提高沿海地区的经济效益和对内陆的辐射作用，要以海岛为基点，重视外海海域的开发，加强在海岛建设基本的生活设施基地建设，向海岛的周边海域扩展；第二要统筹陆海资源。充分利用陆海资源，加快陆海产业发展。在加强海洋资源勘探开发步伐的同时，陆地给予用地支持，形成以海带陆、以陆促海的发展局面，着力构建富有竞争力的现代海洋产业体系，形成稳定、持续、富有竞争力的海洋经济产业开发体系，要加快发展海洋第一产业，优化发展海洋第二产业，大力发展海洋第三产业，促进三次产业在更高的水平上协同发展；第三要统筹陆海环境。海洋生态系统是一个稳定性较大的生态系统，与陆域生态系统存在着较大的互补性。只有坚持陆海统筹，才能推进海岛的经济建设与环境保护协调发展。要高度重视海洋生态保护，积极构建人海和谐的良好局面。要加强海洋环境监视监测、赤潮预测预警、海洋观测预报等公益服务体系的能力建设，要严格控制高能耗、高污染行业，切实改变沿海地区重化工比重过大、过于集中的状况。实施污染物排海总量控制制度。要确定陆源入海排污量，加强入海河流域综合整治，有效防范海洋环境灾害，努力实现海洋经济与海洋生态的相互协调；第四要统筹陆海国防。要加强海洋立法工作和海洋防卫力量建设。抓紧进行与海域法等相配套的法规和实施细则的完善与修订工作。要继续依据海洋法律法规以及《联合国海洋法公约》等国际法律制度，抓紧制定维护国家海洋权益的政策、措施。地方各级政府要抓紧修订同国家法律不一致的地方性法规和规章。要着力整合中国现有的海上执法力量，有必要时要组建具有很强战斗力的海上综合执法维权队伍，全面负责国家海洋执法维权任务，进一步有效地维护中国的海洋权益，为海洋产业的发展保驾护航；第五要统筹陆海管理。海洋开发是一个综合性的经济活动，涉及多个方面。海洋经济管理、海岸带保护与开发涉及多个部门的职责，协调好各涉海部门是提高海洋综合管理能力的关键。要加快推进海洋综合管理机制的创新。实施海洋综合管理是保障海洋经济海洋产业健康发展的基础，也是实施国家海洋发展战略的根本保障。在深入推进海洋经济发展试点工作中，要认真解决涉海事务多头管理、协调机制不健全、应对突发事件反应慢等问题，积极探索符合国情和海情的海洋综合管理新途径，积极创新海洋管理的体制机制。总而言之，陆海统筹是经略海洋的重要手段，只有陆权与海权并重，中国才能与自身所处的陆海兼备型的大国地位相匹配，才能最终实现海洋强国的宏伟目标。

第三节　经略海洋与中国的未来

古罗马政治家西塞罗说过：“谁能控制海洋，谁就能控制世界。”海权论的创始人马汉提出，所有帝国的兴衰，其决定因素都在于是否拥有强大的海权，能否控制海洋。正因为海权论在美国崛起中所起到的巨大作用，自然也就被海洋强国奉为圭臬[①]。对于中国而言，海洋在中国未来发展中的重要地位同样毋庸置疑，尤其是当经略海洋与民族复兴和中国和平崛起进一步相提并论时，海洋更是被赋予了极具历史纵深感和厚重感的时代新内涵。海洋关乎中国的经济可持续发展和国防安全，鉴于历史上世界性强国的崛起都与海洋息息相关，深海大洋已经成为当前全球新一轮竞争发展的前沿阵地，因此，走向海洋已成为了中国融入时代浪潮的必由之路，经略海洋也成了中国和平崛起的必然选择。

当庞大的郑和舰队在历史的长河中湮灭后，中国失去了曾经傲视全球的海上力量。东西方力量的对比开始向有利于西方的角度转变，由此也开启了五百年来西方主宰世界的历史。迄今为止，世界上尚没有任何历史事件比中国在明朝从海上主动后撤，从而回退到陆地而对中国历史乃至世界历史产生过更深远的影响。对于中国的伟大复兴而言，只有当中国完成了海洋综合力量的现代化建设，使自己在海洋方向上的安全处境有了重大的变化，包括完成了使“孤悬海外”的台湾以及其他众多的中国领土都处于中国海上力量完全的控制之下，使中国的现代化发展进程免于遭受来自东向和南向的海上威胁时，中国的和平发展进程才算走进了新的至关重要的历史阶段，中国才可以说真正跻身于世界强国之林。

从地缘格局来看，如果以海岸线为分界线，中国的现代化建设和社会发展看起来正经历着两个格局的扩展。一个是内向的扩展，即从现有的沿海经济带向西北内陆地区扩展，由中心城市向城镇和乡村扩展。通过工业化、城镇化、信息化的联动，逐步缩小沿海和内陆、东部与西部的差距，实现经济社会的均衡发展和可持续发展。从这个意义上说，中国的改革发展尽管已经步入了“三十而立”之年，但鉴于中国的工业化率和城镇化率仅有50%的水平，中国未来依然有长远的

① ［美］马汉著，萧伟中，梅然译．海权论［M］．北京：中国言实出版社，1991.

发展道路和广阔的发展空间。只要中国成功实现了这一内向的发展进程，中国就具备了成为世界上综合国力最强大国家的基础。另一个是外向的扩展，中国人均资源储量相对不足的现实，决定了中国要实现快速发展和可持续发展，必然要和世界上其他国家和地区，尤其是资源更丰富的地区展开贸易交换，从而为中国的发展提供物质资源。得益于经济的全球化和区域化这一客观条件的出现，中国按照国际贸易规则来满足自身的发展需求有了实现的路径。经过改革开放30多年的发展，中国已经成为一个高度外向型的经济体，未来这一趋势不会显著改变，中国与外部世界的相互影响将会进一步加重，中国对海洋的依赖和对海权的倚重将进一步凸显。就目前而言，中国海权力量的发展需要在于主权诉求，在于实现国家和平统一和维护海洋权益的防御需求，中国海军有限的国际力量拓展也仅限于更好地履行打击海盗、海上反恐、海上搜救等非传统安全领域的国际责任，而并非是为了挑战美国的海上霸权和侵犯他国的海洋权益。但是，面对世界格局的显著变化，以中国为代表的新兴市场国家的群体性崛起之势愈发明显，它们迅速增长的地位和力量开始为西方世界和霸权国家所重视，它们在当今世界事务中有目共睹的贡献和作用不得不被承认，它们正在进入到世界政治舞台的突出位置，开始参与对世界事务的决策和真正自主地决定自己的命运，旧的世界体系和力量格局被迫适应这种变化。当前，一个全球范围的多极格局正在加速形成，新兴发展中国家崛起，亚洲强势复兴，西方主宰和美国的中心地位不稳，旧的国际体系处在深刻的动荡和重构之中。这场大变动，说它是西方统治世界500年以来、美国支配世界100年以来“前所未有之大变局”也自有一定道理。这一切自然要与美国为代表的西方世界发生战略对撞和利益纠葛。如果应对得当，中国将有望成为世界上发达地区的一部分，并且对人类的和平与福祉做出较大贡献；否则，将可能引发世界地缘格局的大重构，引发亚太海洋秩序的大动荡。

中国和平发展的过程，既可以看作是中国人口规模不断扩大、人民生活质量不断提高的过程，也可以看作是对外需求不断增长、参与国际竞争程度不断加深的过程。由于全球资源产出地和消费地在分布上的不均衡，导致现阶段任何希望步入发达社会，实现西方国家现代化生活模式的发展中国家，都必须进入全球化、一体化的大市场，服从全球贸易规则和市场机制，从而实现资源的合理获得和利益分配。从一定意义上来说，市场的存在是现代资本主义得以萌芽并发展壮大的根本，对市场的共同偏好是现代西方资本主义制度的核心，任何试图全面或局部破坏市场分配全球资源秩序的挑战者，都会最终与西方市场秩序的主导者发生正面对撞。显而易见的是，中国在经过几十年的改革开放后，市场已经以如此深刻的渗透力和融合力影响了中国社会的发展，中国既是经济一体化的倡导者和参与者，更是经济全球化的受益者。对中国而言，建设具有中国特色的社会主义，其根本在于协调与资本主义生产方式的关系，因为这种生产方式加上全球化的大市场对中国发展来说是最省力、最合适的选择。西方资本主义在早期的全球化市场开拓和维护过程中，最常使用的手段就是派出自己的舰队和军事力量。对于那些试图不按西方市场规则“出牌”的国家而言，海上强权国家维持市场交易和存在的最有效的手段就是武力胁迫，并按照其约定俗成的规则进行贸易交易活动。如今全球化的巨大市场，就是这样一点一滴所逐步形成的，其创造和扩大的过程充满了血腥的历史。而中国的幸运之处就在于，中国无须用武力去创造并扩大这个市场，而只需要通过经济方式参与竞争即可，这是中国之所以能和平崛起的理论基础。通常而言，经济的全球化和区域化表现为国际或者区域组织形式，这就不仅对参与全球化和区域化的任何国家的国际行为构成了制度化的约束，而且也使得这些国家能够通过全球化和区域化来达到昔日需要通过军事方法才能达到的目标。况且军事手段和经济手段有着本质的不同，军事手段的表现是对抗性的，往往是一种零和的结果；而经济手段却是互惠互利、共同合作的产物，表现在双赢或者多赢的结果。中国在过去 20 多年间里，通过加入各种国际和区域经济组织，积极推动经济的区域化和全球化，影响力已经开始跨洲越洋，达到了美国、欧洲等西方资本主义国家的腹地，甚至可以说整个世界的角角落落。这是通过军事手段所不可比拟的，也是不能想象的。

当然，中国未来能否实现和平崛起，取决于多种纷繁复杂的影响因素。中国能否继续享有所谓美国“治下”的全球化的贸易环境，目前也存在越来越多的疑虑。这既取决于美国的态度，也取决于中国自身的作为，可以说是中国当前和今后一段时间面临的重大战略问题，而由此衍生的其他问题也同样棘手。比如，中国以和平的方式进军全球市场，但前提条件是中国必须遵循现存的贸易规则和市场规范，而目前的这种体系是西方国家主导并制定的，首先要服务于市场秩序的西方主导者。随着中国的体格日益庞大，影响力日渐上升，自然而然要提出并修改符合自身利益诉求的贸易规则，否则，中国永远做二流国家。从这个角度来看，中国与美国及欧盟的贸易摩擦将会进一步加剧，彼此间调和的难度将逐步加大；此外，中国和平发展对全球资源的庞大需求和“胃口”，终究会对其他资源需求国家造成竞争压力，而目前持续成长的中国经济发展模式以及长期保持贸易顺差的竞争态势，已经越来越多地受到美国等西方国家的诟病，甚至认为中国在某些经济领域存在恶意竞争。随着时间的推移，这种经济领域的竞争性矛盾将会日趋显现，如果中国不反击对手，那么和平进入全球市场将面临越来越高的贸易壁垒。更重要的是，由于某种程度上“搭便车”的结果，现阶段的全球市场对于中国来说其介入是成本较低的，中国无须花费额外的代价来维护市场体系的运作，只需要潜心加强自身的竞争力即可。但是随着市场交易的多元化，贸易过程的复杂化，如果某方面的市场参与者单方面谋求取消市场，以便维持自身在局部市场的优势时，或者贸易航线受到海盗、人为破坏等方面的威胁时，中国是否需要有所作为，以维持市场秩序或者贸易秩序的延续呢？或者主动出击，充当贸易秩序的维持者和贸易航线的保护者呢？就像中国海军在亚丁湾和索马里海域护航一样，这都是中国未来需要直面的问题。很显然，中国如果不能发挥强大的海上力量的震慑和保障作用，那么维护海洋权益、保护海外利益的实际效果将大打折扣。

值得一提的是，新中国经过 60 多年的不懈努力，已经在欧亚大陆的东缘建立起了强大的陆权力量，但这只是中国和平崛起的第一步。中国只有面向海洋，建立起完备的海权力量，中国才有望实现国家的长治久安①。在此之前，中国的和平崛起和中华民族的伟大复兴进程仍有可能受到外力的干扰而发生中断或者推迟。况且，由于中国的和平崛起和目前国际社会的旧有秩序之间存在着某种深层次的结构性矛盾，这种矛盾最终能否调和还存在着诸多的不确定性。因此，经略海洋、保持强大的海权威慑力量，这是中国能以最小的代价、以武力之外的方式解决中国与西方社会存在的结构性矛盾的唯一可行的战略。与之形成对比的是，美国基于维护全球霸权地位的需要，早已把中国视为对美国最具竞争力的挑战者，并且对中国进行打压、对新兴大国力量进行分化，战略上已经形成了对中国的海上围堵和遏制之势。以历史的眼光来看，中国目前面临的境遇与 100 多年前德国所面对的战略困境颇有几分相似之处。在 19 世纪后期和 20 世纪前期英德两国长达 50 多年的战略对抗中，尽管德国锐意进取，国力突飞猛进，试图从陆地大国向海洋大国转型，但始终不能摆脱英国在海洋方向的战略封锁，也始终无法克服由来已久的战略被动态势。德国尝试并运用了各种策略。比如大力发展德国海军，争夺与英国海军的制海权；建立海外军事基地，实现海上力量的全球部署；破坏英国的航行自由与安全，谋求削弱英国的制海权等多种策略，尽管德国的这种锱铢必较的策略在一段时间屡屡奏效，但最终，这段历史还是以德国的完败而告终。需要看到的是，德国崛起之时所采取的军事手段，几乎是历史上所有的强国都普遍采取的做法，而这恰恰是值得中国汲取和反思的地方。毕竟，国际社会发展早已超出了传统的安全观念范畴和冷战思维的束缚，如何用互信、合作、共赢的方式来应对未来的挑战，获取国家发展的新空间，这是需要中国潜心研究的大课题、大战略。

近年来，中国提出并大力倡导“互信、互利、平等、协作”的新

---

① 石家铸. 海权与中国［M］. 上海：上海三联书店，2008.

安全观，倡议把建设海上安全合作机制作为构建和谐海洋的重要支撑，致力于通过开展更广泛而积极的军事交流和海上安全合作，积极寻求共同利益交汇点，确保海上航行自由与安全等共同利益，实现互惠互利。2012 年 11 月，党的“十八大”报告提出了“建设海洋强国”的战略目标，为我国海洋各项事业发展指明了方向。从本质上来说，中国特色的海洋强国目标是建设和谐海洋。因为中国自身特有的国情决定了中国的海洋强国之路不同于传统西方的发展历程，中国将以建设和谐海洋为目标，致力于走一条以海富国、以海强国、人海和谐、合作发展的道路。中国也积极倡导建立“公正合理、自由有序、和平安宁、和谐共处与天人合一”的海洋观，致力于践行和平、合作、可持续利用海洋的发展观，最终推动海洋和谐发展。这既是解决中国海上“安全困境”，维护海洋和平的重要途径，也是中国经略海洋的最终归宿。

后 记

中国是一个陆海兼备的国家，海洋构成了中华民族的半壁江山。中国虽说是一个海洋大国，但还不是一个海洋强国，海洋方面存在的问题和差距还很明显。尤其是在南海问题上，中国面临的挑战日趋严峻，亟待从国家战略层面来统筹应对，并妥善加以解决。

过去几十年来，随着中国综合国力的快速提升，海洋利益不断拓展，中国海权意识逐渐觉醒，国人对海洋问题的关注程度日益高涨。由于海洋领土争端既关乎国家主权安全和发展利益，也关乎地区和平稳定大局，某些时候更是涉及国民感情和民族尊严问题。因此，有关争议问题处理起来往往十分棘手，需要极大的政治智慧。目前在中国周边海洋问题上，国内外存在两种截然不同的认识：国际上认为中国在积极进取，不断示强；国内民众则认为中国在委曲求全、不断示弱。这其中固然有立场角度的差别问题，但也由此反映出有关海洋争端问题存在的复杂难解的基本特征，东海问题、钓鱼岛问题以及南海问题等均是如此。实际上，中国人既不缺少维护海洋权益的热情，也不缺乏重擎海洋大国旗帜的豪情，缺乏的是理性的思考和现实的温情。以至于每每与周边国家发生海上摩擦事件或者纠纷冲突时，国民愤怒的呼声经常盖过对问题本身的理智决断，言论显得激情有余而理性不足，很少能寻取有效的行动。而在这种民族主义情绪的宣泄下，在国内民意的裹挟下，中国政府在统筹灵活处理有关矛盾问题时，有效作为的空间受到挤压，回旋的余地受到制约。从根本上来说，这既不利于海洋权益的切实维护，也无助于有关争议问题的妥善解决。

中国面临的海洋问题纷繁而复杂，南海问题只是其中的一个缩影。笔者希望借本书的出版，起到抛砖引玉的作用，使得更多的人关注海洋问题，也更理性地认识和看待南海问题。由于海洋问题涉及诸多学科领域，加之笔者水平有限，成书过程时间仓促等客观因素，书中难免存在这样或那样的问题与纰漏，甚至会存在错误之处。希望广大读者朋友们予以批评指正！

作　者

2012 年 12 月

于海口东海岸

参考文献

1. 吴士存. 纵论南沙争断［M］. 海口：海南出版社，2005.

2. 吴士存. 南海问题文献汇编［M］. 海口：海南出版社，2001.

3. 吴士存. 南沙争端的由来与发展［M］. 北京：海洋出版社，1999.

4. 朱华友，鞠海龙. 两岸合作应对南海问题的合作机制探讨［J］. 海峡两岸南海问题研讨会论文集，2007，11.

5. 马乐科姆－伊文斯. 钟天祥译. 有关情况与海域划界. 中国南海研究院，2005.

6. 高之国等. 国际海洋法的新发展［M］. 北京：海洋出版社，2005.

7. 中国南海研究院. 历史性权利与历史性水域研究. 南海研究系列丛书，2004.

8. 中国南海研究院. 群岛问题研究. 南海研究系列丛书，2004.

9. 李金明. 南沙争端与国际海洋法［M］. 北京：海洋出版社，2003.

10. 沈文周. 海域划界技术方法［M］. 北京：海洋出版社，2003.

11. 张良福. 中国与邻国海洋划界争端问题［M］. 北京：海洋出版社，2006.

12. 袁古洁. 国际海洋划界的理论与实践［M］. 北京：法律出版社，2001.

13. 贾宇. 南海断续线的法律地位［J］. 中国边疆史地研究，2005，12（6）.

14. 李令华. 中国海洋划界与国际接轨的若干问题［J］. 中国海洋大学学报，2005，1（1）.

15. 厦门大学. 历史性水域和群岛制度研讨会综述［J］. 中国海法学评论，2005，6（1）.

16. 赵建文. 联合国海洋法公约与中国在南海的既得权利［J］. 法学研究，2003，4（2）.

17. 高健军. 国际海洋划界论——有关等距离/特殊情况规则的研究［M］. 北京：北京大学出版社，2005.

18. 王颖，马劲松. 南海海底特征、资源区位与疆界断续线［J］. 南海问题研究研讨会论文集，2002.

19. 邹克渊. 对南海U形线的若干法律思考［J］. 南海问题研究研讨会论文集，2002.

20. 李金明. 中国南海断续线疆域线的由来、沿革与现状［J］. 南海问题研究研讨会论文集，2002.

21. 刘楠来. 从国际海洋法看“U”开线的法律地位［J］. 南海问题研究研讨会论文集，2002.

22. 张海文. 南海的传统海疆线的演变［J］. 南海问题研究研讨会论文集，2002.

23. 杨翠柏，唐磊. 从地图在解决边界争端中的作用看中国对南沙群岛的主权［J］. 中国边疆史地研究，2001，6（6）.

24. 彭认灿等. 南海断续线连接方案的研究［J］. 理论与探索，2001（4）.

25. 李金明.21世纪的南海主权研究的新动向［J］. 南洋问题研究，2001（1）.

26. 傅崐成. 南海的法律地位与两岸对等合作的可行性［J］. 海南暨南海研讨会论文集，1996.

27. 萧汉强. 历史性权益在《联合国海洋法公约》中的地位及中国南海传统海疆界线的性质［J］.《联合国海洋法公约》学术研讨会，1996（6）.

28. 陈千田. 南海之海权争议［J］. 问题与研究，1996.6（5）.

29. （美）马汉著. 海权论［M］. 北京：中国言实出版社，1991.

30. （美）兹比格纽·布热津斯基. 大棋局［M］. 上海：上海人民出版社，1998.

31. （美）兹比格纽·布热津斯基. 竞赛方案——进行美苏竞争的地缘战略纲领［M］. 中国对外翻译出版公司，1988.

32. （美）哈维·奥康诺. 石油帝国［M］. 北京：世界知识出版社，1958.

33. （美）威廉·恩道尔. 石油战争［M］. 北京：知识产权出版社，2008.

34. 英国石油公司.2009年全球能源观察，2009，6.

35. 马修·西蒙斯. 沙漠黄昏［M］. 上海：华东师范大学出版社，2005.

36. 国际能源机构.2007全球能源展望报告，2007，11.

37. 约瑟夫·泰特. 复杂社会的崩溃［M］. 英国剑桥大学出版社，1988.

38. 孙光圻．中国古代航海史［M］．北京：海洋出版社，1989.

39.（美）戴维·梅森．美国世纪的终结［M］．上海：上海辞书出版社，2009，4.

40.（美）马蒂斯·科斯塔．中国引领世界［J］．美国时代周刊，2007－1－11.

41. 李金明．南海问题的最新动态与发展趋势［J］．东南亚研究，2010，3（6）.

42. 何忠龙等．中国海岸警卫队组建的可行性分析［J］．海洋开发与管理，2007，3（6）.

43. 李令华．关于南海U型线与国际海洋边界划定问题的探讨［J］．现代渔业信息，2005，6（8）.

44. 王毅．两岸同胞继续努力，再创和平发展新局［J］．两岸关系，2010，5（10）.

45. 石家铸．海权与中国［M］．上海：上海三联书店，2008.

46. 平实．南海之争为的是资源［N］．菲律宾世界日报，2009－5－16.

47. 2009年亚太油气产量统计数据［J］．美国油气杂志，2010，3.

48. 彭德清．中国古代航海史（古代册）［M］．北京：人民交通出版社，1988.

49. 李约瑟文集［M］．沈阳：辽宁科学技术出版社，1986.

50. 吴士存．南海资料索引［M］．海口：海南出版社，1998.

51. 韩振华．南海诸岛史地研究［M］．北京：社会科学文献出版社，1996.

52. 马大正．中国边疆经略史［M］．郑州：中州古籍出版社，2000.

53. 争夺斯普拉特利群岛［N］．泰晤士报，1976－6－16.

54. 吴士存．纵论南沙争端［M］．海口：海南出版社，2005.

55. 赵理海．从国际法看中国对南海诸岛拥有无可争辩的主权［M］．北京：中国法制出版社，1993.

56. 中国南海研究院．2009南海地区形势评估报告．

57. 中国南海研究院．2009南海地区形势评估报告．

58. 贾宇．南海断续线的法律地位［J］．中国边疆史地研究，2005，12（6）．

59. 吴士存等．从中国海上力量的发展认识维护南海“断续线”的重要性［J］．南海问题研究研讨会论文集，2002.

60. 郑慕强．东盟国家能源经济的总体特征、问题及展望［J］．东南亚纵横，2010，9（8）．

61. 中国南海研究院．历史性权利与历史性水域研究．南海研究系列丛书，2004.

62. 中国南海研究院. 群岛问题研究. 南海研究系列丛书, 2004.

63. 巴里·韦恩. 更多的领土要求 [J]. 远东经济评论周刊 (香港), 2004-4-15.

64. 普罗科霍·特宾. 南海成为世界地缘政治新节点 [N]. 亚洲时报, 2011-10-14.

65. 李金明. 南沙争端与国际海洋法 [M]. 北京: 海洋出版社, 2003.

66. 金庆焕. 南海地质与油气资源 [M]. 北京: 地质出版社, 1989.

67. 朱伟林, 王国纯. 中国近海前新生代油气勘探新领域探索 [J]. 地学前缘, 2000, 7 (3).

68. 潘建纲. 南海油气资源及其开发展望 [J]. 海洋论坛, 2002, 4 (5).

69. 黄正吉. 珠江口盆地陆相烃源岩与油气生成 [J]. 中国海上油气 (地质), 1998, 12 (4).

70. 杨木壮等. 南沙海域石油地质概况 [J]. 海洋地质动态, 1995, 6 (11).

71. 国际能源署.《世界能源展望2010》年度报告. 2010年11月.

72. 2009年中国能源统计年鉴. 2010年4月.

73. 李金明. 南沙海域的石油开发及争端的处理前景 [J]. 厦门大学学报, 2002, 4 (4).

74. 石家铸. 海权与中国 [M]. 上海: 上海三联书店, 2008.

75. 王家福. 国际大战略 [M]. 长春: 吉林大学出版社, 1999.

76. 钱光华, 樊开意. 万安盆地地质构造及演化特征 [J]. 中国海上油气 (地质), 1997, 11 (2).

77. 金春爽等. 国内外深水区油气勘探新进展 [J]. 海洋地质动态, 2003, 6 (19).

78. 肖国林. 南沙海域油气资源开发现状及中国对策建议 [J]. 国土资源情报, 2004, 5 (12).

79. 刘铁树等. 南海北部陆缘盆地深水区油气前景 [J]. 中国海上油气 (地质), 2001, 6 (23).

80. 吴进民. 南沙及其邻近海域的油气勘探开发现状 [J]. 海洋地质, 1998, 6 (12).

81. 张松举, 陈宏文. 周边国家在南沙海域的油气勘探开发现状 [J]. 海洋地质动态, 2004, 5 (1).

82. 叶德燎. 东南亚石油资源与勘探潜力 [J]. 中国石油勘探, 2005, 4 (7).

83. 汪巍．东南亚产油国加快石油生产步伐［J］．中国石化，2009，6（10）．

84. 刘锋．南海油气开发与合作［J］．新东方，2010，12（6）．

85. 印越南海开发油气项目侵犯中国主权［N］．人民日报，2012－9－22.

86. 中海油加快南海深水油气开发步伐［N］．中国海洋报，2010－2－27.

87. 潘桂棠．全球洋—陆转换中的特提斯演化［J］．特提斯地质，1994，5（18）．

88. 西沙群岛和南沙群岛争端的由来［N］．人民日报，1979－5－15.

89. （美）塞利格·哈里森．中国近海石油资源将引起国际冲突吗［M］．北京：石油化学工业出版社，1978.

90. 美国新军事战略瞄准中国［N］．联合早报，2012－1－6.

91. 尼古拉斯·克曼．从美国视角看为什么中国需要南海．美国有线电视新闻网，2011－7－21.

92. 马道玖．美国海岸警卫队的优势［N］．中国海事，2006，1（2）.

93. 王秀梅．白礁岛、中岩礁和南礁案的国际法解读［J］．东南亚研究，2009，1（1）．

94. 辛柏春．论国际法上的解决争端机制［J］．求是学刊，2002，1（3）．

95. 郭培清．“南极模式”能用于南沙群岛吗［J］．海洋开发与管理，2004，6（3）．

96. 何苗等．《斯瓦尔巴德条约》及南沙问题对其的借鉴［N］．苏州大学学报，2011，4（6）．

97. 邓小平文选［M］．第3卷1. 北京：人民出版社，1993.

98. （日）小泉八云．东方之魅［M］．长春：吉林出版集团有限责任公司，2011.

99. 王佩云．激荡中国海［M］．北京：作家出版社，2010.

100. 海南要做好海洋这篇大文章［N］．海南日报，2011－3－18.

101. 冯梁等．两岸南海政策：历史分析与合作基础［J］．世界经济与政治论坛，2010，4（8）．

102. 陈瑞祥．OPIC跨过海峡中线开展两岸合作探油．台湾中油海外投资回顾研讨会，2009，10.

103. 李明春．从海洋文化史看经略海洋［N］．中国海洋报，2005－12－24.